핵심
중국특허출원실무

윤건준

세창출판사

—

머리말

—

　한국에게 있어 중국은 낯설고도 친근한 이웃나라입니다. 필자의 짧은 식견으로는, 중국은 방대한 영토, 유구한 역사에 더하여 세계최대의 인구를 보유하고 있어 그 총체를 좀처럼 파악하기 어렵고, 게다가 중국 특색 사회주의라는 독특한 체제를 지향하고 있어 특유의 낯선 느낌을 자아냅니다. 실제로 중국과 접해 보면 분야를 막론하고 그 낯선 느낌을 체감할 수 있는데 특허업계 역시 그 예외가 아니었습니다. 이러한 이유로 중국 특허에 대한 실무경험이 쌓여 갈수록 중국 특허법에 대한 난해함은 오히려 점차 커져만 갔습니다. 이에 필자는 학교에서 이론적 지식을 습득함과 동시에 현지 특허사무소에서 실무를 체득해 봄으로써, 본인이 중국 특허법에 대해 느끼는 난해함을 조금이나마 해소해 보고자 중국 유학을 결심하게 되었습니다.

　필자는, 선배 변리사님들이 중국 특허법에 관하여 저술하신 훌륭한 서적들이 이미 여럿 존재함에도 중국 특허법에 대한 접근 방법의 풍부화에 미력이나마 보태고자 본서를 집필하게 되었습니다. 본서는 실무자가 중국 특허법에 대해 가진 궁금증을 최대한 짧은 시간 내에 해결하는 것을 목적으로 합니다. 이를 위해, 본서는 제도의 적용 요건을 위주로 기술하였고 연혁이나 취지는 필요한 경우 간결하게 핵심만 수록하였습니다. 또한 본서는 전달력을 극대화하고자 문답식 구성을 채용하였고, 특허사무소에서 처리하는 특허실무 중 출원절차가 차지하는 비중이 압도적으로 높은 점을 고려하여 소송과 관련된 부분은 과감히 배제하였습니다.

본서의 집필 과정은 필자에게 있어 크나큰 도전이었습니다. 이론과 실무에 대한 식견이 모두 부족한 필자에게 있어 중국 특허법은 겹겹이 싸여 그 속내를 도무지 들여다볼 수 없는 양파처럼 난해하게 느껴졌기 때문입니다. 그러나 한국의 실무자에게 유익한 책을 펴내고자 하는 일념 하나로 부단히 노력한 끝에 마침내 본서가 세상의 빛을 보게 되었습니다. 집필 과정에 있어 북경에서 저와 동고동락하며 원고에 대해 아낌없는 조언을 해 주었고, 특히 생물화학 분야에 대해 든든한 길잡이가 되어 준 사랑스러운 아내 이영윤 변리사에게 지면을 빌려 감사의 말을 전합니다. 또한 부족한 원고를 잘 가다듬어 주신 세창출판사 임직원께도 감사드립니다.

2019년 6월
변리사 윤건준

제7장 심사 절차

제8장 심판

제9장 PCT 국제특허출원

제1장

총 론

제1절
중국 특허법

1. 개 론

1.1 중국의 전리는 한국의 특허와 동일한 개념인가요?

아니요.

중국의 전리는 한국의 특허와 유사하지만, 엄밀히 구분하면 광협의 차이가 있습니다. 구체적으로, 중국의 전리는 한국의 특허, 실용신안 및 디자인을 모두 포괄하는 개념[1]이므로 그 개념적 범위가 넓습니다. 다만, 대부분의 한국 변리사에게 있어 전리법이라는 용어가 낯설고, 전리법의 주가 되는 것은 특허관련 내용이므로 본서에서는 "전리" 대신 "특허"라는 용어를 사용하여 서술하였습니다.

1.2 "방법"은 중국 특허법에 따른 실용신안의 보호대상이 되나요?

아니요.

---

1 중국 특허법 제2조 제1항.

한국과 마찬가지로, 중국 역시 실용신안의 보호대상은 "물건"에 한합니다. 구체적으로, 실용신안이란 제품의 형상, 구조 또는 그 결합에 대해 제출한, 실용에 적합한 기술방안[2]으로, "방법"은 그 보호대상에서 제외[3]됩니다.

실무상 한국에 "방법"을 포함하는 특허를 출원한 후 상기 출원에 기초하여 조약우선권을 주장하면서 중국에 특허출원할 때 중국 대리인이 실용신안출원을 제안하는 경우가 종종 있습니다. 이는 중국에서 "방법"이 실용신안의 대상이 되기 때문이 아니라, 중국이 실용신안에 대해 무심사주의를 취하고 있기 때문에 조속히 권리화를 꾀하자는 취지로 이해됩니다. 그러므로 사안에 따라 i) 한국의 출원 유형과 동일하게 중국에 "특허출원"하거나, ii) 청구항에서 방법을 삭제한 후 물건 청구항만으로 중국에 "실용신안출원"하는 방법을 선택적으로 고려해 볼 수 있습니다.

참고로, 중국은 "기술적 사상"이라는 용어 대신 "기술방안(技术方案)"이라는 용어를 사용합니다.

1.3 외국인이 전리국에 직접 특허에 관한 업무를 처리할 수 있나요?

아니요.

중국 내에 계속적인 거소 또는 영업소가 없는 외국인·외국기업 또는 외국의 기타조직이 중국 내에서 특허를 출원하거나, 기타 관련된 업무를 처리하는 경우, 법에 따라 설립된 특허대리기구(예를 들어, 특허사무소 등)에 위탁하여 처리해야 합니다.[4] 예를 들어, 한국의 특허사무소 또는 특허법인은 중국 내에 영업소가 설립되지 않은 이상, 반드시 중국

---

2 중국 특허법 제2조 제3항.
3 중국 특허심사지침(2017) 제1부 제2장 6.1.
4 중국 특허법 제19조 제1항.

대리인을 통해 절차를 진행해야 합니다. 상기 규정은 위반 시 불수리 사유[5]에 해당합니다. 한국 특허법 제5조에도 이와 유사한 내용이 규정되어 있습니다.

1.4 중국 특허법은 왜 한국 특허법에 비해 출원을 취하간주하는 규정이 많다고 느껴지나요?

중국 특허법 및 그 실시세칙은 심사청구 기간이 도과할 때까지 심사청구를 하지 않는 경우 등의 취하간주 사유 외에도, 출원인이 출원에 관한 전리국의 통지를 받고도 그 통지에 따른 지정기간이 도과할 때까지 아무런 대응도 하지 않는 경우, 출원 자체를 취하하는 규정을 더 두고 있기 때문입니다. 거절결정과 달리, 취하간주는 사실상 불복할 수 있는 방법이 없다는 점에서 매우 강력한 제재 방안이라고 생각됩니다. 통지에 불응하여 출원이 취하간주되는 경우는 아래와 같습니다.

i) 외국에 출원된 발명에 대해 그 국가가 심사한(또는 심사를 위해 검색한) 자료를 제출하라는 통지에 대해 무대응하는 경우(중국 특허법 제36조 제2항)

ii) 실질심사 후 발견된 거절이유에 대해 의견서나 보정서를 제출하라는 통지에 대해 무대응하는 경우(중국 특허법 제37조)

iii) "이중출원"된 실용신안이 먼저 등록된 후 특허출원에 대해 거절이유를 발견하지 못하여 실용신안권 포기의 성명을 제출하라는 통지에 대해 무대응하는 경우(중국 특허법 실시세칙 제41조 제4항)

iv) 단일성 위반의 흠결에 대해 의견서나 보정서를 제출하라는 통지에 대해 무대응하는 경우(중국 특허법 실시세칙 제42조 제2항)

v) 방식심사 후 발견된 거절이유에 대해 의견서나 보정서를 제출

---

5 중국 특허법 실시세칙 제39조 제5호.

하라는 통지에 대해 무대응하는 경우(중국 특허법 실시세칙 제44조
제2항)

vi) 중국 국내단계로 진입한 출원에 존재하는 국내단계 진입 요건에
관한 흠결을 보정하라는 통지에 대해 무대응하는 경우(중국 특허
법 실시세칙 제104조 제3항)

1.5 국무원 전리행정부문, 국가 지식산권국 및 전리국은 서로 어떤 관계인가요?

국무원 전리행정부문은 국가 지식산권국을 의미하는 것으로 국무
원[6]의 직속 행정기구입니다. 국가 지식산권국은 특허출원에 대한 접수,
심사, 심판 및 등록에 관한 업무를 국가 지식산권국 전리국에 위탁하는
업무를 수행합니다. 전리국은 국가 지식산권국의 직속 사업단위로 중
국 전역의 모든 특허출원에 대한 심사 및 등록은 국가 지식산권국에 속
한 전리국을 통해 수행됩니다.[7]

〈국가 지식산권국과 전리국의 관계〉

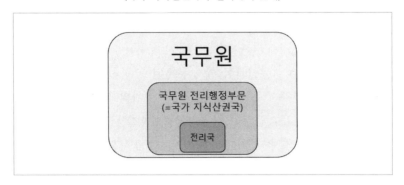

---

6 국무원은 "중화인민공화국 국무원"의 약칭으로 최고 국가권력기관의 집행 기관이자
  최고 국가행정기관을 의미함.

7 http://www.sipo.gov.cn/zhfwpt/zlsqzn_pt/cjwt/1113464.htm

1.6 CNIPA는 무엇인가요?

CNIPA[8]는 국가 지식산권국의 영문 약칭입니다. 이전에는 국가 지식산권국의 영문 약칭이 SIPO[9]였으나, 2018년 8월 28일부로 SIPO가 CNIPA로 변경되었습니다. 이에 따라, 국가 지식산권국의 도메인 주소 또한 www.sipo.gov.cn에서 www.cnipa.gov.cn으로 변경되었습니다.

2. 기 간

2.1 지정기간은 무엇인가요?

지정기간은 심사관이 중국 특허법 또는 그 실시세칙에 기초하여 발송하는 각종 통지에 대해 출원인이 의견서 제출 등을 통해 대응하는 기간을 의미하는 것으로 연장신청이 가능[10]합니다. 다만, 예외적으로 무효심판 중 심판원이 지정하는 기간은 연장할 수 없습니다.[11] 지정기간과 대비되는 개념으로 법정기간이 있습니다.

2.2 법정기간은 무엇인가요?

법정기간(법정기한)은 중국 특허법 및 그 실시세칙에 규정된 각종 기간을 의미합니다. 예를 들면, 실질심사 청구기간이나 거절결정불복심판의 청구기간 등이 법정기간에 해당합니다. 중국 특허심사지침은 지

---

8 China National Intellectual Property Administration.

9 State Intellectual Property Office of China.

10 중국 특허심사지침(2017) 제5부 제7장 4.1.

11 중국 특허법 실시세칙 제71조.

정기간에 한하여 기간연장을 허용[12]하므로 법정기간은 연장할 수 없습니다.

2.3 중국 특허출원 과정 중 실무상의 대응기간은 왜 이론적인 대응기간보다 더 길게 느껴지나요?

중국 특허심사지침은 기간과 관련하여 추정수령일이라는 개념을 규정하고 있습니다. 추정수령일은 전리국이 문서를 발행한 날로부터 만 15일이 되는 날을 의미합니다. 예를 들어, 전리국이 2001년 7월 4일에 통지서를 발행한 경우, 상기 통지서의 "추정수령일"은 2001년 7월 19일이 됩니다.[13] 특허출원 과정 중, 모든 지정기간 및 일부 법정기간(예를 들면, 설정등록 기간 등)은 추정수령일로부터 기산[14]하고, 추정수령일은 전자출원에 대해서도 적용[15]됩니다. 이로 인해 실질적으로 15일의 기간이 더 주어지게 되므로 실무상의 대응기간은 이론적인 대응기간보다 더 길게 느껴집니다.

참고로, "전리국(专利局)"은 한국의 "특허청"과 대응되는 행정기관입니다.

2.4 지정기간은 얼마나 연장할 수 있나요?

당사자가 정당한 이유로 지정기간 내에 절차를 처리하지 못하는 경우, 그 지정기간이 만료되기 전에 이유를 설명하고 연장신청을 할 수 있습니다.[16] 기간연장은 이론적으로 최대 2회까지 신청할 수 있으나 일

---

12 중국 특허심사지침(2017) 제5부 제7장 4.1.

13 중국 특허심사지침(2017) 제5부 제7장 2.1.(2).

14 중국 특허심사지침(2017) 제5부 제7장 2.1.(2).

15 http://www.sipo.gov.cn/zcfg/zcfgflfg/flfgzl/zlbmgz/1020106.htm

반적으로 1회에 한해 허용되고, 1개월을 단위로 하여 1회당 최대 2개월을 신청할 수 있습니다.[17] 기간연장 신청비용은 1회 신청 시 1개월당 300元이고, 2회 신청 시 1개월당 2000元입니다. 상술한 바에 따르면, 기간연장을 2회에 걸쳐 2개월씩 청구할 경우, 총 4600元의 신청비용을 지출하여 최대 4개월의 연장기간을 확보할 수 있습니다.

그러나 실무상 기간연장이 2회까지 허용되는 경우는 극히 적습니다. 이는 1회 기간연장 신청 시에는 특별한 사유가 없더라도 대부분 정당한 이유가 인정되나, 2회 기간연장 신청 시에는 특별한 사유 외에는 정당한 이유로 인정되지 않기 때문입니다. 즉, 실무상 600元의 신청비용을 지출하여 2개월의 연장기간을 확보할 수 있는 경우가 대부분이라는 점에 유의해야 합니다.

3. 권리의 이전

3.1 특허출원권 또는 특허권을 양도하는 경우, 어떤 절차가 필요한가요?

중국 특허법의 특허출원권은 이미 제출된 출원에 대한 절차의 계속 또는 포기를 결정할 수 있는 출원에 대한 관리처분권을 의미합니다. 특허출원권 또는 특허권은 중국에서도 일종의 재산권으로 취급되므로 양도가 가능합니다. 양도 당사자는 서면으로 계약을 체결하고, 국무원 특허행정부문에 등기해야 하는데, 그 양도는 등기일로부터 효력이 발생합니다.[18] 특히 중국 특허법은 중국의 단위[19] 또는 개인이 외국인·외국기업

---

16 중국 특허심사지침(2017) 제5부 제7장 4.1.

17 중국 특허심사지침(2017) 제5부 제7장 4.2.

18 중국 특허법 제10조 제3항.

19 중국어에서 단위라는 용어는 기업, 회사, 부문, 부서 등 다양한 의미로 사용될 수 있는

이나 외국 기타조직에 특허출원권 또는 특허권을 양도하는 경우, 관련 법률·행정법규에 따라 절차를 처리하도록 규정하고 있습니다.[20]

참고로, 중국 특허법은 특허출원권과 별개로 특허출원할 권리라는 용어를 더 규정하고 있습니다. 특허출원할 권리는 특허출원 전 출원 여부, 출원 시점 또는 출원 유형 등을 결정할 권리를 의미합니다. 특허출원할 권리의 양도에 대해서는 중국 특허법에 규정된 바가 없으므로 특허출원 전 특허출원할 권리가 이전되는 경우에 대해서는 서면계약 및 등기를 요하는 특허출원권의 이전에 관한 절차가 적용되지 않는 것으로 해석됩니다.[21] 한국 특허법과 달리, 중국 특허법에는 특허를 받을 수 있는 권리를 가진 정당 권리자를 무권리자로부터 보호하기 위한 취지의 조문은 규정되어 있지 않습니다.

3.2 권리주체의 국적에 따라 다른 양도 절차가 요구되나요?

네.

특허출원권 또는 특허권의 양도(또는 증여) 시 아래와 같이 권리주체(즉, 양도인과 양수인)의 국적에 따라 다른 절차가 요구됩니다.[22]

1) 양도인과 양수인이 모두 외국인, 외국기업 또는 외국 기타조직인 경우
쌍방이 서명하거나 날인한 양도 계약서를 제출

데 여기에서는 기업 또는 회사의 의미로 해석됨.

20 중국 특허법 제10조 제2항.

21 尹新天, 中国专利法详解(缩编版), 第2版, 知识产权出版社, 2012, pp.82-83.

22 중국 특허심사지침(2017) 제1부 제1장 6.7.2.2.(3).

2) 양도인은 중국의 개인 또는 단위이고, 양수인은 외국인, 외국기업 또는 외국 기타조직인 경우

쌍방이 서명하거나 날인한 양도 계약서와 함께 아래 중 어느 하나에 해당하는 서류를 제출

 i) 국무원 상무주관부문이 반포한 〈기술수출허가증〉 또는 〈자유수 출기술계약등기증서〉

 ii) 지방 상무주관부문이 반포한 〈자유수출기술계약등기증서〉

3) 양도인은 외국인, 외국기업 또는 외국 기타조직이고, 양수인은 중국 의 개인 또는 단위인 경우

쌍방이 서명하거나 날인한 양도 계약서를 제출

상술한 바와 같이, 중국의 권리주체가 소유한 지식재산권이 외국의 권리주체로 양도되는 경우에 대해서만 엄격한 절차를 규정한 점에 비 추어 보면, 중국은 자국의 지식재산권이 외국으로 유출되지 않도록 각 별한 주의를 기울이고 있음을 알 수 있습니다.

3.3 특허출원권이나 특허권이 양도 이외의 기타 사유로 이전되는 경우, 어 떤 절차가 필요한가요?

당사자는 관련 증명서류 또는 법률문서에 기초하여 국무원 전리행 정부문에 대해 특허권 이전 절차를 처리[23]하되, 각각의 이전 사유에 따 라 아래와 같은 증명서류를 제출[24]해야 합니다.

---

23 중국 특허법 실시세칙 제14조 제1조.
24 중국 특허심사지침(2017) 제1부 제1장 6.7.2.2.(4) 내지 (7).

1) 출원인(또는 특허권자)이 단위이고, 그 단위의 합병, 분립, 말소 또는
   조직개편으로 인한 변경 청구를 제출하는 경우
등기관리부문이 발급한 증명서류를 제출

2) 출원인(또는 특허권자)이 승계로 인한 변경 청구를 제출하는 경우
당사자가 유일한 합법 승계인이거나 당사자에 이미 모든 법정 승계
인이 포함된다는 증명서류 공증본을 제출

3) 출원인(또는 특허권자)이 경매로 인한 변경 청구를 제출하는 경우
법률효력이 있는 증명서류를 제출

4) 질권이 설정된 특허권을 이전하는 경우
변경에 필요한 증명서류 외에 질권의 쌍방 당사자가 변경에 동의했
다는 증명서류를 함께 제출

4. 실시허가

4.1 절차 및 비용

어떠한 단위나 개인이 타인의 특허를 실시하려는 경우, 특허권자와
실시허가 계약을 체결하고 특허권자에게 실시료를 지급해야 합니다.
특허권자가 타인과 체결한 실시허가 계약은, 그 계약의 효력이 발생한
날로부터 3개월 내에 국무원 전리행정부문에 등록(备案)해야 합니다.[25]
피허가인은 계약 규정 이외의 어떠한 단위나 개인에게 그 특허에 대한

---

25 중국 특허법 실시세칙 제14조 제2항.

실시를 허가할 권리가 없습니다.[26]

4.2 공유인 특허권에 대해 공유자 중 1인이 단독으로 제3자의 특허실시를 허가할 수 있나요?

네.

특허권이 공유인 경우, 권리 행사에 관한 약정이 있다면 그 약정에 따르지만, 약정이 없다면 공유자 중 1인은 특허권을 단독으로 실시하거나 제3자에게 보통 허가의 방식으로 특허실시를 허가할 수 있습니다. 다만, 제3자에 대한 특허실시허가를 통해 얻은 수익은 공유자 간에 분배해야 합니다.[27] 위의 경우를 제외하고는 특허출원 또는 특허권의 행사는 공유자 전원의 동의를 필요로 합니다. 반면 한국의 경우, 특허권이 공유인 경우 각 공유자는 다른 공유자 모두의 동의를 받아야만 그 특허권에 대하여 전용실시권을 설정하거나 통상실시권을 허가할 수 있습니다. 상술한 내용을 종합해 보면, 중국은 공유자의 권리를 보호하되, 발명의 실시를 통한 산업발전에 대해서도 적극적인 태도를 가진 것으로 해석됩니다.

4.3 실시허가 계약서에는 어떤 정보를 기록해야 하나요?

아래와 같이 실시허가 계약서의 효력발생, 변경 및 말소에 따라 각각 다른 정보가 필요합니다.[28]

---

26 중국 특허법 제12조.
27 중국 특허법 제15조 제1항.
28 중국 특허심사지침(2017) 제5부 제8장 1.3.2.6.

1) 실시허가 계약서의 효력발생

주분류번호, 특허번호, 등록번호(备案号), 양도인, 양수인, 발명의 명칭, 출원일, 출원공개일, 등록공고일, 허가종류(독점, 배타, 보통), 등록일(备案日)

2) 실시허가 계약서의 변경

주분류번호, 특허번호, 등록번호(备案号), 변경일, 변경항목(허가종류, 양도인, 양수인) 및 변경 전후 내용

3) 실시허가 계약서의 말소

주분류번호, 특허번호, 등록번호(备案号), 양도인, 양수인, 허가 계약서 등록(备案)해소일

4.4 실시허가의 종류는 한국과 동일한가요?

아니요.

한국과 달리, 특허권의 실시허가는 독점 실시허가, 배타 실시허가 및 보통 실시허가의 3종류로 구분됩니다.[29] 각각의 실시허가는 아래와 같은 특징을 가집니다.

1) 독점 실시허가

한국의 전용실시권과 유사한 것으로, 허가자(让与人)가 약정한 실시 범위 내에서 하나의 피허가자(受让人)가 그 특허발명을 실시할 수 있고 허가자는 그 특허발명을 실시할 수 없음

---

29 最高人民法院关于审理技术合同纠纷案件适用法律若干问题的解释 제25조.

2) 배타 실시허가

허가자가 약정한 실시범위 내에서 하나의 피허가자가 그 특허발명을 실시할 수 있고 허가자도 그 특허발명을 실시할 수 있음

3) 보통 실시허가

한국의 통상실시권과 유사한 것으로, 피허가자는 허가자와 약정한 실시범위 내에서 그 특허발명을 실시할 수 있고, 허가자도 그 특허발명을 실시할 수 있음

당사자가 실시허가 종류에 대해 약정하지 않거나 그 약정이 불명확한 경우, 그 실시허가는 보통 실시허가로 판단합니다. 특허 실시허가 계약에 피허가자가 제3자에게 실시를 허가(이하, 2차 실시라 함)할 권리가 약정된 경우, 당사자 간의 별도의 약정이 없는 이상 2차 실시는 보통 실시허가로 판단합니다.

4.5 통상적인 강제 실시허가

4.5.1 어떠한 유형의 강제 실시허가가 존재하나요?

중국 특허법은 아래 유형과 같은 강제 실시허가를 규정하고 있습니다.

1) 불실시 등을 이유로 하는 강제 실시허가[30]

아래 중 어느 하나에 해당하고 실시조건을 구비한 단위나 개인의 신청이 있는 경우

i) 특허권자가 특허권이 수여된 날로부터 만 3년 및 특허출원일로부터 만 4년이 될 때까지 정당한 이유 없이 그 특허를 실시하지

---

30 중국 특허법 제48조.

않거나 불충분하게 실시하는 경우

(신청하는 단위나 개인은 불충분 실시의 증거를 제공해야 하고, 합리적인 조건으로 그 실시허가를 신청했으나 합리적인 시간 내에 허가를 받지 못했음을 증명해야 함)

ii) 특허권자의 특허권 행사가 법에 따른 독점행위로 판단되고, 경쟁자가 그 독점행위로 인해 경쟁상 불리한 입장에 처하게 되는 경우

2) 긴급상황 등을 이유로 하는 강제 실시허가[31]

국가에 긴급상황(또는 비상사태)가 발생하였거나, 공공이익의 목적을 위해 필요한 경우

3) 공공건강 목적을 이유로 하는 강제 실시허가[32]

공공건강 목적을 위해 특허권을 취득한 약품에 대해 i) 그 약품을 제조하고 ii) 중국이 참가한 관련 국제조약의 규정에 부합하는 국가나 지역에 대해 수출하는 경우

4) 크로스 라이선스를 이유로 하는 강제 실시허가[33]

후등록 발명이 선등록 발명에 비해 현저한 경제적 이익의 중대한 기술적 진보가 있고, 그 실시가 선등록 발명의 실시를 수반하는 경우

(신청하는 단위나 개인은 불충분 실시의 증거를 제공해야 하고, 합리적인 조건으로 그 실시허가를 신청했으나 합리적인 시간 내에 허가를 받지 못했음을 증명해야 하고, 국무원 전리행정부문은 선등록 특허권자의 신청에 따라 후등록 발명의 실시를 강제로 허가할 수 있음)

---

31 중국 특허법 제49조.
32 중국 특허법 제50조.
33 중국 특허법 제51조.

5) 반도체 기술에 대한 강제실시허가[34]

i) 공공이익의 목적에 필요한 경우, 또는 ii) 반도체 발명에 관한 특허권의 행사가 독점행위에 해당하고, 그 독점행위로 인해 경쟁자가 경쟁상 불리한 입장에 처하게 되는 경우

4.5.2 강제 실시허가를 취득한 자는 어떤 종류의 권리 및 의무가 있나요?

강제 실시허가를 취득한 단위나 개인은 독점 실시권을 향유할 수 없고, 타인에게 실시를 허가할 권리가 없습니다.[35] 또한 강제 실시허가를 취득한 단위나 개인은 특허권자에게 합당한 실시료를 지급하거나, 중국이 참가한 관련 국제조약의 규정에 따라 실시료 문제를 처리해야 합니다. 실시료의 액수는 쌍방이 협상하여 결정하고, 협상이 성립하지 않는 경우 국무원 전리행정부문이 그 액수를 재결(裁決)할 수 있습니다.[36]

4.5.3 강제 실시허가나 실시료 액수에 불복할 수 있나요?

네.

특허권자가 강제 실시허가에 불복하거나, 쌍방 중 일방이 국무원 전리행정부문이 재결(裁決)한 실시료 액수에 불복하는 경우, 그 통지를 수령한 날로부터 3개월 내에 인민법원에 제소할 수 있습니다.[37]

4.6 국유기업이 소유한 특허발명에 대한 강제 실시허가

국유기업 사업단위의 특허발명이 국가이익 또는 공공이익에 중요한 의의가 있는 경우, 국무원 관련 주관부문과 성·자치구·직할시 인민

---

34 중국 특허법 제52조.
35 중국 특허법 제56조.
36 중국 특허법 제57조.
37 중국 특허법 제58조.

정부는 국무원에 보고하여 비준을 받고, 지정된 단위의 실시를 허가하고, 실시 단위가 국가 규정에 따라 특허권자에게 비용을 지급하도록 결정할 수 있습니다.[38]

5. 존속기간

5.1 중국 특허권의 존속기간은 한국과 동일한가요?

네.

특허권의 존속기간은 출원일로부터 20년[39]이고, 특허권의 등록공고일로부터 효력이 발생[40]합니다. 한국과 달리, 중국은 존속기간 연장등록 심판 등과 같은 제도를 마련하고 있지 않아 출원 과정 중 행정법률상의 허가 등을 이유로 특허등록이 지연되었다 하더라도 그에 따라 존속기간을 연장할 수 있는 방법이 없습니다.

5.2 중국 실용신안권과 디자인권의 존속기간은 모두 한국과 동일한가요?

아니요.

실용신안권의 존속기간은 10년으로 한국과 동일하나, 디자인권의 존속기간은 10년[41]으로, 20년의 존속기간을 인정하는 한국과 차이가 있습니다.

---

38 중국 특허법 제14조.
39 중국 특허법 제42조.
40 중국 특허법 제39조.
41 중국 특허법 제42조.

6. 특허권 침해에 대한 항변사유

6.1 공지기술의 항변이 가능한가요?

네.

중국 특허법은 공지기술의 항변을 명문으로 규정하고 있습니다. 이에 따르면, 특허권 침해 분쟁 중 피고 측이 실시하는 기술이 선행기술에 속함을 증명할 수 있는 증거가 있는 경우 그러한 실시는 특허권의 침해를 구성하지 않습니다. 이러한 항변은 디자인권 침해 사건에도 적용됩니다.[42]

6.2 중국 특허법에도 선사용권이 규정되어 있나요?

네.

특허권 또는 실용신안권의 경우, 출원일 전에 이미 특허발명과 동일한 제품을 제조(또는 그 제조에 필요한 준비를 마침)하거나 동일한 방법을 사용(또는 그 사용에 필요한 준비를 마침)하고, 원래의 범위 내에서 계속해서 그 물건을 제조하거나 방법을 사용하는 경우에 대해서는 권리침해로 보지 않습니다.[43] 다만, 중국 특허법은 디자인권에 대해서는 별도의 선사용·제도를 규정하고 있지 않음에 유의할 필요가 있습니다.

---

42 중국 특허법 제62조.
43 중국 특허법 제69조 제2호.

제2절
한중 특허법 용어 비교

양국 특허법에서 사용되는 용어는 언뜻 보기에 대동소이해 보이지만 자세히 비교해 보면 그 차이가 적지 않습니다. 대표적인 예로, 중국 특허법의 "복심"은 그 단어가 주는 느낌상 한국 특허법의 재심사와 대응되는 개념으로 오인되기 쉬우나 실질적으로는 한국 특허법의 "거절결정불복심판"과 대응된다는 점에 유의해야 합니다. 또한 중국 특허법의 "전리"는 특허, 실용신안, 디자인을 모두 포함하는 넓은 개념임에 유의할 필요가 있습니다. 본서에서는 가급적 한국 특허법상의 용어를 사용하였으나, 중국 특허법상의 용어가 더 적합(예를 들면, 전리국, 복심통지서 등)하다고 생각되는 부분에 대해서는 중국 특허법상의 용어를 그대로 채용하였습니다. 양국 특허법상의 용어를 비교하면 아래와 같습니다.

〈한중 특허법 용어 비교표〉

〈한국〉	〈中国〉
객 체	
특허권, 실용신안권, 디자인권	전리권(专利权)
발명	발명창조(发明创造)
기술적 사상	기술방안(技术方案)

〈한국〉	〈中国〉
구성요소	기술특징(技术特征)
실용신안	실용신형(实用新型)
디자인	외관설계(外观设计)
등록요건	
산업상 이용가능성	실용성(实用性)
신규성	신영성(新颖性)
진보성	창조성(创造性)
선(출)원주의	선신청주의(先申请原则)
단일성	단일성(单一性)
통상의 기술자(당업자)	기술인원(技术人员)
공지기술	공지상식(公知常识)
선행기술(종래기술)	현유기술(现有技术)
인용발명	대비문건(对比文件)
출원절차	
특허출원	전리신청(专利申请)
자진보정	주동수개(主动修改)
보정	피동수개(被动修改)
방식심사	초보심사(初步审查)
실질심사	실질심사(实质审查)
의견제출통지서	심사의견통지서(审查意见通知书)
공개	공포(公布)
공고	공고(公告)
이전	전양(转让)
거절	박회(驳回)
취하	철회(撤回)
포기	방치(放弃)
정정	수개(修改)

〈한국〉	〈中国〉
심결	결정(決定)
설정등록	등기(登记)
비밀유지	보밀(保密)
심리 및 심사	
특허청	전리국(专利局)
특허심판원	전리복심위원회(专利复审委员会)
심판관합의체	합의조(合议组)
대법원	최고인민법원(最高人民法院)
거절결정불복심판	복심(复审)
무효심판	무효선고(无效宣告)
출원 시 이용되는 제도	
신규성의제	신규성 유예기간(新颖性宽限期)
조약우선권	외국우선권(外国优先权)
국내우선권	본국우선권(本国优先权)
분할출원	분안신청(分案申请)
출원서류	
청구범위	권리요구서(权利要求书)
청구항	권리요구(权利要求)
독립 청구항	독립 권리요구(独立权利要求)
종속 청구항	종속 권리요구(从属权利要求)
명세서	설명서(说明书)
요약서	적요(摘要)
도면	첨부도면(附图)
대표도	적요 첨부도면(摘要附图)
특허권	
권리소진	권리용진(权利用尽)
병행수입	평행진구(平行进口)
구성요소완비 원칙	전면복개원칙(全面覆盖原则)

〈한국〉	〈中国〉
균등론	등동원칙(等同原则)
간접침해	간접침해(间接侵权)
전용실시권	독점 실시허가(独占实施许可)
-	배타 실시허가(排他实施许可)
통상실시권	보통 실시허가(普通实施许可)

제3절
한중 특허법 주요기간 비교

〈한중 특허법 주요기간 비교표〉

〈한국〉	〈中国〉
신규성의제	
최초 공지일로부터 12개월	최초 공지일로부터 6개월
우선권	
주장기간	
최우선일로부터 12개월	최우선일로부터 12개월
증명서류	
최우선일로부터 1년 4개월	후출원일로부터 3개월
보 정	
자진보정	
출원일로부터 특허결정서 수령 전 (단, 의견제출통지서 수령 후 불가)	실질심사 청구 시 및 실질심사 진입통지서 수령 후 3개월
의견제출통지서	
2개월(최초)	4개월(1차)
2개월(최후)	2개월(2차 이상)
심사청구	
출원일로부터 3년	출원일로부터 3년

	〈한국〉	〈中国〉
분할출원		
	보정가능 기간, 거절결정불복심판 청구기간 및 특허결정서 수령일로부터 3개월	출원일 이후부터 특허결정서 수령일로부터 2개월
출원공개		
	출원일로부터 18개월	출원일로부터 18개월
PCT 국제출원의 국내단계 진입기간		
	최우선일로부터 31개월 (1개월 연장 가능)	최우선일로부터 30개월 (2개월 연장 가능)
거절결정불복심판 청구기간		
	거절결정서 수령일로부터 30일	거절결정서 수령일로부터 3개월
심결에 대한 불복기간		
	심결 수령일로부터 30일	심결 수령일로부터 3개월
존속기간		
특 허		
	20년	20년
실용신안		
	10년	10년
디자인		
	20년	10년

제2장

명세서 및 청구범위

제1절
명세서

1. 출원서류 및 명세서

1.1 중국 특허법은 명세서 작성에 대해 어떻게 규정하고 있나요?

한국과 유사하게, 중국 특허법도 명세서는 발명을 명확하고 완전하게 설명해야 하고, 해당 기술분야의 통상의 기술자가 명세서로부터 그 발명을 실시할 수 있어야 한다고 규정[1]하고 있습니다. 상기 규정을 위반한 흠결이 있는 경우, 출원단계에서는 거절이유에 해당하고, 등록 후에는 무효사유에 해당합니다.

1.2 중국 특허출원 시 제출해야 하는 서류는 한국과 유사한가요?

네.
중국 특허출원 시 명세서, 요약서 및 청구범위 등의 서류와 함께 출원서라는 것을 제출해야 한다는 점은 한국과 유사합니다. 다만, 출원발

---

1 중국 특허법 제26조 제3항.

명이 유전자원에 관한 발명인 경우, 상기 서류 외에도 <u>유전자원출처개시 등기표를 추가로 제출</u>[2]해야 한다는 점에서 차이가 있습니다.

1.3 청구항 개수나 명세서 분량에 대한 제한이 있나요?

아니요.

청구항 개수나 명세서 분량에 대한 제한은 없으나, 청구항 개수나 명세서 분량에 따라 가산료가 부가될 수 있습니다. 즉, 원칙적으로는 출원 시 900元의 출원료를 지불하면 되지만, 청구항의 개수가 10개를 초과하는 경우, 11번째 청구항부터는 매 청구항마다 150元의 가산료가 부가되고, 명세서(도면 및 서열목록표 포함)가 30매를 초과하는 경우, <u>31매의 명세서부터는 1매당 50元의 가산료가 부가되며, 301매의 명세서부터는 1매당 100元의 가산료가 부가됩니다.</u>[3][4] 따라서 보호받고자 하는 발명의 중요도 및 비용을 고려하여 청구항의 개수 및 명세서의 분량을 결정할 필요가 있습니다.

참고로, 중국의 경우 실질심사 청구 시 청구항의 개수와 무관하게 <u>2500元</u>[5]의 심사청구료를 납부해야 합니다.

1.4 사진을 명세서의 도면으로 사용할 수 있나요?

아니요.

원칙적으로 사진을 도면으로 사용할 수 없습니다. 다만, 금속조직의 구조, 조직세포 또는 전기영동 맵을 나타낼 필요가 있는 경우와 같이

---

2 중국 특허법 실시세칙 제26조 제2항.
3 중국 특허심사지침(2017) 제5부 제2장 1.
4 专利收费、集成电路布图设计收费标准(2018.8.1).
5 专利收费、集成电路布图设计收费标准(2018.8.1).

특수한 상황에 해당하는 경우, 예외적으로 사진을 도면으로 사용할 수 있습니다.[6]

참고로, 중국 특허법은 "도면"이라는 용어 대신 "첨부 도면(附图)"이라는 용어를 사용합니다.

1.5 외국어 출원이 허용되나요?

아니요.

중국은 특허와 관련하여 제출하는 문서를 중문으로 작성할 것을 요구[7]하는데, 이를 위반하는 경우 불수리[8] 사유에 해당합니다. 반면 한국 특허법은 외국어(현재 영어만 허용됨)로 작성한 명세서를 출원하고, 추후 번역문을 제출할 수 있는 규정을 두고 있습니다.

1.6 번체자로 작성한 명세서를 제출해도 되나요?

아니요.

중국 명세서는 중문을 이용하여 작성해야 하는데, 여기에서 중문은 한자(汉字)를 지칭합니다. 명세서 작성에 이용되는 한자는 중국에서 공포한 간체자(简体字)를 기준으로 합니다. 따라서, 이체자(异体字)나 번체자(繁体字)로 작성된 명세서를 제출할 경우, 심사관은 이를 직권으로 보정하거나 보정통지서를 발행할 수 있습니다.[9]

---

6 중국 특허심사지침(2017) 제1부 제1장 4.3.

7 중국 특허법 실시세칙 제3조.

8 중국 특허법 실시세칙 제39조 제2호.

9 중국 특허심사지침(2017) 제5부 제1장 3.2절.

1.7 중국 청구항에 "일종의(一种)"라는 표현이 포함되는 이유는 무엇인가요?

중국 청구항의 "일종의(一种)"는 영문 명세서 중의 "a"나 "an"을 그대로 번역한 것으로 볼 수 있습니다. 그런데 미국 등 영어권 국가에 패밀리 출원이 존재하지 않는 중국 출원의 경우에도 청구항에 "일종의(一种)"라는 표현이 등장하는 점으로 미루어 보면, 이는 단순히 영문 명세서의 관사를 번역했다기 보다는, 청구항과 명세서의 뒷받침 관계를 엄격히 판단하는 중국 법제 및 실무를 고려하여 뒷받침 여부와 관련된 기재불비가 발생하는 것을 사전에 방지하기 위한 기재 방식이라고도 생각됩니다.

1.8 실용신안출원의 경우, 반드시 도면을 제출해야 하나요?

네.

한국과 마찬가지로 중국 역시 실용신안출원의 경우, 보호받고자 하는 물건의 형상, 구조 및 그 결합의 도면을 반드시 제출[10]하도록 요구하고 있습니다. 이는 실용신안은 물건의 형상, 구조 또는 그것의 결합에 관한 기술방안을 보호대상으로 하므로, 도면 없이 상기 기술방안의 권리범위를 확정하기 어렵기 때문입니다. 심사관은 도면이 누락된 실용신안출원에 대해 기간을 지정하여 출원인이 의견을 진술하거나 보정하도록 요구하고 기한 내에 답변이 없는 경우, 그 출원을 취하간주합니다.

---

10 중국 특허법 실시세칙 제17조 제5항.

2. 배경기술, 발명의 명칭 및 요약서

2.1 명세서의 배경기술은 신규성 판단에 어떤 영향을 미치나요?

그 배경기술이 출원일 전에 공개되었다는 증거가 있는 경우를 제외하면, 명세서에 기재된 배경기술은 일반적으로 신규성 판단에 이용되는 선행기술로 보지 않습니다.[11]

2.2 발명의 명칭에 대한 길이 제한이 있나요?

네.

통상적인 중국출원의 경우, 발명의 명칭은 통상적으로 25자를 초과할 수 없습니다. 다만, 화학 분야의 일부발명과 같이 특수한 경우 최대 40자까지 허용됩니다.[12]

국제출원의 중국 국내단계 진입 출원의 경우, 발명의 명칭에 불필요한 단어가 없는 경우, 통상적인 중국 국내출원에 대한 기준으로 발명의 명칭에 길이 제한을 두어서는 안 됩니다.[13] 중국 국내단계로 진입하기 위한 성명에 기재되는 발명의 명칭은 국제공개 팜플렛의 표지에 기재된 것과 일치해야 하고, 국제출원이 외국어로 국제공개된 경우, 발명의 명칭의 번역문은 원문의 의미를 정확히 전달하되 간결해야 합니다.

---

11 最高人民法院关于审理专利授权确权行政案件若干问题的规定 제17조 제1항.
12 중국 특허심사지침(2017) 제1부 제1장 4.1.1.
13 중국 특허심사지침(2017) 제3부 제1장 3.1.3.

2.3 요약서에 대한 길이 제한이 있나요?

네.

통상적인 중국출원의 경우, 요약서는 문자 및 부호를 포함한 분량이 300자를 초과할 수 없습니다.[14] 요약서가 300자를 초과할 경우, 심사관은 출원인이 초과된 내용을 삭제·축약하도록 하거나, 직권으로 삭제·축약할 수 있습니다. 심사관이 이를 직권으로 처리한 경우, 그 내용을 출원인에게 통지해야 합니다.

국제출원의 중국 국내단계 진입 출원의 경우, 불필요한 내용이 없는 경우, 통상적인 중국 국내출원과 같이 요약서의 길이를 300자로 제한해서는 안 됩니다. 요약서의 번역문은 국제공개 팜플렛의 표지에 기재된 내용과 일치해야 하고, 원문 내용을 변경하지 않는 전제하에서 간결해야 합니다.

참고로, 중국은 "요약서"라는 용어 대신 "적요(摘要)"라는 용어를 사용합니다.[15]

3. 컴퓨터 프로그램 발명의 청구항

3.1 중국에서도 기록매체 청구항이 허용되나요?

네.

개정된 중국 특허심사지침은 "컴퓨터 프로그램 자체"와 "컴퓨터 프로그램에 관한 발명"을 명확히 구분함으로써, "컴퓨터 프로그램에 관한

---

14 중국 특허심사지침(2017) 제1부 제1장 4.5.1.
15 중국 특허심사지침(2017) 제1부 제1장 4.5.1.

발명"이 기록된 기록매체의 청구항 기재방식을 허용함을 명확히 하였습니다.[16]

3.2 "프로그램"이 장치 청구항의 구성요소가 될 수 있나요?

네.

개정된 중국 특허심사지침은 컴퓨터 프로그램에 대한 장치 청구항이 "상기 장치에 포함되는 구성요소는 하드웨어뿐 아니라 프로그램을 더 포함"한다는 내용을 추가하여 "프로그램"이 장치 청구항의 구성요소가 됨을 명확히 하였습니다. 또한 개정된 중국 특허심사지침은 컴퓨터 프로그램에 관한 발명의 청구항 작성방법에 있어 "즉, 그 방법을 구현하는 장치"를 "예를 들어, 그 방법을 구현하는 장치"로 수정함으로써 컴퓨터 프로그램에 관한 발명이 장치 청구항으로 기재되어야 한다는 오해를 해소하였습니다.[17]

참고로, 중국 특허법은 "구성요소"라는 용어 대신 "기술특징(技术特征)"이라는 용어를 사용합니다.

---

16 중국 특허심사지침(2017) 제2부 제9장 제2절 (1).
17 중국 특허심사지침(2017) 제2부 제9장 5.2.

제2절
청구범위

1. 청구항

1.1 청구항에 화학식이나 수학식을 기재해도 되나요?

네.

중국 명세서 작성 시 청구항에 화학식이나 수학식은 삽입할 수 있으나 도면은 삽입할 수 없습니다. 또한 반드시 필요한 경우를 제외하면 청구항에는 "명세서의… 부분에 서술한 바와 같이" 또는 "도면에… 도시된 바와 같이" 등의 표현을 사용할 수 없습니다.[18] 다만, 발명 또는 실용신안이 특정한 형상과 관련되어 도형을 이용하여 한정할 수밖에 없고, 이를 언어로 표현할 수 없는 경우 위와 같이 명세서나 도면을 인용하는 청구항의 작성 방법이 예외적으로 허용됩니다.[19] 실무상, 명세서나 도면을 인용하는 청구항 작성 방법은 주로 복잡한 구조나 형상이 포함된 물건 또는 화학물질 발명에 이용됩니다.

---

18 중국 특허법 실시세칙 제19조 제3항.
19 중국 특허심사지침(2017) 제2부 제2장 3.3.

1.2 청구항 작성 시 유의할 점은 무엇인가요?

한국과 유사하게, 중국 특허법도 청구범위는 명세서에 의해 뒷받침되어야 하고, 보호받고자 하는 범위를 명확하고 간결하게 한정[20]해야 한다고 규정되어 있습니다. 상기 규정을 위반한 흠결이 있는 경우, 출원단계에서는 거절이유에 해당하고, 등록 후에는 무효사유에 해당합니다.

1.3 동일한 청구항에 대해 중국에서만 청구항이 명세서에 의해 뒷받침되지 않는다는 거절이유가 자주 발생하는 이유는 무엇인가요?

청구항이 명세서에 의해 뒷받침되는지 여부는 한국에 비해 엄격히 판단됩니다. 구체적으로, 중국의 경우 청구항이 상위 개념으로 개괄되거나 병렬적인 요소의 선택으로 이루어진 경우, 그 상위 개념에 포함되는 하나 이상의 하위개념 또는 병렬적인 요소가 출원발명이 해결하고자 하는 기술적 문제를 해결하지 못하고, 동일한 효과를 얻을 수 없는 경우 그 청구항이 명세서에 의해 뒷받침되지 않는 것으로 판단[21]하기 때문에 타국에 비해 기재불비의 거절이유가 자주 발생합니다.

---

20 중국 특허법 제26조 제4항.
21 중국 특허심사지침(2017) 제2부 제2장 3.2.1.

2. 기재불비

2.1 어떤 유형의 청구항이 명세서에 의해 뒷받침되지 않는 것으로 판단되나요?

예를 들어, 청구항과 명세서의 관계가 아래와 같을 경우, 청구항이 명세서에 의해 뒷받침되지 않는 것으로 판단됩니다.

〈예시 1〉[22]
- 청구항: 고주파 전기에너지를 이용하여 물질에 영향을 주는 방법
- 명세서: 고주파 전기에너지를 이용하여 기체 중의 먼지를 제거하는 방법

여기에서, 물질은 기체 중의 먼지를 포괄하는 상위 개념이고, 영향은 제거를 포괄하는 상위 개념입니다. 위와 같이, 명세서에는 하위 개념인 고주파 전기에너지를 이용하여 기체 중의 먼지를 제거하는 방법에 대한 설명만 기재되어 있고, 통상의 기술자가 명세서 기재 내용으로부터 청구항에 기재된 방법에 따른 효과를 예측하기도 어려운 경우, 그 청구항은 명세서에 의해 뒷받침되지 않는 것으로 판단됩니다. 참고로, 중국은 "통상의 기술자"라는 용어 대신 "기술인원(技术人员)"이라는 용어를 사용합니다.

〈예시 2〉[23]
- 청구항: 냉동 시간 및 냉동 과정을 제어하여 식물종자를 처리하는 방법

---

22 중국 특허심사지침(2017) 제2부 제2장 3.2.1.
23 중국 특허심사지침(2017) 제2부 제2장 3.2.1.

• 명세서: 일종의 식물종자 처리에 적용되는 방법

여기에서, 식물종자는 일종의 식물종자를 포괄하는 상위 개념입니다. 위와 같이, 명세서에는 하위 개념인 일종의 식물종자에 대한 처리방법만이 기재되어 있고, 통상의 기술자가 명세서 내용으로부터 기타 종의 식물종자에 대한 처리 효과를 예측하기도 어려운 경우, 그 청구항은 명세서에 의해 뒷받침되지 않는 것으로 판단됩니다.[24] 다만, 명세서에 상기 일종의 식물종자와 기타 종의 식물종자에 대한 일반적인 관계 또는 충분한 양의 실시예가 기재되어 있어, 통상의 기술자가 그 방법을 이용하여 식물종자를 처리할 수 있는 경우, 그 청구항은 명세서에 의해 뒷받침되는 것으로 판단됩니다.

〈예시 3〉[25]

• 청구항: 일종의 합성 수지 성형물(成型物)을 처리하여 그 성질을 변경시키는 방법
• 명세서: 열가소성 수지 성형물을 처리하여 그 성질을 변경시키는 방법

여기에서, 합성 수지 성형물은 열가소성 수지 성형물을 포괄하는 상위 개념입니다. 위와 같이, 명세서에는 하위 개념 중 하나인 열가소성 수지 성형물에 대한 처리방법만이 기재되어 있을 뿐 기타 합성 수지 성형물에 대한 처리방법은 기재되어 있지 않을 경우, 위와 같은 청구항은 명세서에 의해 뒷받침되지 않는 것으로 판단됩니다.

〈예시 4〉[26]

• 청구항: 일종의 동물가죽의 처리 방법

---

24 중국 특허심사지침(2017) 제2부 제2장 3.2.1.
25 중국 특허심사지침(2017) 제2부 제2장 3.2.1.
26 중국 심사처리규정 제2장 제2절 2.2.1.

• 명세서: 돼지가죽의 처리 방법

여기에서, 동물가죽은 돼지가죽, 양가죽, 소가죽 외에도 돼지가죽과 그 성질이 현저히 다른 뱀가죽 등을 더 포함하는 상위 개념입니다. 위와 같이 명세서에는 하위 개념인 돼지가죽의 처리 방법만이 기재되어 있을 뿐 다른 동물가죽의 처리 방법은 기재되어 있지 않은 경우, 상기 처리 방법이 다른 동물가죽에도 적용된다는 것은 출원인의 추측에 불과하며 그에 따른 효과 역시 예측하기 어렵다고 판단됩니다. 따라서 위의 청구항은 명세서에 의해 뒷받침되지 않는 것으로 판단됩니다.

〈예시 5〉[27]
• 청구항: 화합물 A의 식물 바이러스 억제제로서의 응용
• 명세서: 화합물 A의 항 식물 바이러스(TMV)로서의 효과

여기에서, 식물 바이러스는 TMV, PXV, CMV, PYV, TNV 등의 특정 식물 바이러스를 포함하는 상위 개념입니다. 상기 식물 바이러스들의 발병 메커니즘은 완전히 서로 다른 것으로서, 통상의 기술자는 명세서의 기재 내용으로부터 화합물 A를 다른 식물 바이러스 억제제로 이용할 수 있다고 보기 어렵고, 그에 따른 효과 역시 예측하기 어렵다고 판단됩니다. 따라서 위의 청구항은 명세서에 의해 뒷받침되지 않는 것으로 판단됩니다.

2.2 어떻게 하면 뒷받침 여부에 기인한 기재불비의 발생률을 낮출 수 있나요?

청구항을 개괄적 표현으로 작성하고자 할 경우, 명세서에 하위 개념에 관한 실시예를 가급적 충분히 기재해야 합니다. 명세서에 하위 개념에 관한 실시예를 모두 열거하기 어려운 경우, 기재된 하위 개념에 관

---

27 중국 심사처리규정 제2장 제2절 2.2.1.

한 실시예가 명세서에 기재되지 않은 다른 하위 개념에 대해서도 공통적으로 적용되거나 전용될 수 있다는 점을 명시할 필요가 있습니다.

또한 상황에 따라, 청구항을 개괄적 표현으로 작성하지 않고, 주요 실시예에 각각 대응되는 하나 이상의 독립 청구항을 작성한 후, 종속 청구항이 상기 하나 이상의 독립 청구항을 선택적으로 인용하도록 작성하는 방법도 고려해 볼 수 있습니다.

2.3 어떤 유형의 청구항이 불명확한 것으로 판단되나요?

아래 중 어느 하나[28]의 표현을 포함하는 청구항은 불명확한 것으로 판단됩니다.

- i) "두꺼운", "얇은", "강한", "약한", "고온의", "고압의", "매우 넓은 범위의"

  (다만, 증폭기의 "고주파"와 같이 특정 기술영역에서 공인된 명확한 의미를 가지는 경우는 예외)
- ii) "바람직하게는", "특히", "필요에 따라"
- iii) "대략", "근접하게", "등", "또는 유사한 물건"
- iv) 도면 부호, 화학식 및 수학식에 사용되는 것 이외의 괄호

  (다만, 함유 10%~60%[중량] 등과 같이 그 의미를 통상적으로 받아들일 수 있는 경우는 예외)

2.4 마쿠시 청구항에서 상위 개념과 하위 개념이 하나의 청구항에 포함될 수 있나요?

아니요.

---

28 중국 특허심사지침(2017) 제2부 제2장 3.2.2.

중국의 경우, 마쿠시 청구항에 병렬적으로 나열되는 내용은 동등한 개념이어야 하므로, 상위 개념과 하위 개념을 "또는"을 이용하여 병렬적으로 나열하는 것은 허용되지 않습니다.[29] 반면 한국의 경우, 하나의 청구항에 상위개념과 하위개념이 선택적으로 기재되어 있더라도, 상위 개념 및 하위개념으로 기재된 사항이 공통된 성질 또는 기능을 가지는 경우 이를 하나의 청구항에 기재하는 것이 허용됩니다.[30]

3. 독립 청구항 및 종속 청구항

3.1 독립 청구항 작성 시 특히 주의해야 할 점이 있나요?

네.

독립 청구항은 전체적으로 발명의 기술방안을 반영해야 하고, 기술문제를 해결하기 위한 필수기술특징이 기재되어 있어야 합니다.[31] 이는 위반 시 출원단계에서는 거절이유에 해당하고, 등록 후에는 무효사유에 해당합니다. 참고로, 한국 특허법에도 이와 유사한 청구항 작성규정이 있었으나 2007년 특허법 개정 시 삭제되었습니다.

3.2 필수기술특징이란 무엇인가요?

필수기술특징은 발명이 그 기술문제를 해결하기 위해 필수 불가결하다고 판단되는 것으로서, 전체로서 발명의 기술방안을 구성하고, 선행기술의 기술방안과 구별되도록 하는 기술특징을 의미합니다. 여기

---

29 중국 특허심사지침(2017) 제2부 제2장 3.3.
30 한국 특허심사지침 제2부 제4장 제4절.
31 중국 특허법 실시세칙 제20조 제2항.

에서, 기술방안은 기술문제를 해결하기 위해 채용한, 자연법칙을 이용한 기술수단(구성요소)의 집합[32]을 의미합니다. 어떤 기술특징이 필수기술특징인지 여부는 통상의 기술자의 입장에서 그 발명이 기술문제를 해결할 수 있는지 여부에 기초하여 판단하되 명세서에 기재된 전체적인 내용을 고려해야 합니다. 이때 그 기술특징이 실시예에 기재되어 있다는 이유만으로 그 기술특징을 곧바로 필수기술특징으로 인정해서는 안 됩니다.[33]

3.3 신규성이나 진보성 판단에 영향을 미치는 필수기술특징이 독립 청구항에 결여된 경우, 어떤 거절이유가 지적되나요?

필수기술특징의 결여로 인해 독립 청구항의 신규성 및/또는 진보성에 흠결이 발생하였으나 그 필수기술특징을 추가할 경우 신규성이나 진보성이 인정된다고 판단되는 경우, 심사관은 일반적으로 신규성 및/또는 진보성의 거절이유를 지적합니다.

3.4 종속 청구항의 다중 인용이 허용되나요?

아니요.
한국과 마찬가지로, 중국 역시 종속항의 다중 인용을 허용하지 않습니다. 즉, 종속 청구항은 선행 기재된 둘 이상의 청구항을 선택의 방식으로만 인용할 수 있고, 이후 다른 다중 종속 청구항에 의해 인용될 수 없습니다.[34]

---

32 중국 특허심사지침(2017) 제2부 제1장 2.
33 중국 특허심사지침(2017) 제2부 제2장 3.1.2.
34 중국 특허법 실시세칙 제22조 제2항.

제3절

생물재료 발명

1. 생물재료 발명

1.1 생물재료란 무엇인가요?

생물재료란 유전정보를 가지고 자아복제가 가능하거나, 생물 시스템에서 복제될 수 있는 재료를 의미합니다. 예를 들어, 생물재료에는 유전자, 플라스미드, 미생물, 동물 및 식물 등이 있습니다.[35] 생물재료가 아래 중 어느 하나에 해당[36]하는 경우, 사회공중도덕 위반에 해당하여 특허를 받을 수 없습니다.

i) 인간 배아줄기세포 및 그 제조방법
ii) 인간의 생식세포, 수정란, 배아 및 개체를 포함하는, 각각의 형성 및 발육 단계의 인체
iii) 위법하게 유전자원을 획득하거나 이용하여 완성한 발명

---

35 중국 특허심사지침(2017) 제2부 제10장 9.
36 중국 특허심사지침(2017) 제2부 제10장 9.1.1.

1.2 생물재료 발명 출원 시 어떤 절차가 더 필요한가요?

명세서는 발명을 명확하고 완전히 설명하여, 통상의 기술자가 그 발명을 실시할 수 있도록 기재되어야 합니다. 그런데 생물기술과 관련된 경우, 생물재료의 구체적인 특징을 설명하기 어렵기 때문에 명세서에 생물재료에 대한 설명이 문자로 기재되어 있다 하더라도 그 생물재료를 입수하지 못할 수 있습니다. 따라서 생물재료 발명의 경우, 그 발명과 관련된 생물재료의 견본을 늦어도 출원일(우선권을 주장한 경우, 우선일)까지 중국 국가지식산권국에서 인정한 기탁기관에 기탁[37]하는 절차를 더 필요로 합니다. 생물재료를 기탁하지 않은 경우, 명세서의 내용이 통상의 기술자가 실시할 수 있을 정도로 충분히 공개되지 않았다(즉, 불충분 공개)는 거절이유가 발생합니다.[38]

1.3 중국 국가지식산권국에서 인정한 기탁기관은 무엇인가요?

중국 국가지식산권국에서 인정한 기탁기관은 부다페스트 조약에서 인정한 생물자료견본 국제기탁기관을 의미하는 것으로, 중국의 북경미생물균종 보관관리위원회 보통미생물센터(CGMCC) 및 무한(武汉) 중국전형배양물 기탁센터(CCTCC)를 포함합니다.[39]

1.4 생물재료 발명 출원 시 기탁증명 이외에 더 제출해야 하는 서류가 있나요?

네.

통상적인 중국출원의 경우, 출원일 또는 출원일로부터 4개월 이내

---

37 중국 특허심사지침(2017) 제1부 제1장 5.2.1.(1).
38 중국 특허심사지침(2017) 제2부 제10장 9.2.1.(3).
39 중국 특허심사지침(2017) 제2부 제10장 9.2.1.(4).

에 기탁기관이 발행한 기탁증명과 함께 그 생물재료의 생존증명을 더 제출해야 합니다.

국제출원의 경우, 중국 국내단계 진입일로부터 4개월 내에 국무원 전리행정부문에 생물재료 견본의 기탁증명 및 생존증명을 제출할 수 있습니다.[40]

기탁증명 및 생존증명 중 어느 하나라도 제출하지 않은 경우, 생물재료 견본 미기탁 간주 통지서가 발행[41]되고, 이후 명세서의 내용이 통상의 기술자가 실시할 수 있을 정도로 충분히 공개되지 않았다는 거절 이유가 발생합니다.[42]

1.5 기탁 후 생물재료에 이상이 발생한 경우 어떻게 해야 하나요?

기탁기관은 기탁된 생물재료의 생존상황을 확인해야 합니다.

생물재료가 이미 사망, 오염, 비활성화 또는 변이된 경우, 출원인은 기탁했던 견본과 동일한 생물재료 및 원시견본(原始样品)을 동시에 기탁하고, 이 사실을 전리국에 보고함으로써 후기탁일이 선기탁일을 계승하는 것으로 인정받을 수 있습니다.[43]

생물재료 견본이 보존 과정 중 사망한 경우, 심사관은 그 생물재료 견본을 미기탁 간주한다는 통지서를 발행합니다. 다만, 출원인이 생물재료 견본의 사망이 출원인의 책임이 아니라는 증거를 제출한 경우, 출원일로부터 4개월 내에 선기탁한 생물재료 견본과 동일한 새로운 생물재료 견본을 다시 제공함으로써 선기탁일을 유지할 수 있습니다.[44]

---

40 중국 특허법 실시세칙 제108조 제3항.
41 중국 특허심사지침(2017) 제1부 제1장 5.2.1.(3).
42 중국 특허심사지침(2017) 제2부 제10장 9.2.1.(1).
43 중국 특허심사지침(2017) 제2부 제10장 9.2.1.(3).
44 중국 특허심사지침(2017) 제1부 제1장 5.2.1.

1.6 미기탁 간주 통지를 번복할 방법이 있나요?

네.

심사관이 생물재료 견본에 대한 미기탁 간주를 통지한 후, 출원인에게 기간 도과에 대한 정당한 이유가 있는 경우, 미기탁 간주 통지일로부터 2개월 이내에 국무원 전리행정부문에 대해 권리회복을 청구하여 미기탁 간주를 번복할 수 있습니다.[45][46] 정당한 이유는 아래와 같습니다.

i) 기탁기관이 출원일로부터 4개월 내에 기탁증명 또는 생존증명을 발행하지 못하였다는 증명서를 발급한 경우

ii) 생물재료 제출 과정에서 생물재료 견본의 사망이 발생하였고, 출원인에게 그 생물재료 견본의 사망에 대한 책임이 없다는 점을 증명할 수 있는 경우

1.7 생물재료의 기탁이 면제되는 경우가 있나요?

네.

아래 중 어느 하나에 해당[47]하는 경우 생물재료를 기탁하지 않아도 됩니다.

i) 일반인이 국내외의 상업적 경로를 통해 생물재료를 구매할 수 있고, 명세서에 구매 경로가 명시되어 있으며, 필요에 따라 출원일(또는 우선일) 이전에 일반인이 그 생물재료를 구매할 수 있다는 증거를 제공한 경우

---

45 중국 특허심사지침(2017) 제1부 제1장 5.2.2.

46 중국 특허법 실시세칙 제6조 제2항.

47 중국 특허심사지침(2017) 제2부 제10장 9.2.1.(2).

ii) 각국 특허청 또는 국제특허조직이 승인한 기탁기관에 기탁하고, 중국에 대해 특허출원 하기 전 특허문서에 의해 공개되거나 특허 등록된 생물재료

iii) 특허출원에 반드시 필요한 생물재료가 출원일(또는 우선일) 전에 비특허문헌에 의해 공개되어 명세서에 문헌의 출처를 명시하고 일반인이 그 생물재료를 획득하는 경로를 설명하고, 출원인이 출원일로부터 20년간 일반인에게 생물재료를 공유하겠다는 보증서를 제출한 경우

2. 생물재료 발명의 명세서

2.1 생물재료 발명의 명세서에는 어떤 사항을 기재해야 하나요?

통상적인 중국출원의 경우, 출원서 및 명세서(최초 언급 시)에 생물재료의 분류명칭, 라틴어 학명, 기탁기관의 명칭, 주소, 기탁일 및 기탁기관이 부여한 기탁번호를 기재해야 합니다.[48]

국제출원의 경우, PCT 규정에 따라 생물재료 견본의 기탁에 대해 설명한 경우, 적법하게 기탁 정보를 기재한 것으로 간주합니다. 출원인은 중국 국내단계 진입 성명서에 생물재료 견본의 기탁번호, 기탁일자 및 기탁기관을 기재하고, 국제출원 명세서의 중문 번역문 중 상기 생물재료 견본이 기재된 페이지 번호 및 줄 번호를 명확히 기입하거나, PCT/RO/134 서식의 제출 여부를 기입하여야 합니다.[49]

---

48 중국 특허심사지침(2017) 제2부 제10장 9.2.1.(1).
49 중국 특허법 실시세칙 제108조 제1항.

2.2 출원서와 명세서의 기탁 정보가 서로 다르게 기재된 경우, 이를 보정할 수 있나요?

네.

출원서와 명세서의 기탁 정보는 일치해야 합니다. 출원서와 명세서의 기탁 정보가 불일치하는 경우, 전리국으로부터 그 사실을 통지받은 후 지정기간 내에 불일치를 보정할 수 있습니다. 지정기간이 도과할 때까지 기탁 정보를 보정하지 않은 경우, 생물재료 견본을 기탁하지 않은 것으로 간주됩니다.[50]

2.3 명세서에 기탁 정보를 기재하지 않은 경우, 이를 추가할 수 있나요?

네.

통상적인 중국출원의 경우, 출원서, 기탁증명 및 생존증명이 이미 제출된 것을 전제로 하여 출원일로부터 4개월 내에 특허출원서의 기재 내용에 기초하여 명세서의 기탁 정보를 추가할 수 있습니다. 상기 기간이 도과할 때까지 기탁 정보를 보정하지 않으면 생물재료 견본을 기탁하지 않은 것으로 간주됩니다.[51]

국제출원의 경우, 기탁된 생물재료에 대한 기탁 정보가 국제사무국이 국제공개 준비 작업을 완료하기 전 국제사무국에 도달하면, 그 기탁 정보는 적시(及時)에 제출된 것으로 인정됩니다.[52]

---

50 중국 특허심사지침(2017) 제1장 제1부 5.2.1.
51 중국 특허심사지침(2017) 제2부 제10장 9.2.1.
52 중국 특허심사지침(2017) 제3부 제1장 5.5.2.

제3장

등록요건

제1절

특허 등록요건

—

1. 산업상 이용가능성

1.1 중국 특허법은 산업상 이용가능성을 어떻게 규정하고 있나요?

중국 특허법은 산업상 이용가능성이란 당해 발명과 고안을 제조하거나 사용할 수 있고, 적극적인 효과를 발휘할 수 있는 것을 의미한다고 규정[1]하고 있습니다. 여기에서, "제조하거나 사용"은 발명 또는 고안이 산업상 제조되거나 사용될 가능성을 의미합니다. 한국과 마찬가지로 중국에서도 산업상 이용가능성 판단은 신규성 또는 진보성 판단에 선행되어야 합니다.[2]

참고로, 중국 특허법은 "산업상 이용가능성"이라는 용어 대신 "실용성(实用性)"이라는 용어를 사용합니다.

---

1 중국 특허법 제22조 제4항.
2 중국 특허심사지침(2017) 제2부 제5장 3.

1.2 산업상 이용가능성 유무는 어떻게 판단되나요?

아래 중 어느 하나에 해당[3]하는 경우, 산업상 이용가능성이 없다고 판단합니다.

i) 심사 시 재현성(반복 가능성)이 없는 방법

ii) 자연법칙에 위배되는 방법

iii) 유일한 자연조건을 이용한 물건

iv) 인체 또는 동물을 대상으로 하는 비치료 목적의 외과수술방법[4]

v) 인체 또는 동물을 대상으로 하는 극한 상황에서의 생리 파라미터 측정 방법

vi) 명백히 무익하거나 사회의 요구와 괴리되는 방법

2. 신규성

2.1 중국 특허법의 신규성 판단기준은 한국 특허법과 어떤 차이가 있나요?

한국과 유사하게, 중국 특허법의 신규성은 당해 발명 또는 고안이, 출원일 이전에 국내외에서 공중이 알고 있는 기술, 즉 선행기술에 속하지 않을 것[5]을 요구합니다. 또한 하나의 인용발명에 기초하여 출원발명의 신규성을 판단한다는 점 또한 한국과 동일합니다. 그러나 중국은 실무상 신규성 유무 판단 시 출원일 당일에 공개된 내용은 선행기술로 인

---

3 중국 특허심사지침(2017) 제2부 제5장 3.2.

4 예를 들어, 미용을 위한 외과수술방법, 살아 있는 소의 신체에서 우황을 채취하는 외과수술방법, 관상동맥 조영 전에 채용되는 외과수술방법 등이 비치료 목적의 외과수술방법에 해당함.

5 중국 특허법 제22조 제2항.

정하지 않는 점[6]에서 출원과 선행문헌의 공개 시점의 선후를 시, 분, 초까지 고려하여 신규성 상실 여부를 판단하는 한국과 시기적 요건의 차이가 있습니다.

참고로, 중국 특허법은 한국 특허법의 "신규성"과 대응되는 개념으로 "신영성(新穎性)"이라는 용어를 사용합니다.

2.2 하나의 선행기술에 포함된 복수의 기술방안을 조합하여 신규성 유무를 판단할 수 있나요?

아니요.

하나의 선행기술에 기초한 것이라 하더라도 그 선행기술에 포함된 복수의 기술방안의 조합에 기초하여 출원발명의 신규성을 판단할 수 없습니다.[7] 이는 하나의 선행기술에 개시된 2 이상의 실시예를 결합하여 출원발명의 신규성을 판단할 수 없도록 규정한 한국 특허심사지침과 유사합니다. 따라서 하나의 선행기술에 기재된 복수의 기술방안의 조합에 기초하여 신규성 흠결의 거절이유가 지적된 경우 위 심사규정에 위반되었음을 적극적으로 주장할 필요가 있겠습니다.

3. 진보성

3.1 중국 특허법의 진보성 판단기준

중국 특허법은 진보성이 인정되기 위한 요건으로 특출한 실질적 특

---

6 중국 특허심사지침(2017) 제2부 제3장 2.1.1.
7 중국 특허심사지침(2017) 제2부 제3장 3.1.(2).

징과 현저한 진보[8]를 요구합니다. 여기에서, 특출한 실질적 특징은, 해당 기술분야의 통상의 기술자에게 있어 출원발명이 선행기술로부터 용이하지 않을 것(즉, 비자명성)[9]을 의미하고, 현저한 진보란 출원발명이 선행기술에 비해 유익한 효과[10]를 가져오는 것을 의미합니다. 참고로 한국의 경우, 발명의 목적, 기술적 구성, 작용효과를 종합적으로 검토하되, 기술적 구성의 곤란성을 중심으로 목적의 특이성 및 효과의 현저성을 참작하여 진보성을 판단합니다.[11]

참고로, 중국 특허법은 한국 특허법의 "진보성"과 대응되는 개념으로 "창조성(創造性)"이라는 용어를 사용합니다.

3.2 현저한 진보의 유무는 어떻게 판단되나요?

출원발명이 아래 중 어느 하나에 해당[12]하면 출원발명이 현저한 진보를 구비했다고 판단될 수 있습니다.

> i) 선행기술과 비교하여 더 좋은 기술적 효과를 구비한 경우(예를 들면, 품질 개선, 생산량 제고, 에너지 절약, 환경 오염 방지 등)
>
> ii) 기술구성이 다른 기술방안을 제시하였고 그 기술이 선행기술의 수준에 도달하는 경우
>
> iii) 새로운 기술 발전 추세를 대표하는 경우
>
> iv) 부작용을 수반하더라도 다른 방면에서 적극적인 효과를 구비하는 경우

---

8 중국 특허법 제22조 제3항.

9 중국 특허심사지침(2017) 제2부 제4장 2.2.

10 중국 특허심사지침(2017) 제2부 제4장 2.3.

11 한국 특허심사기준 제3부 제3장 5.

12 중국 특허심사지침(2017) 제2부 제4장 3.2.2.

3.3 진보성 흠결의 거절이유를 극복하기 위해 어떤 점을 주장해 볼 수 있나요?

발명의 종류에 따라 아래와 같이 각각 다른 내용을 주장해 볼 수 있습니다.[13]

1) 개척발명

개척발명은 증기기관, 백열등, 라디오, 컴퓨터상의 한자 입력 방법 등 완전히 새로운 기술방안으로서 역사상 선례가 없었던 발명을 의미합니다. 개척발명에 해당하면 진보성이 있다고 판단되나, 대부분의 발명은 "개량발명"이므로 "개척발명"으로 인정되는 경우는 드뭅니다.

2) 조합발명

조합발명은 여러 기술방안을 조합하여 새로운 기술방안을 구성함으로써 선행기술에 객관적으로 존재하는 기술문제를 해결하는 발명을 의미합니다. 조합발명의 진보성 판단 시에는 아래 요건들을 종합적으로 고려합니다.

    i) 조합에 이용되는 기술방안들이 기능적으로 상호 지지, 지원(support) 되는 관계인지 여부
    ii) 조합의 곤란성이 있는지 여부
    iii) 선행기술에 조합에 대한 암시가 있는지 여부
    iv) 기술적 효과의 유무

예를 들면, 전자시계가 부착된 볼펜은 전자시계와 볼펜 간의 기능적인 상호작용이 없으므로 진보성이 인정되지 않습니다. 반면, 위 사례와 달리 구성요소 간의 기능적 상호작용이 존재하는 경우, 이 점을 진보성

---

13 중국 특허심사지침(2017) 제2부 제4장 4.

흠결의 거절이유 대응 시 적극적으로 주장하는 것이 바람직합니다.

3) 선택발명

선택발명은 일종의 목적성을 가지고 선행기술에서 언급하지 않은 좁은 범위 또는 개체를 선택하는 발명을 의미합니다. 선택발명의 진보성 판단 시에는 선택의 공지 또는 자명성 여부도 고려되기는 하나, 그 선택으로 인한 예상치 못한 효과의 발생 유무가 진보성 판단의 주된 요소로 고려됩니다.

4) 전용(转用)발명

전용발명은 어떤 기술영역에 속하는 선행기술을 다른 기술영역에 옮겨 사용하는 발명을 의미합니다. 전용발명의 진보성 판단 시에는 아래 요건들을 종합적으로 고려합니다.

i) 전용되는 기술영역 간의 유사도
ii) 상응하는 기술의 암시 여부
iii) 전용의 난이도
iv) 전용에 따르는 기술적 어려움의 유무
v) 전용에 따른 기술적 효과

예를 들면, 비행기의 주익(主翼)을 잠수정에 전용하여 부익(副翼)이 잠수정의 승강능력을 개선한 경우, 공중기술을 수중기술에 전용하는 과정에 따른 기술적인 어려움을 극복했고, 그 전용에 따른 현저한 효과가 있다고 판단되면 진보성이 인정될 수 있습니다.

5) 용도발명

용도발명은 공지된 물건을 새로운 목적에 이용하는 발명을 의미합니다. 용도발명의 진보성 판단 시에는 아래 요건들을 종합적으로 고려합니다.

i) 기술영역 간의 유사도

ii) 새로운 용도에 따른 기술적 효과

예를 들어, 목재 살균제인 펜타클로로페놀제제가 제초제로 사용되어 예상치 못한 효과를 가져올 경우 진보성이 인정될 수 있습니다.

6) 요소변경 발명

요소변경 발명은 i) 요소관계변경 발명, ii) 요소대체 발명, iii) 요소생략 발명을 포함합니다.

i) 요소관계변경 발명은 형상, 크기, 비율, 위치 및 작용관계 등에 변화를 가한 발명을 의미합니다. 요소관계변경 발명의 예로, 제초기의 칼날 각도를 변경하여 선행기술에 없던 칼날의 자동연마 기능을 획득한 경우 진보성이 인정될 수 있습니다.

ii) 요소대체 발명은 공지된 물건 또는 방법의 요소를 다른 것으로 치환한 발명을 의미합니다. 요소대체로 인해 예상치 못한 기술적 효과가 발생하는 경우 진보성이 인정될 수 있습니다.

iii) 요소생략 발명은 공지된 물건 또는 방법 중의 일부 또는 다수의 요소를 생략한 발명입니다. 물건발명의 경우 적어도 하나 이상의 부품을 생략하거나, 방법발명의 경우 적어도 하나 이상의 단계를 생략한 후에도 여전히 생략 전의 전체적 기능이 유지되거나 예상치 못한 효과가 발생하는 경우 진보성이 인정될 수 있습니다.

3.4 진보성 흠결의 거절이유 극복을 위해 주장해 볼 수 있는 기타사항에는 어떤 것들이 있나요?

출원발명이 아래 중 어느 하나에 해당한다고 주장해 볼 수 있습니다.

i) 인간이 오랜 기간 동안 해결하려고 했으나 해결하지 못한 난제를 해결

ii) 기술적 편견의 극복

iii) 예상치 못한 효과의 획득

iv) 상업적 성공

다만, 한국과 마찬가지로 상업적 성공의 경우, 마케팅 기술 또는 광고를 통해 달성한 상업적 성공은 진보성 판단의 근거가 될 수 없는 점을 유의해야 합니다.[14] 또한 심사관의 판단이 "사후적 고찰"에 해당한다는 주장도 고려해 볼 수 있습니다.

참고로, 중국은 "사후적 고찰"과 유사한 의미로 일이 벌어지고 나서야 똑똑한 척한다는 의미의 "사후제갈량(事后诸葛亮)"이라는 표현을 사용합니다.[15]

3.5 출원발명이 공지기술에 해당하는지 여부에 대한 증명책임은 누구에게 있나요?

심사관이 의견제출통지서에서 공지기술에 해당한다고 지적하기 위해서는 확실한 증거를 제시해야 합니다. 심사관이 출원발명에 대해 공지기술에 해당하여 진보성이 없다고 지적하였고, 출원인이 이에 대해 이의를 제기한 경우, 심사관은 그 이유를 설명하거나 상응하는 증거를 제출하여 출원발명이 공지기술인지 여부를 증명해야 합니다.[16] 이때 출원인이 이의를 제기하지 않으면 심사관은 출원발명이 공지기술에 해당한다는 사실에 대해 증명하지 않아도 됩니다. 따라서 공지기술이라는

---

14 중국 특허심사지침(2017) 제2부 제4장 5.4.

15 중국 특허심사지침(2017) 제2부 제4장 6.2.

16 중국 특허심사지침(2017) 제2부 제8장 4.10.2.2.(4).

이유로 출원발명의 진보성 흠결의 거절이유가 지적된 경우, 의견서 제출 시 출원발명이 공지기술에 속함을 증명할 책임은 심사관 측에 있다는 점을 적극적으로 주장해 볼 필요가 있다고 생각됩니다.

참고로, 중국은 "공지기술"이라는 용어 대신 "공지상식(公知常识)"이라는 용어를 사용하고, "의견제출통지서"라는 용어 대신 "심사의견통지서(审查意见通知书)"라는 용어를 사용합니다.

4. 선원주의

4.1 중국 특허법의 선원주의 판단기준은 한국 특허법과 어떤 차이가 있나요?

중국 특허법은 동일한 발명에 대해 하나의 특허권만을 수여[17][중복수권방지(避免重复授权)][18]하며, 둘 이상의 출원인이 동일한 발명에 대해 특허를 출원한 경우, 가장 먼저 출원한 자에게 특허를 수여[19][선원주의(先申请原则)][20]한다는 점에서 한국 특허법과 동일합니다. 다만, 중국 특허법은 동일인이 동일한 내용에 대해 동일자에 제출한 특허출원과 실용신안출원이 경합하는 경우, 일정한 요건을 만족하는 전제하에 먼저 실용신안권을 취득하고 나중에 특허권을 취득("이중출원")할 수 있도록 하는 규정을 별도로 마련하고 있습니다. "이중출원"에 대해서는 본서 제5장 제1절의 이중출원에서 자세히 설명합니다.

---

17 중국 특허법 제9조 제1항.
18 중국 특허심사지침(2017) 제3부 제2장 2.2.
19 중국 특허법 제9조 제2항.
20 중국 특허심사지침(2017) 제3부 제2장 2.2.

4.2 서로 다른 출원인의 특허출원이 경합하는 경우 어떻게 처리되나요?

둘 이상의 출원인이 동일한 발명에 대해 서로 다른 날에 특허출원하는 경우, 선원주의에 따라 가장 먼저 출원한 자에게 특허를 수여합니다.[21]

둘 이상의 출원인이 동일한 발명을 동일자에 특허출원하는 경우, 심사관은 출원인들 간의 협상을 통해 출원인을 확정하도록 통지합니다. 기간이 도과할 때까지 이에 대해 답변하지 않는 경우, 경합하는 모든 특허출원이 취하간주됩니다. 협상이 성립하지 않거나, 출원인의 의견제출 또는 보정 후에도 경합이 해소되지 않는 경우, 모든 특허출원을 거절합니다.[22]

4.3 동일인의 특허출원이 경합하는 경우 어떻게 처리되나요?

동일인이 동일자에 동일한 발명에 대해 둘 이상의 특허를 출원한 경우, 각각의 출원에 대해 선택 또는 보정하도록 출원인에게 통지합니다. 기간이 도과할 때까지 이에 대해 답변하지 않는 경우, 경합하는 모든 특허출원이 취하간주됩니다. 출원인이 의견을 제출하거나 보정한 후에도 경합이 해소되지 않는 경우, 경합하는 모든 특허출원을 거절합니다.[23]

4.4 두 건의 동일자로 출원된 동일 발명이 모두 등록된 경우 어떻게 처리되나요?

이론적으로는 두 건의 동일자로 출원된 동일한 발명이 심사과정에

---

21 중국 특허법 제9조 제2항.
22 중국 특허심사지침(2017) 제2부 제3장 6.2.1.2.
23 중국 특허심사지침(2017) 제2부 제3장 6.2.1.1.

서 발견되지 않아 모두 등록될 수 있습니다. 이 경우, 등록된 두 건의 출원에는 모두 선원주의 위반의 무효사유가 존재하는데, 심판원은 등록공고일 및 권리자의 동일성 여부에 기초하여 어떤 권리를 무효로 할지 판단합니다.

1) 등록공고일이 다른 경우[24]

동일인이 동일 발명에 대해 동일자에 제출한 두 건의 출원이 등록공고일을 달리하여 등록될 수 있습니다. 이때 심판원은 선등록 특허(즉, 먼저 등록공고된 특허)에 대해 무효심판이 청구되었으나 선등록 특허에 중복수권 이외의 기타 무효사유가 존재하지 않는 경우, 심판원은 선등록 특허를 유효한 것으로 유지시킵니다. 반면 심판원은 후등록 특허에 대해 무효심판이 청구되고 그 청구가 이유 있다고 판단되는 경우, 후등록 특허를 무효로 합니다.

2) 등록공고일이 동일한 경우[25]

동일인이 동일 발명에 대해 동일자에 제출한 두 건의 출원이 동일자로 등록될(즉, 등록공고) 수 있습니다. 이때 등록된 두 건의 특허 중 어느 하나에 대해 무효심판이 청구되는 경우, 심판원은 그 청구가 이유 있다고 판단되면 무효심판이 청구된 특허를 무효로 합니다. 등록된 두 건의 특허 모두에 대해 무효심판이 청구되는 경우, 심판원은 이를 특허권자에게 통지하고, 둘 중 하나의 특허를 선택하도록 요구합니다. 이때 일반적으로 두 건의 무효심판은 병합심리가 진행됩니다. 특허권자가 선택한 특허에 중복수권 위반 외의 기타 무효사유가 존재하지 않는 경우, 선택된 특허를 유지시키되 나머지 하나의 특허를 무효로 합니다. 특허

---

24 중국 특허심사지침(2017) 제4부 제7장 2.1.
25 중국 특허심사지침(2017) 제4부 제7장 2.2.

권자가 선택을 하지 않는 경우, 두 건의 특허를 모두 무효로 합니다.

3) 특허권자가 다른 경우[26]

서로 다른 출원인이 동일 발명에 대해 동일자에 제출한 두 건의 출원이 동일자로 등록될 수 있습니다. 이때 등록된 두 건의 특허 모두에 대해 무효심판이 청구되는 경우, 심판원은 이를 각각의 특허권자에게 통지하고, 협의를 통해 둘 중 하나의 특허를 선택하도록 하고 병합심리를 진행합니다. 두 명의 특허권자가 협상을 통해 공동으로 서면성명하여 둘 중 하나의 특허를 선택하고, 선택된 특허에 중복수권 이외의 기타 무효사유가 존재하지 않는 경우, 선택된 특허를 유지시키고 나머지 하나의 특허를 무효로 합니다. 특허권자 간의 협상이 결렬된 경우, 두 건의 특허를 모두 무효로 합니다.

등록된 두 건 중 하나의 특허에 대해서만 무효심판이 청구되는 경우, 무효심판이 청구된 특허의 특허권자는 나머지 한 건의 특허에 대해 무효심판을 청구함으로써, 나머지 한 명의 특허권자를 협상에 인입할 수 있습니다. 이 경우 두 건의 특허 모두에 대해 무효심판이 청구된 것과 동일한 절차에 따라 처리됩니다. 나머지 한 건의 특허에 대해 무효심판을 청구하지 않는 경우, 심판원은 무효심판이 청구된 특허만을 무효로 합니다.

---

26 중국 특허심사지침(2017) 제4부 제7장 3.

5. 확대된 선원주의

5.1 중국 특허법의 확대된 선원주의 판단기준은 한국 특허법과 차이가 있나요?

네.

중국 특허법의 "확대된 선원주의"에 따르면 출원발명과 동일한 발명이 당해 출원일 이전에 국무원 전리행정부문에 출원되고, 당해 출원일 이후 공개된 특허출원서 또는 공고된 특허문헌에 기재된 상황에 속하지 않아야 합니다. 여기에서, 당해 출원일 이전에 출원되고, 당해 출원일 이후 공개되어 당해 출원의 신규성을 상실하게 하는 출원을 가리켜 "저촉출원(抵触申请)"이라고 합니다.[27] 당해 출원과 "저촉출원"이 동일자에 제출된 경우 "확대된 선원주의"가 적용되지 않으나, 당해 출원의 출원일이 저촉출원의 공개(또는 공고)와 동일자인 경우에도 당해 출원이 "확대된 선원주의"에 위반[28]된다는 점에서 한국과 차이가 있습니다.

5.2 중국 특허법도 동일인에 대해 "확대된 선원주의"의 예외로 규정하고 있나요?

아니요.

한국 특허법과 달리, 중국 특허법은 동일 발명자 또는 동일 출원인에게는 "확대된 선원주의"를 적용하지 않는다는 예외 규정이 없음[29]에 주의할 필요가 있습니다. 이 점으로 인해 중국에서는 시간차를 두고 유사한 복수의 발명을 여러 개의 별도 출원으로 진행하는 소위 "시리즈

---

27 중국 특허심사지침(2017) 제2부 제3장 2.2.
28 중국 특허심사지침(2017) 제2부 제3장 2.2.
29 중국 특허법 제22조 제2항 후단.

특허" 전략이 제한됩니다. 그러므로 중국 특허출원에 대해 "시리즈 특허" 전략이 필요한 경우, 차선책으로 분할출원을 적극적으로 활용해 볼 수 있습니다.

제2절

특허를 받을 수 없는 발명

1. 불특허 발명

중국 특허법은 아래 중 하나에 해당하는 발명에 대해 특허를 수여하지 않습니다.[30]

 i) 과학발견

 ii) 지적활동의 규칙 및 방법

 iii) 질병의 진단 및 치료방법

 iv) 동물 및 식물의 품종

 v) 원자핵을 이용한 변환 방법으로 획득한 물질

 vi) 평면 인쇄품의 도안, 색채 또는 그 둘의 결합으로 만들어진 주로
  식별표지의 기능을 하는 디자인

1.1 과학발견

과학발견에 대해서는 원칙적으로 특허를 수여하지 않습니다. 따라

---

30 중국 특허법 제25조 제1항 각호.

서 새로운 천연물질 그 자체는 발명이 아닌 발견에 해당하므로 원칙적으로 특허를 받을 수 없습니다. 다만, 그 물질이 자연계로부터 최초로 분리 또는 제출된 물질이고, 그 결합, 형상 또는 기타 물리화학 파라미터가 선행기술에 드러난 적이 없고, 그 특징을 정확히 나타낼 수 있으며, 산업상 이용가치가 있는 경우, 그 물질 자체 및 그 물질의 취득방법은 특허를 받을 수 있습니다.[31]

1.2 지적활동의 규칙 및 방법

1.2.1 Business Model 발명에 대해 특허를 받을 수 있나요?

네.

Business Model(이하, BM이라 함) 발명은 상업활동에 전자상거래 기술을 결합한 발명으로, 그 발명이 특허를 받을 수 없는 지적활동의 규칙 및 방법[32]에 속하는지 여부가 문제될 수 있습니다. 중국은 실무상 개정 전부터 BM 발명을 특허의 보호대상으로 하면서도, 개정 전 중국 특허심사지침에 "BM 발명의 방법 및 제도"는 지적활동의 규칙 및 방법에 해당하므로 특허의 수여 대상이 아니라고 규정되어 있어 해석상 논란의 여지가 있었습니다. 2017년에 개정된 중국 특허심사지침은 BM 청구항이 지적활동의 규칙 및 방법의 내용을 포함하고, 기술특징도 포함하는 경우 그 청구항은 전체로서 지적활동의 규칙 및 방법에 해당하지 않으므로 중국 특허법 제25조 제1항 각호에 해당함을 근거로 거절할 수 없다[33]는 예시를 추가함으로써 BM 발명이 일정한 요건을 갖춘 경우 특허 수여의 대상이 됨을 명확히 하였습니다.

---

31 중국 특허심사지침(2017) 제2부 제10장 2.1.
32 중국 특허법 제25조 제1항 제2호.
33 중국 특허심사지침(2017) 제2부 제1장 4.2.(2).

1.2.2 컴퓨터 프로그램 발명에 대해 특허를 받을 수 있나요?

네.

컴퓨터 프로그램 발명은 지적활동의 규칙 및 방법에 속하는지 여부가 문제될 수 있습니다. 개정 전 중국 특허심사지침은 일부 내용에서 "컴퓨터 프로그램 자체"를 특허를 받을 수 없는 객체 중의 하나로 규정하면서도, 다른 일부 내용에서는 "컴퓨터 프로그램"과 "컴퓨터 프로그램 자체" 중 어느 것이 특허를 받을 수 없는 객체에 해당하는지를 명확히 구분하지 않아 실무적으로 "컴퓨터 프로그램에 관한 발명"도 특허를 받을 수 없다는 오해를 불러일으켰습니다. 2017년 개정된 중국 특허심사지침은 이러한 오해를 해소하기 위해, "컴퓨터 프로그램" 뒤에 "자체(本身)"를 부가하여, "컴퓨터 프로그램 자체"는 특허권의 보호 객체에서 배제되나, "컴퓨터 프로그램에 관한 발명"은 특허권의 보호 객체에 해당함을 분명히 하였습니다.[34]

1.3 질병의 진단 및 치료방법

1.3.1 의료방법 발명을 특허로 보호할 수 있나요?

아니요.

중국 특허법은 인간과 동물에 대한 구분 없이 질병의 "진단" 및 "치료" 방법은 특허권의 보호대상이 아님을 명문으로 밝히고 있습니다(중국 특허법 제25조 제1항 제3호). 따라서 인간과 동물을 모두 치료할 수 있는 의료방법 발명에 대해 "동물을 치료 대상으로 한정"하는 보정을 하더라도 특허를 받을 수 없습니다. 다만, 진단 및 치료방법에 이용되는 기기, 장치, 물질 및 재료는 특허권의 보호대상으로 인정[35]됩니다. 참고로, 한

---

34 http://www.sipo.gov.cn/zcfg/zcjd/1020253.htm

35 중국 특허심사지침(2017) 제2부 제1장 4.3.

국 특허법은 의료방법 발명이 특허권의 보호대상에 해당하는지 여부에 대해 명시적으로 규정하고 있지 않습니다. 다만, 한국의 판례는 인간의 질병을 치료하거나 예방 또는 건강상태를 증진하거나 유지하는 처치방법은 원칙적으로 산업상 이용가능성이 없으나, 의료행위에 관한 발명을 인간을 제외한 동물로 한정한 경우 산업상 이용할 수 있는 발명이라고 인정하는 태도를 보입니다.

1.3.2 진단방법

1.3.2.1 중국 특허법 제25조 제1항 제3호의 진단방법은 무엇인가요?

진단방법은 생명이 있는 인체 또는 동물체의 병인(病因) 또는 병소(病灶) 상태를 식별, 연구 및 확정하는 과정을 의미합니다.[36] 구체적으로, 생명을 가진 인체 또는 동물체를 대상으로 하고, 질병진단 결과 또는 건강상황 획득을 직접적인 목표로 하는 것은 진단방법에 속하여 특허를 받을 수 없습니다.[37]

1.3.2.2 중국 특허법 제25조 제1항 제3호의 진단방법에 속하는지 여부는 어떤 기준으로 판단하나요?

질병진단과 관련된 방법이 아래의 두 가지 요건을 모두 만족하는 경우, 상기 진단방법에 속하여 특허를 받을 수 없습니다.[38]

　i) 생명이 있는 인체 또는 동물체를 대상으로 하는 경우
　ii) 질병진단결과 또는 건강상황 획득을 직접적인 목적으로 하는 경우

---

36 중국 특허심사지침(2017) 제2부 제1장 4.3.1.
37 중국 특허심사지침(2017) 제2부 제1장 4.3.1.1.
38 중국 특허심사지침(2017) 제2부 제1장 4.3.1.1.

1.3.2.3 인체 또는 동물체로부터 분리된 견본(샘플)을 대상으로 하는 경우에도 "생명이 있는 인체 또는 동물체를 대상으로 하는 경우"에 해당하나요?

네.

외관상으로는 대상체(즉, 인체 또는 동물체)로부터 분리된 견본을 대상으로 하더라도 그 발명이 동일한 주체의 질병진단 결과 또는 건강상황 획득을 직접적인 목적으로 한다면 이는 여전히 특허를 받을 수 없는 대상으로 간주합니다.[39]

1.3.2.4 어떤 방법이 질병진단결과나 건강상황 획득을 직접적 목적으로 하는 것으로 판단되나요?

보호받고자 하는 방법이 진단단계 또는 검사단계 중 어느 하나를 포함하고, 진단 또는 검측 정보를 지득하기만 하면, 선행기술 중의 의학지식 및 당해 특허출원이 공개하는 내용에 기초하여 질병의 진단결과나 건강상황을 직접적으로 알 수 있는 경우, 그 방법은 질병진단결과나 건강상황 획득을 직접적인 목적으로 하는 것으로 판단됩니다.[40] 또한 보호받고자 하는 방법이 구체적인 진단결과를 포함하지 않더라도, 정상수치와 비교·대조하는 단계를 포함하는 경우, 그 방법은 질병진단결과나 건강상황 획득을 직접적인 목적으로 하는 것에 해당합니다.

1.3.2.5 구체적으로, 어떤 방법이 중국 특허법 제25조 제1항 제3호의 진단방법에 속하나요?

"비정상 상태" 결과를 얻을 수 있고, 그 "비정상 상태"가 질병과 직접적인 관계를 가지는 의학 검사방법은 진단방법에 속합니다. 또한 질병 치료효과의 예측, 평가 방법, 및 병이 있는 동물에 대한 약물치료를 통

---

39 중국 특허심사지침(2017) 제2부 제1장 4.3.1.1.
40 중국 특허심사지침(2017) 제2부 제1장 4.3.1.1.

한 약효의 예측 및 평가방법도 진단방법에 속합니다. 예를 들어, 혈압 측정법, 진맥법, 족맥법(足診法), X레이 진단법, 초음파 진단법, 위장 조영 진단법, 내시경 진단법, 동위원소 추적 진단법, 적외선 비파괴 진단법, 병환 위험도 평가 방법, 지병 치료 효과 예측 방법, 유전자 검사 진단법 등은 상기 진단방법에 속하여 특허를 받을 수 없습니다.[41]

1.3.2.6 구체적으로, 어떤 방법이 중국 특허법 제25조 제1항 제3호의 진단방법에 속하지 않나요?

아래 중 하나에 해당하는 경우, 중국 특허법 제25조 제1항 제3호의 진단방법에 속하지 않습니다.

i) 이미 사망한 인체 또는 동물체에 대한 병리해부 방법
ii) 살아 있는 인체 또는 동물로부터 중간결과가 되는 정보를 획득하는 방법
iii) 이미 인체 또는 동물체로부터 이탈된 조직, 체액 또는 배설물에 대해 처리나 검사를 진행하여 중간결과가 되는 정보를 획득하는 방법

여기에서 중간결과는 선행기술 중의 의학지식 및 당해 특허출원에 공개된 내용에 근거하여 획득된 정보 그 자체로부터 질병의 진단결과 또는 건강상황 정보를 직접적으로 획득할 수 없는 결과를 의미합니다.[42]

---

41 중국 특허심사지침(2017) 제2부 제1장 4.3.1.1.
42 중국 특허심사지침(2017) 제2부 제1장 4.3.1.2.

1.3.3 치료방법

1.3.3.1 중국 특허법 제25조 제1항 제3호의 치료방법의 정의는 무엇인가요?

치료방법은 생명이 있는 인체 또는 동물체의 건강을 회복시키거나, 고통을 줄이기 위해 병인(病因) 또는 병소(病灶)를 저지, 완화 또는 제거하는 과정을 의미합니다. 상기 치료방법은 치료목적이나 치료의 성질을 가진 각종 방법을 포함합니다. 예를 들어, 질병의 예방 또는 면역 방법은 치료방법으로 간주됩니다. 치료목적과 비치료목적을 모두 포함하는 방법의 경우 그 방법이 비치료목적으로 사용됨을 명확히 밝히지 않는 경우 특허를 받을 수 없습니다.[43] 미용 방법의 경우, 그 방법이 치료목적이나 치료효과를 모두 포함하고, 그 치료목적이나 치료효과를 미용효과와 분리할 수 없다면 그 미용 방법은 치료방법에 속하는 것으로 판단됩니다.

1.3.3.2 비치료목적의 외과수술방법은 모두 특허 수여의 대상에 속하나요?

아니요.

비치료목적이라 하더라도 인체나 동물체에 대한 외과수술방법은 생명이 있는 인간이나 동물을 그 실시대상으로 하므로 산업상 이용가능성이 없어 특허 수여의 대상에 속하지 않습니다. 비치료목적의 외과수술방법의 예는 아래[44]와 같습니다.

i) 미용을 위한 외과수술방법

ii) 살아 있는 소의 신체에서 우황을 채취하는 외과수술방법

iii) 보조진단을 위한 외과수술방법(예를 들어, 관상동맥 조영 전에 채용

---

43 중국 특허심사지침(2017) 제2부 제1장 4.3.2.
44 중국 특허심사지침(2017) 제2부 제5장 3.2.4.

되는 외과수술방법)

1.3.3.3 구체적으로, 어떤 방법이 중국 특허법 제25조 제1항 제3호의 치료방법에 속하나요?

아래 중 어느 하나에 속하는 방법은 중국 특허법 제25조 제1항 제3호의 치료방법에 속하여 특허를 받을 수 없습니다.[45]

i) 외과수술 치료방법, 약물 치료방법, 심리요법

ii) 치료를 목적으로 하는 침구, 마취, 추나, 안마, 과사(刮痧), 기공, 최면, 약욕, 공기욕, 일광욕, 삼림욕 및 간호 방법

iii) 치료를 목적으로 전기, 자석, 소리, 빛, 열 등을 이용하여 인체 또는 동물체에 복사 자극하거나 조사(照射)하는 방법

iv) 치료를 목적으로 코팅, 냉동, 투열 등의 방식을 채용하여 치료하는 방법

v) 질병을 예방하기 위해 실시하는 각종 면역 방법

vi) 외과수술 치료방법 및/또는 약물 치료방법을 실시하기 위해 채용하는 보조방법(예를 들면, 동일 주체로 복귀하는 세포, 조직 또는 기관의 처리 방법, 혈액 투석방법, 마취심도 감시방법, 약물 내복방법, 약물 주사방법, 약물 외부부착 방법 등)

vii) 치료를 목적으로 하는 수태, 피임, 정자 수량 증가, 체외 수정, 배태 전이 방법 등

viii) 치료를 목적으로 하는 성형, 스트레칭, 다이어트, 신장 증가 방법

ix) 인체 또는 동물체의 상처를 처치하는 방법(예를 들면, 상처 소독 방법, 붕대 감기 방법)

x) 치료를 목적으로 하는 기타 방법(예를 들면, 인공호흡 방법, 산소공급 방법)

---

45 중국 특허심사지침(2017) 제2부 제1항 4.3.2.1.

이 중, 약물 주사방법에는 검사를 실시하기 위해 채용되는 약물 주사방법(예를 들면, 조영제를 환자의 체내에 주사하여 목표 영역 이미지의 대비도를 높이는 단계가 포함된 자기공명 이미지 방법)도 포함됩니다.

1.3.3.4 구체적으로, 어떤 방법이 중국 특허법 제25조 제1항 제3호의 치료방법에 속하지 않나요?

아래의 방법들은 중국 특허법 제25조 제1항 제3호의 치료방법에 속하지 않습니다.[46]

i) 의지(artificial limb) 또는 의체(protheses)의 제조방법 및 상기 의지 또는 의체를 제조하기 위해 실시되는 측정 방법[47]

ii) 비외과수술 방식을 통해 동물체를 처치하여 그 생장특성을 변화시키는 목축업 생산방법[48]

iii) 동물 도살 방법

iv) 이미 사망한 인체 또는 동물체에 대해 채용하는 처치 방법[49]

v) 단순한 미용 방법[50]

vi) 비질병 상태의 사람 또는 동물을 편안, 유쾌하게 하거나 잠수, 방독 등 특수상황 하에서 산소, 음 산소 이온(negative oxygen ion), 수분 등을 공급하기 위한 방법

---

46 중국 특허심사지침(2017) 제2부 제1장 4.3.2.2.

47 예를 들어, 의치 제조방법에 있어서, 상기 방법은 환자의 구강 내에서 주형을 제작하고, 체외에서 의치를 제조하는 단계를 포함하는데 최종 목적이 치료이기는 하나, 상기 방법 자체의 목적은 의치를 제조하는 것이기 때문임.

48 예를 들어, 살아 있는 양에 대해 일정한 전기자극을 가하여 성장을 촉진시키고 양고기의 품질을 제고하거나 양모 생산량을 증가시키는 방법.

49 예를 들면, 해부, 사체 정리, 시체 방부, 표본 제작 방법.

50 즉, 인체가 개입되지 않거나 상처를 발생시키지 않는 미용 방법으로, 피부, 모발, 손톱, 치아외부의 인간이 시각적으로 인지할 수 있는 국부적인 부위에 실시하는 것으로, 비치료 목적의 신체 냄새 제거, 보호, 장식 또는 화장 방법을 포함함.

vii) 인체 또는 동물체 외부[51]의 세균, 병균, 이, 벼룩 등을 박멸하는
방법

1.4 동물 및 식물의 품종

1.4.1 동물의 품종에 대해 특허를 받을 수 있나요?

아니요.

중국 특허법에 따르면, 동물의 품종 자체에 대해서는 특허를 받을
수 없습니다.[52] 여기에서 동물이란, 사람을 제외한 것으로 스스로 합성
작용을 할 수 없고 자연계의 탄수화물 및 단백질을 섭취해야 생명을 유
지할 수 있는 것을 의미합니다.[53] 별도의 보호조례를 통해 식물의 품종
을 보호하고 있는 것과는 달리 동물의 품종을 보호하기 위한 법률이나
조례는 입법되어 있지 않습니다.[54]

다만, 동물 제품의 생산방법에 대해서는 특허를 받을 수 있습니다.[55]
상기 동물 제품의 생산방법은 TRIPS 제27조 제3항 제(b)호에 따라 비생
물학적 방법만을 포함하고, 생물학적 방법은 포함하지 않습니다. 생산
방법이 생물학적 방법에 속하는지 여부는 그 방법에 대한 인간의 기술
개입 정도에 따라 결정됩니다. 구체적으로, 인간의 기술개입이 그 방법
이 실현하려는 목적 또는 효과의 주된 제어작용 또는 결정적인 작용을
하는 경우, 그 방법은 생물학적 방법에 속하지 않는 것으로 봅니다. 예
를 들어, 동물 사육에 있어 빛의 조사를 채용하여 우유 생산량이 높은
젖소를 생산하는 방법이나 사육 방식을 변경하여 살코기가 많은 돼지

---

51 피부 또는 모발상을 의미하되, 상처 및 감염 부위는 포함하지 않음.

52 중국 특허법 제25조 제1항 제4호.

53 중국 특허심사지침(2017) 제2부 제1장 4.4.

54 崔国斌, 专利法, 第2版, 北京大学出版社, 2016, p.72.

55 중국 특허법 제25조 제2항.

를 생산하는 방법 등은 특허 수여의 대상인 비생물학적 방법에 해당합니다.[56]

1.4.2 식물의 품종에 대해 특허를 받을 수 있나요?

아니요.

중국은 TRIPS 협정의 회원국 중 하나입니다. TRIPS 협정[57]은 각 회원국이 미생물을 제외한 동식물 및 그 생물학적 생산방법에 대해 특허를 수여하지 않을 수 있도록 규정하되, 각 회원국이 특허제도 또는 다른 유효한 제도를 통해 식물신품종을 보호하도록 규정하고 있습니다. 중국은 TRIPS 협정의 해당 규정을 반영하여 식물의 품종을 특허 수여의 대상에서 제외[58]시키는 한편 「식물신품종 보호조례」를 통해 식물신품종을 보호하고 있습니다.

참고로, 중국 특허법이 지칭하는 식물이란, 광합성이 가능하며, 물, 이산화탄소 및 무기염 등의 무기물을 합성하여 탄수화합물, 단백질을 이용하여 생존을 유지하는, 이동성이 없는 생물을 의미합니다.[59]

1.4.3 유전자 변이 동물 및 식물에 대해 특허를 받을 수 있나요?

아니요.

유전자 변이 동물 또는 식물은 유전공학의 DNA 중합기술 등 생물학적 방법을 통해 획득한 동물 또는 식물을 의미하는 것으로, 그 자체는 중국 특허법 제25조 제1항 제4호의 동물 품종 또는 식물 품종에 속하므로 특허권의 보호대상이 아닙니다.[60]

---

56 중국 특허심사지침(2017) 제2부 제1장 4.4.

57 Trips 협정 제27조 제3항 제(b)호.

58 중국 특허법 제25조 제1항 제4호.

59 중국 특허심사지침(2017) 제2부 제1장 4.4.

60 중국 특허심사지침(2017) 제2부 제10장 9.1.2.4.

1.4.4 동물 및 식물과 관련된 어떠한 발명도 특허를 받을 수 없나요?

아니요.

동물의 경우, 배아줄기세포, 동물 개체 및 그 각각의 형성 및 발육 단계(생식세포, 수정란, 배아 등)는 중국 특허법 제25조 제1항 제4호의 동물 품종의 범주에 속하므로 특허권의 보호대상이 아닙니다. 다만, 동물의 체세포 및 동물조직기관(배아 제외)은 상술한 "동물"의 정의에 부합하지 않으므로 특허권의 보호대상에 해당합니다.[61]

식물의 경우, 광합성을 할 수 있고, 물, 이산화탄소 및 무기염 등의 무기물을 이용하여 탄수화물 및 단백질을 합성함으로써 생존을 유지하는 식물의 단일개체 및 그 번식재료(예를 들면, 종자 등)는 중국 특허법 제25조 제1항 제4호의 식물품종의 범주에 속하므로 특허권의 보호대상이 아닙니다. 다만, 식물의 세포, 조직 및 기관이 상술한 특징을 가지고 있지 않은 경우, 이를 식물 품종으로 보지 않으므로 특허권의 보호대상에 해당합니다.[62]

참고로, 한국에서는 동물품종 및 식물품종이 생명공학과 관련된 발명으로 분류되어 특허권의 보호대상에 해당합니다.

1.4.5 미생물 자체에 대해 특허를 받을 수 있나요?

네.

미생물은 세균, 방선균, 진균, 바이러스, 원생동물, 조류(藻类) 등을 포함하는 것으로 동물이나 식물에 속하지 않으므로 특허권의 보호대상에 해당합니다. 인류의 기술적 처리 없이 자연계에 속한 미생물은 발견에 해당하므로 원칙적으로 특허권의 보호대상이 아닙니다. 다만, 그 미생물이 분리과정을 거쳐 순수한 배양물이 되고 특정한 공업적 용도가

---

61 중국 특허심사지침(2017) 제2부 제10장 9.1.2.3.
62 중국 특허심사지침(2017) 제2부 제10장 9.1.2.3.

있는 경우 그 미생물 자체도 특허권의 보호대상이 될 수 있습니다.[63]

1.4.6 유전자 또는 DNA 절편 자체에 대해 특허를 받을 수 있나요?

네.

유전자 또는 DNA 절편은 화학물질의 일종으로 미생물, 식물, 동물 또는 인체로부터 분리획득되고 기타 수단을 통해 획득된 것을 의미합니다. 자연계로부터 찾아낸, 천연형태로 존재하는 유전자 또는 DNA 절편은 발견에 해당하므로 원칙적으로 특허권의 보호대상이 아닙니다. 다만, 자연계로부터 최초로 분리되었거나 채취된 유전자 또는 DNA 절편인 경우, 그 염기서열이 선행기술에 기재된 적이 없고, 그 특징을 정확히 나타낼 수 있고, 산업상 유용한 가치가 있다면, 그 유전자 또는 DNA 절편 자체 및 그 획득 방법은 특허권의 보호대상이 될 수 있습니다.[64]

1.5 원자핵을 이용한 변환 방법으로 획득한 물질

원자핵 변환 방법 및 그 방법을 이용하여 획득한 물질은 국가의 경제, 국방, 과학연구 및 공공생활의 중대한 이익과 관련이 있으므로 단위 또는 개인이 독점할 수 없도록 특허를 수여하지 않습니다.[65]

1.5.1 원자핵 변환방법은 무엇인가요?

원자핵 변환방법이란, 하나 이상의 원자핵이 분열 또는 취합을 통해 하나 이상의 새로운 원자핵을 형성하는 과정을 의미합니다. 예를 들어, 핵분열을 실현하는 등의 방법은 특허의 수여 대상이 아닙니다. 다

---

63 중국 특허심사지침(2017) 제2부 제10장 9.1.2.1.
64 중국 특허심사지침(2017) 제2부 제10장 9.1.2.2.
65 중국 특허심사지침(2017) 제2부 제1장 4.5.

만, 원자핵의 변화를 실현하여 입자 에너지의 입자 가속을 증가시키는 방법(예를 들면, 전자 환형 가속법 등)은 원자핵 변환 방법에 해당하지 않아 특허를 받을 수 있습니다. 핵변환 방법을 실현하는 각종 설비, 도구 및 기타 부품 등은 특허 수여의 대상에 해당합니다.[66]

1.5.2 원자핵 변환방법을 이용하여 획득한 물질은 무엇인가요?

원자핵 변환방법을 이용하여 획득한 물질이란, 주로 가속기, 반응기 및 기타 핵반응 장치를 이용하여 생산 및 제조한 각종 방사능 동위원소를 의미하는 것으로, 이러한 동위원소는 특허를 받을 수 없습니다. 다만, 이러한 동위원소의 용도나, 그 동위원소를 사용하는 도구·설비는 특허 수여의 대상에 해당합니다.[67]

2. 법률 등에 위배된 발명

중국 특허법에 따르면, 법률, 사회공중도덕에 위배되거나, 공공이익을 방해하는 발명에 대해서는 특허를 수여하지 않습니다(중국 특허법 제5조 제1항). 다만, 그 실시만이 법률에 의해 금지되는 발명은 상술한 "법률에 위반된 발명"에 포함되지 않습니다. 예를 들어, 국방에 필요한 각종 무기의 생산, 판매 및 사용은 법률의 제한을 받으나, 이러한 무기 및 그 제조방법 자체는 법률, 사회공중도덕이나 공공이익에 위반되는 것으로 판단되지 않습니다.[68] 법률, 사회공중도덕이나 공공이익에 위반되는 흠결은 등록 전에는 거절이유에 해당하고, 등록 후에는 무효사유에 해당합니다.

---

66 중국 특허심사지침(2017) 제2부 제1장 4.5.1.
67 중국 특허심사지침(2017) 제2부 제1장 4.5.2.
68 중국 특허심사지침(2017) 제2부 제1장 3.1.1.

2.1 중국 특허법 제5조 제1항의 법률 위배 여부의 판단기준은 무엇인가요?

법률은, 전국인민대표대회 또는 그 상무위원회가 입법절차에 따라 제정하고 반포한 법률을 의미하는 것으로, 행정법규 및 규장은 이에 포함되지 않습니다. 예를 들어, 아래의 경우 중 어느 하나에 해당하면 법률에 위배된다고 판단됩니다.[69]

i) 도박에 사용되는 설비, 기기 또는 도구

ii) 마약 흡입 기구

iii) 국가의 화폐, 유가증권, 공문서, 증서, 인장, 문화재를 위조하는 설비

다만, 그 자체가 아니라 남용이 문제되는 의료용 독약, 마취제, 진정제, 흥분제 및 오락용 장기 등은 법률에 위배되는 것으로 보지 않습니다.

2.2 중국 특허법 제5조 제1항의 사회공중도덕 위배 여부의 판단기준은 무엇인가요?

사회공중도덕은, 공중이 보편적으로 정당하다고 인식하고, 논리도덕 관념 및 행위준칙으로 받아들여지는 것으로 그 판단기준은 중국 내로 한정됩니다. 예를 들어, 아래 중 어느 하나에 해당[70]하면 사회공중도덕에 위배되는 것으로 판단됩니다.

i) 폭력·살인 또는 음란성을 수반하는 사진이나 디자인

ii) 비의료 목적의 인조성 기관 또는 그 대체물

---

69 중국 특허심사지침(2017) 제2부 제1장 3.1.1.

70 중국 특허심사지침(2017) 제2부 제1장 3.1.2.

iii) 인간과 동물의 교배 방법

iv) 인간 생식계 유전자 동일성을 변경하는 방법 또는 생식계 유전
자 동일성이 변경된 인간

v) 복제인간(cloned human) 또는 인간의 복제 방법

vi) 인간 배아의 공업적 또는 상업적 목적의 응용

vii) 동물을 고통스럽게 하되, 인간 또는 동물에 대한 의료에 실질적
인 효과가 없는 동물 유전자 동일성을 변경하는 방법

또한 아래 중 어느 하나에 해당[71]하는 경우에도 중국 특허법 제5조
제1항의 사회공중도덕에 위배된다고 판단됩니다.

i) 인간 배아줄기세포 및 그 제조방법

ii) 인간의 생식세포, 수정란, 배아 및 개체를 포함하는 각각의 형성
및 발육 단계의 인체

iii) 위법하게 유전자원을 획득하거나 이용하여 완성한 발명

2.3 중국 특허법 제5조 제1항의 공공이익을 방해하는지 여부의 판단기준 은 무엇인가요?

공공이익은 발명의 실시 또는 사용이 공중 또는 사회에 위해를 가하
거나, 국가 및 사회의 정상적인 질서에 영향을 주는 것을 의미합니다.
예를 들어, 아래의 경우 중 어느 하나에 해당[72]하면 공공이익에 위배되
는 것으로 판단됩니다.

i) 절도자의 눈을 실명시키는 방법 장치 등 인간을 다치게 하거나
재물에 손해를 입히는 경우

---

71 중국 특허심사지침(2017) 제2부 제10장 9.1.1.
72 중국 특허심사지침(2017) 제2부 제1장 3.1.3.

ii) 발명의 실시 또는 사용이 환경을 심각하게 오염시키거나, 에너지 또는 자원을 심각하게 낭비하거나, 생태계 균형을 파괴하거나, 공중의 건강을 해치는 경우

iii) 특허출원 서류 내의 문자 또는 도면이 국가의 중대한 정치사건 이나 종교신앙과 관계된 경우, 인민의 감정 또는 민족적 감정을 상하게 하거나 봉건·미신을 전파하는 경우

다만, 그 자체가 아니라 남용이 문제되는, 인체에 대한 부작용을 수반하는 약품 등은 공공이익에 위배된다는 이유로 그 특허 수여를 거절할 수 없습니다.

2.4 발명의 일부가 중국 특허법 공서양속에 위반되면 어떻게 처리되나요?

발명의 일부가 법률, 사회공중도덕 또는 공공이익에 위반되나 기타 다른 부분은 적법한 경우, 심사관은 상기 위반되는 내용을 보정하거나 삭제하도록 통지합니다. 위와 같은 흠결이 있는 기술방안은 진보성이 인정된다 하더라도 특허를 받을 수 없습니다. 예를 들어, 유저가 일정한 점수를 획득하면 일정한 액수의 화폐를 배출하도록 하는 장치의 경우, 공서양속을 일부 위반한다고 판단될 수 있습니다. 심사관은 이에 대해 화폐를 배출하는 부분을 삭제하거나 보정하도록 통지할 수 있습니다.[73]

---

73 중국 특허심사지침(2017) 제2부 제1장 3.1.4.

제4장

특허성 판단시점에 관한 제도

제1절

신규성 의제

1. 개 론

"신규성의제"는 발명을 조기에 공지하여 산업발전에 이바지하되, 조기에 공지되는 발명을 보호하기 위해 일정한 요건을 만족하는 경우 그 공지가 발명의 신규성에 영향을 주지 않는 것으로 판단하는 제도를 의미합니다. 중국의 신규성의제는 적용사유, 적용기간, 절차보완의 가능여부 등의 측면에서 한국의 신규성의제와 차이가 있습니다.

참고로, 중국은 "신규성의제"와 대응되는 개념으로 "신영성 유예기간(陰影性寬限期)"[1]이라는 용어를 사용합니다.

---

1 중국 특허심사지침(2017) 제1부 제1장 6.3.1.

2. 신규성의제의 요건

2.1 중국 특허법의 신규성의제 적용기간은 한국 특허법과 동일한가요?

아니요.

한국과 달리, 중국은 신규성의제 적용기간을 6개월로 규정합니다. 즉, 최초 공지일로부터 6개월 이내에 출원과 함께 신규성의제를 주장해야 출원발명의 신규성이 상기 공지에 의해 상실되지 않습니다.[2] 이러한 시기적 요건의 차이로 인해 최초 공지일로부터 6개월 경과 후 12개월 경과 전의 기간에 대해 한국에서는 신규성의제가 적용되나, 중국에서는 신규성의제가 적용되지 않는 상황이 발생(아래의 〈신규성의제 적용시기 비교〉 참조)함을 유의해야 합니다.

〈신규성의제 적용시기 비교〉

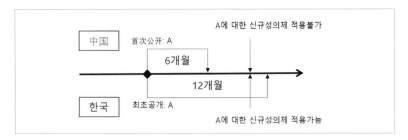

2.2 중국 특허법의 신규성의제 적용사유는 한국 특허법과 동일한가요?

아니요.

아래 중 어느 하나에 해당하면 그 출원은 아래 공지행위에 의해 신

---

2 중국 특허법 제24조.

규성을 상실하지 않습니다.[3]

  i) 중국정부가 주최하거나 승인한 국제전람회에서 최초로 전시한 경우(제24조 제1호)

 ii) 규정된 학술회의 또는 기술회의에서 최초로 발표한 경우(제24조 제2호)

iii) 타인이 출원인의 동의 없이 그 내용을 누설한 경우(제24조 제3호)

〈신규성의제 적용범위 비교〉

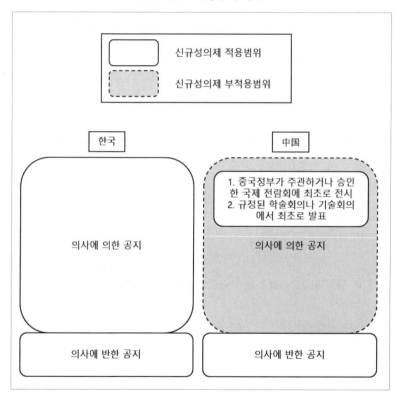

---

3 중국 특허법 제24조 제1호 내지 제3호.

중국 특허법의 신규성의제 적용사유는 한국 특허법이 신규성의제 적용사유를 의사에 의한 공지 또는 의사에 반한 공지로 넓게 규정한 것과 차이가 있습니다. 특히 중국 특허법의 신규성의제 적용사유는 "중국 정부가 주최하거나 승인"해야 하는 등의 여러 가지 조건이 부가되기 때문에 그 적용범위가 한국의 신규성의제 적용사유에 비해 제한됩니다 (위의 〈신규성의제 적용범위 비교〉 참조). 따라서 출원발명을 전시하려는 국제전람회나 발표하려는 학술회의가 신규성의제의 적용대상인지 여부가 불명확한 경우, 공지에 앞서 중국출원을 진행하는 것이 안전합니다.

2.3 중국정부가 주최하거나 승인한 국제전람회는 무엇인가요?

중국정부가 주최한 국제전람회는, 국무원 또는 각부 위원회가 주최하거나, 또는 국무원이 비준한 기타 기관 또는 지방정부가 주최하는 국제전람회를 포함합니다.[4]

중국정부가 승인한 국제전람회는, 국제전람회조약이 규정하는 국제전람국[5]에 등록되거나 인가된 국제전람회를 지칭하는데, 국제전람회에는 주최국의 물건 이외에 외국의 전시품도 있어야 합니다.[6] 여기에서, 국제전람국에 등록되거나 인가된 국제전람회는 주로 엑스포(EXPO, 세계박람회)[7]를 의미합니다.

2.4 규정된 학술회의 또는 기술회의는 어떤 회의를 의미하나요?

규정된 학술회의 또는 기술회의는 국무원과 관련된 주관부문 또는

---

4 중국 특허심사지침(2017) 제1부 제1장 6.3.1.

5 Bureau of International Exposition: BIE.

6 중국 특허심사지침(2017) 제1부 제1장 6.3.1.

7 https://www.bie-paris.org

전국적 학술단체가 조직하여 개최하는 학술회의 또는 기술회의를 지칭합니다. 성급 이하의 단체, 국무원 각부 위원회 또는 전국적 학술단체의 위탁을 받거나, 그 명의를 이용하여 조직·개최한 학술회의 또는 기술회의는 "규정된 학술회의 또는 기술회의"에 포함되지 않습니다.[8] 이에 따르면 외국에서 개최되는 학술회의 또는 기술회의는 중국의 국무원 또는 전국적 학술단체가 개최한 것이 아니므로, "규정된 학술회의 또는 기술회의"에 포함되지 않습니다. 또한 대학 명의로 개최된 학술회의는 전국적 학술단체가 개최한 것이 아니므로 "규정된 학술회의 또는 기술회의"에 포함되지 않습니다.

2.5 신규성의제는 최초 공지에 대해서만 적용되나요?

아니요.

중국 특허법은 법문상 국제전람회(또는 학술회의)에서 최초로 전시(또는 발표)한 경우 신규성의제가 적용된다고 기재[9]되어 있어, 재차 공지에 대해서도 신규성의제가 적용되는지 문제됩니다. 중국 특허심사지침에 따르면, 재차 공지라 하더라도 중국 특허법 제24조 각 호에 해당하기만 하면 재차 공지는 출원발명의 신규성에 영향을 주지 않습니다. 다만, 신규성의제의 적용기간은 여전히 최초 공지일로부터 기산됨을 유의할 필요가 있습니다.[10]

2.6 전시 및 발표의 의미는 어떻게 해석되나요?

중국 특허법은 법문상 국제전람회(또는 학술회의)에서 최초로 전시

---

8 중국 특허심사지침(2017) 제1부 제1장 6.3.2.
9 중국 특허법 제24조 본문.
10 중국 특허심사지침(2017) 제2부 제3장 5.

(또는 발표)한 경우 신규성의제가 적용된다고 기재[11]되어 있어, 전시 및 발표 이외의 공지행위에 대해서도 신규성의제가 적용되는지 문제됩니다. 즉, 전시나 발표 그 자체에 대해서만 신규성의제의 적용대상으로 볼 것인지, 아니면 전시나 발표에 함께 수반되는 포스터, 안내책자 등도 신규성의제의 적용대상으로 볼 것인지가 문제될 수 있습니다.

통상적인 전람회나 학술회의의 진행방식에 비추어 보면, 전람회는 전시와 함께 관련 자료를 발행하는 경우가 많고, 학술회의는 구두발표와 함께 발명에 대한 서면자료를 제공하는 경우가 많습니다. 이런 현실을 감안하면, 전시 및 발표를 문언적으로 해석하여 그에 수반되는 자료를 신규성의제의 적용대상에서 배제하는 것은 조기에 공지되는 발명을 보호하기 어렵고, 발명의 조기 공지를 유도하고자 하는 신규성의제 제도의 취지에도 반합니다. 따라서, 신규성의제는 전시 및 발표뿐 아니라 그에 수반되는 모든 관련자료를 포함하는 것으로 해석하는 것이 타당하다고 생각됩니다.[12]

2.7 신규성의제와 함께 조약우선권을 향유할 수 있나요?

네.

중국의 경우, 신규성의제와 조약우선권을 동시에 향유할 수 있습니다. 즉, 신규성의제 적용시기에 부합하는지 여부는 선출원일을 기준으로 판단[13][14]하므로, 선출원이 신규성의제 적용기간인 6개월 이내에 제출된 경우, 후출원은 최초 공지행위가 발생한 날로부터 최장 1년 6개월 이내에 제출할 수 있습니다. 반면 한국의 경우, 조약우선권을 주

---

11 중국 특허법 제24조.

12 尹新天, 中国专利法详解(缩编版), 第2版, 知识产权出版社, 2012, pp.238-239.

13 중국 특허법 실시세칙 제11조 제1항.

14 중국 특허법 제24조.

장했다 하더라도 신규성의제 적용 여부는 후출원을 기준으로 판단합
니다.

3. 신규성의제의 절차

3.1 출원발명이 국제전람회에서 전시된 경우, 신규성의제를 주장하기 위해 어떤 절차가 필요한가요? (학술회의 또는 기술회의에서 발표된 경우도 포함)

출원발명이 중국 특허법 중국정부가 주최하거나 승인한 국제전람
회에서 최초로 전시되었거나, 규정된 학술회의 또는 기술회의에서 최
초로 발표되었음을 출원 시 성명하고, 출원일로부터 2개월 내에 증명
서류를 제출[15]해야 합니다. 상기 증명서류는 국제전람회, 학술회의 또
는 기술회의 등의 주최 기관에서 발행한 것[16]이어야 합니다. 또한 증명
서류에는 국제전람회, 학술회의 또는 기술회의 등의 기간, 장소, 명칭,
그 발명이 전시된 기간, 형식, 내용이 기재되어 있어야 하고, 주최 기관
의 공식 날인[17]을 필요로 합니다.

3.2 타인이 출원인의 동의 없이 발명의 내용을 누설한 경우, 신규성의제를 주장하기 위해 어떤 절차가 필요한가요?

1) 출원인의 동의 없이 발명이 누설되었음을 출원일 전에 지득한 경우

출원발명이 출원인의 동의 없이 누설되었음을 출원 시 출원서에 성
명하고, 심사관이 요구하는 경우 출원일로부터 2개월 내에 증명서류를

---

15 중국 특허법 실시세칙 제30조 제3항.
16 중국 특허심사지침(2017) 제1부 제1장 6.3.1, 6.3.2.
17 중국 특허심사지침(2017) 제1부 제1장 6.3.1, 6.3.2.

제출[18]해야 합니다.

2) 출원인의 동의 없이 발명이 누설되었음을 출원일 후에 지득한 경우

그 사실을 지득한 날로부터 2개월 내에 출원발명이 출원인의 동의 없이 누설되었음을 성명하고, 심사관이 요구하는 경우 지정기간(2개월) 내에 증명서류를 제출[19]해야 합니다.

참고로, 출원발명이 출원인의 동의 없이 누설되었음에 대한 증명서류에는 공지일시, 공지방식, 공지의 내용, 증인의 서명 또는 날인이 포함[20]되어야 합니다.

3.3 신규성의제의 성명을 누락했거나 증명서류 제출기간을 도과한 경우 보완할 수 있나요?

아니요.

중국 특허법은 출원 시 신규성의제 성명을 누락하거나 증명서류 제출기간을 도과한 경우 이를 추후 보완할 수 없습니다.[21] 반면, 2015년에 개정된 한국 특허법은 신규성의제에 대한 성명 또는 증명서류 제출의 추후보완을 허용합니다.

3.4 국제출원의 경우, 신규성의제 주장 시 어떤 절차가 필요한가요?

국제출원에 대해 신규성의제를 주장하기 위해서는 국제출원 시 신규성의제에 대한 성명을 제출해야 하고, 출원인은 그 국제출원이 중

---

18 중국 특허심사지침(2017) 제1부 제1장 6.3.3.
19 중국 특허심사지침(2017) 제1부 제1장 6.3.3.
20 중국 특허심사지침(2017) 제1부 제1장 6.3.3.
21 중국 특허법 실시세칙 제30조 제5항.

국 국내단계로 진입할 때 제출하는 서면성명에 신규성의제에 대해 설명해야 합니다. 이때 국제공개 팸플릿에는 상기 설명과 상응하는 기재가 있어야 하고, 상기 기재는 신규성의제와 관련된 공지일, 공지장소, 공지유형, 및 전람회(또는 회의)의 명칭이 포함되어 있어야 합니다.[22] 또한, 중국 국내단계 진입일로부터 2개월 내에 증명서류를 제출[23]해야 합니다. 설명을 누락하거나 기간 내에 증명서류를 제출하지 않은 경우, 그 출원에 대해서는 신규성의제가 적용되지 않습니다.[24] 다만, 국제공개 문서에 그 설명이 기재된 것을 전제로 하여, 국내단계 진입일로부터 2개월 내에 그 설명을 보정할 수 있습니다.[25]

참고로, 국제출원의 경우, 출원발명이 출원인의 동의 없이 누설된 경우에 대해서는 신규성의제가 적용되지 않음[26]에 유의해야 합니다.

---

22 중국 특허심사지침(2017) 제3부 제1장 5.4.
23 중국 특허법 실시세칙 제107조.
24 중국 특허법 실시세칙 제107조.
25 중국 특허심사지침(2017) 제3부 제1장 5.4.
26 중국 특허법 실시세칙 제107조.

우선권주장

—

1. 개 론

　우선권 제도는 선출원과 후출원이 일정한 요건을 만족하는 경우, 후출원이 선출원의 출원일을 향유할 수 있도록 하는 제도를 의미합니다. 중국의 우선권 제도는 외국 또는 중국에 최초로 특허출원한 날로부터 12개월 이내(디자인의 경우, 출원일로부터 6개월 이내)에 동일한 주제에 대해 다시 중국에 특허출원하는 경우, 우선권을 향유할 수 있다는 점에서 한국과 유사합니다. 그러나 중국 특허법의 우선권 제도는 <u>우선권주장의 추가 가능 여부</u>, <u>증명서류의 제출기간</u>, 심사청구 기산일의 측면에서 한국과 차이가 있습니다. 또한 중국 특허법은 조약우선권 제도와 국내우선권 제도를 동일한 조문에 함께 규정하되, 항을 달리하여 조약우선권과 국내우선권을 구분하고 있습니다.

　참고로, 중국은 한국의 "조약우선권"과 대응되는 개념으로 "외국우선권"[27]이라는 용어를 사용하고, 한국의 "국내우선권"과 대응되는 개념으로 "본국우선권"[28]이라는 용어를 사용합니다.

---

27 중국 특허심사지침(2017) 제2부 제3장 4.1.

1.1 우선권주장의 추가가 가능한가요?

아니요.

중국 특허법 및 그 실시세칙은 우선권주장 추가에 관한 규정이 없어, 우선권주장 출원 이후 우선권주장을 추가할 수 없습니다. 따라서 복수의 우선권주장이 필요한 경우, 출원 전에 어떤 우선권을 주장할 것인지에 대해 충분히 검토할 필요가 있습니다. 참고로, 국제출원이 중국 국내 단계로 진입할 때 우선권주장을 추가하는 것도 허용되지 않습니다.[29]

1.2 우선권주장을 수반한 출원의 심사청구 기간은 한국과 동일한가요?

아니요.

우선권주장을 수반한 출원의 심사청구 기간은 선출원일로부터 3년 이내[30]입니다. 반면 한국의 경우, 우선권주장을 수반한 출원의 심사청구 기간은 후출원일로부터 3년 이내입니다. 이와 같은 차이로 인해 중국에서는 우선권주장을 수반한 후출원의 심사청구 기간이 실질적으로 단축된다는 점에 유의해야 합니다.

2. 조약우선권 주장

2.1 출원인이 변경된 경우, 조약우선권 주장 시 어떤 절차가 필요한가요?

조약우선권을 주장하려는 출원인의 성명이나 명칭이 선출원서류에

---

28 중국 특허심사지침(2017) 제2부 제3장 4.2.
29 중국 특허심사지침(2017) 제3부 제1장 5.2.1.
30 중국 특허심사지침(2017) 제1부 제1장 6.4.1.

기재된 성명이나 명칭과 일치하지 않는 경우, 우선권 양도 증명자료를 제출해야 합니다. 상기 증명자료를 제출하지 않는 경우, 조약우선권을 주장하지 않은 것으로 간주합니다.[31]

2.2 중국의 조약우선권 주장 절차는 한국과 차이가 있나요?

네.

중국의 조약우선권 주장은 출원 시 서면성명을 제출해야 한다는 점에서 한국과 유사하나, 양국 특허법은 조약우선권 주장의 증명서류 제출의 기산점 및 제출기간에 차이가 있습니다. 중국의 경우, 후출원일로부터 3개월 내에 증명서류를 제출해야 합니다. 반면 한국의 경우, 최우선일로부터 1년 4개월 이내에 증명서류를 제출해야 합니다. 조약우선권 주장의 서면성명을 제출하지 않거나, 증명서류 제출기간을 도과한 경우 우선권을 주장하지 않은 것으로 간주합니다.[32]

2.3 조약우선권 주장 시 신규성의제 효과를 함께 향유할 수 있나요?

네.

조약우선권을 주장한 경우, 선출원일을 기준으로 신규성의제 적용 여부를 판단[33][34]합니다. 따라서 외국 선출원일이 신규성의제의 적용기간에 속하기만 하면, 이에 대해 조약우선권을 주장하는 중국 후출원도 신규성의제가 적용됩니다. 반면 한국의 경우, 조약우선권을 주장했다 하더라도 신규성의제 적용 여부는 후출원을 기준으로 판단합니다.

---

31 중국 특허법 실시세칙 제31조 제3항.
32 중국 특허법 제30조.
33 중국 특허법 실시세칙 제11조 제1항.
34 중국 특허법 제24조.

3. 국내우선권 주장

3.1 출원인이 변경된 경우, 국내우선권 주장 시 어떤 절차가 필요한가요?

국내우선권을 주장하려는 출원인의 성명이나 명칭이 선출원서류에 기재된 성명이나 명칭과 일치하지 않는 경우, 우선권 양도 증명자료를 제출해야 합니다. 상기 증명자료를 제출하지 않는 경우, 국내우선권을 주장하지 않은 것으로 간주합니다.[35]

3.2 국내우선권 주장의 기초가 될 수 없는 선출원에는 어떤 것들이 있나요?

선출원이 아래 중 어느 하나에 해당[36]하는 경우, 그 선출원은 국내우선권 주장의 기초가 될 수 없습니다.

i) 선출원이 조약우선권 또는 국내우선권을 주장한 경우
ii) 선출원이 이미 특허등록된 경우
iii) 선출원이 분할출원인 경우

i)과 관련하여, 선출원이 우선권을 주장했으나 실제로는 그 우선권을 향유하지 못한 경우, 중국 후출원에 대한 국내우선권 주장의 기초가 될 수 있습니다.[37]

---

35 중국 특허법 실시세칙 제31조 제3항.
36 중국 특허심사지침(2017) 제2부 제3장 4.2.1.
37 중국 특허심사지침(2017) 제1부 제1장 6.2.2.1.(2).

3.3 국내우선권 주장에 따른 선출원의 취하간주 시점은 한국과 같나요?

아니요.

중국의 경우, 선출원은 후출원일에 취하간주[38]되고, 그 후 국내우선권 주장을 취하하더라도 이미 취하간주된 선출원은 회복할 수 없습니다.[39] 반면 한국의 경우 선출원은 선출원일로부터 1년 3개월 경과 시 취하간주 됩니다. 따라서 한국은 국내우선권 주장 이후 그 주장을 취하하여 선출원을 유지할 수 있으나, 중국은 일단 국내우선권을 주장하게 되면 선출원이 바로 취하간주되므로 국내우선권 주장 시 신중을 기할 필요가 있습니다.

3.4 중국의 국내우선권 주장의 취하는 어떤 의미를 가지나요?

출원인은 하나 또는 다수의 국내우선권을 주장하고 취하할 수 있습니다. 통상적으로 국내우선권을 주장한 출원은 최우선일로부터 18개월이 되는 시점에 공개[40]되는데, 다수의 국내우선권을 주장한 후 일부 국내우선권 주장을 취하하여 최우선일이 변경되는 경우, 각종 기간은 변경된 우선일 또는 출원일로부터 기산됩니다. 즉, 국내우선권 주장의 취하는 출원공개 등 각종 기간의 기산점을 변경시키는 의미를 가진다고 볼 수 있습니다. 다만 국내우선권 주장이 최우선일로부터 15개월이 경과한 후 취하된 경우, 그 출원의 공개시점은 여전히 최우선일로부터 기산[41]합니다.

---

38 중국 특허법 실시세칙 제32조 제3항.
39 중국 특허심사지침(2017) 제1부 제1장 6.2.3.
40 중국 특허법 실시세칙 제11조.
41 중국 특허심사지침(2017) 제1부 제1장 6.2.3.

4. 국제출원의 우선권주장

국제단계에서 제출한 하나 이상의 우선권 주장이 중국 국내단계로 진입할 때까지 유효한 경우, 적법하게 우선권을 주장한 것으로 간주[42] 되므로, 별도의 우선권 주장이 불필요합니다. 출원인은 중국 국내단계 진입 성명서에 원수리관청의 명칭, 선출원일, 선출원의 출원번호를 명확히 기재해야 하고, 상기 기재 내용은 국제공개 팸플릿의 기재 내용과 일치해야 합니다. 불일치하는 경우, 심사관은 국제공개 팸플릿에 기재된 내용에 기초하여 직권으로 중국 국내단계 진입 성명서를 정정한 후 출원인에게 즉시 통지할 수 있습니다.[43]

---

42 중국 특허법 실시세칙 제110조 제1항.

43 중국 특허심사지침(2017) 제3부 제1장 5.2.1.

제3절

분할출원

1. 개 론

중국의 분할출원은 시기, 심사청구 기간, 담당 심사관의 변경 가능성 등의 측면에서 한국의 분할출원과 차이가 있습니다. 참고로, 중국 특허법은 "분할출원"이라는 용어 대신 "분안신청(分案申请)"이라는 용어를 사용합니다.

2. 분할출원의 시기 및 활용

2.1 분할출원은 언제 가능한가요?

통상적인 중국출원을 원출원으로 하는 경우, 출원일 이후부터, 특허 결정을 통지받은 후 2개월이 경과하기 전의 기간 동안 언제든지 분할 출원을 제출할 수 있습니다. 상기 기간이 도과하거나, 원출원이 거절, 취하 또는 취하간주된 경우 분할출원을 제출할 수 없습니다.[44]

---

44 중국 특허심사지침(2017) 제1부 제1장 5.1.1.(3).

〈한국과 中国의 분할출원 시기 비교〉

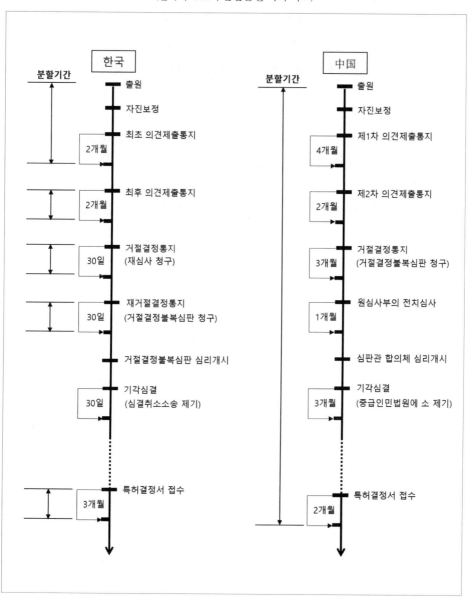

국제출원을 원출원으로 하는 경우, 출원인은 중국 국내단계 진입일로부터 분할출원을 제출할 수 있습니다.[45]

2.2 거절결정 통지서를 수령한 경우에도 분할출원을 할 수 있나요?

네.

거절결정 통지서를 수령한 날로부터 3개월 내에 거절결정불복심판의 청구 여부와 무관하게 분할출원을 제출할 수 있습니다.[46]

2.3 거절결정불복심판 이후의 단계에서도 분할출원을 할 수 있나요?

네.

거절결정불복심판 단계 및 거절결정불복심판의 심결에 불복하여 행정소송을 제기할 수 있는 기간(즉, 심결등본을 수령한 날로부터 3개월 내)에도 분할출원을 제출할 수 있습니다.[47] 또한 거절결정불복심판의 심결에 불복하여 제기하는 행정소송 기간 중에도 분할출원을 할 수 있습니다.

2.4 분할출원은 어떻게 활용될 수 있나요?

통상적으로 분할출원은 단일성과 함께 논의되는 경우가 많으나 실무상 아래와 같이 상황에 따라 다양하게 활용될 수 있습니다.

i) 특허출원에 단일성 위반의 흠결이 있는 경우

---

45 중국 특허법 실시세칙 제115조 제1항.
46 중국 특허심사지침(2017) 제1부 제1장 5.1.1.(3).
47 중국 특허심사지침(2017) 제1부 제1장 5.1.1.(3).

ii) 특허출원에 포함된 일부 발명은 등록이 가능하나, 나머지 일부
   발명에 바로 극복하기 어려운 거절이유가 존재하는 경우
iii) 명세서에만 기재된 내용을 추가로 권리화할 필요가 있는 경우

특히 중국의 경우 거절결정불복심판 단계에서도 분할출원이 허용
되므로 ii)와 같은 상황에서 분할출원을 적극 이용할 필요가 있습니다.
또한 중국의 경우 확대된 선원주의가 동일 출원인(또는 발명자)에게도
적용되므로 iii)과 같은 상황에서 별도의 출원 대신 분할출원을 적극 이
용하는 것을 고려해 볼 수 있습니다.

3. 분할출원의 객체

3.1 분할출원의 범위

분할출원은 원출원에 기재된 범위를 초과할 수 없습니다.[48] 분할범
위를 위반한 흠결은 심사단계에서 거절이유, 등록 후에는 무효사유에
해당합니다.

3.2 재분할출원이 가능한가요?

네.
다만, 재분할출원(孫子출원)의 제출기간은 원출원(母출원)을 기준으로
기산합니다. 따라서 원출원에 대한 분할출원 기간이 도과된 경우 분할
출원(子출원)의 상태와 무관하게 재분할출원을 제출할 수 없습니다. 다
만, 위와 같은 경우라 하더라도 심사관이 분할출원에 존재하는 단일성

---

48 중국 특허법 실시세칙 제43조 제1항.

홈결을 지적하는 경우, 그 지적을 극복하기 위해 제출하는 재분할출원은 허용됩니다.[49]

3.3 분할출원의 유형을 원출원과 다르게 변경할 수 있나요?

아니요.

중국 특허법에는 변경출원이 규정되어 있지 않으므로 분할출원의 유형(类別)을 원출원의 유형과 다르게 변경할 수 없습니다.[50] 여기에서 출원의 유형은 특허 또는 실용신안을 의미하는 것으로 원출원의 유형이 특허출원인 경우, 분할출원의 유형도 특허출원이어야 합니다.

4. 분할출원의 절차

4.1 출원인이 변경된 경우, 분할출원 시 어떤 절차가 필요한가요?

분할출원과 원출원의 출원인은 동일해야 합니다. 출원인이 변경된 경우, 출원인 변경과 관련된 자료를 제출해야 합니다. 분할출원의 발명자는 원출원 발명자 또는 그중 일부이어야 합니다. 심사관은 분할출원이 위 규정에 부합하지 않는 경우 보정통지서를 발행하고, 기간이 만료될 때까지 보정하지 않는 경우 취하간주 통지서를 발행합니다.[51]

---

49 중국 특허심사지침(2017) 제2부 제6장 3.1.
50 중국 특허법 실시세칙 제42조 제3항.
51 중국 특허심사지침(2017) 제1부 제1장 5.1.1.(4).

4.2 분할출원의 절차는 어떻게 되나요?

분할출원 시 출원서에 원출원의 출원번호 및 출원일을 명확히 기재하고, 원출원서류 사본을 제출해야 합니다.

4.3 분할출원의 심사청구 기간은 한국과 동일한가요?

아니요.

분할출원의 심사청구 기간을 원출원일로부터 기산한다는 점은 한국과 동일합니다. 다만, 이미 심사청구 기간이 도과되었거나 분할출원일로부터 기간 만료일까지의 잔여기간이 2개월 이내인 경우, 분할출원일로부터 2개월 이내 또는 분할출원에 대한 수리통지서를 받은 날로부터 15일 이내에 각종 절차를 처리할 수 있다는 점[52]에서, 심사청구 기간이 도과된 경우 분할출원일로부터 30일 이내에 심사청구를 할 수 있는 한국과 차이가 있습니다.

4.4 분할출원 시 출원서의 원출원번호는 어떻게 기재하나요?

1) 재분할출원(孫子출원)

최초출원(母출원)의 출원번호를 기재하고, 그 뒤에 괄호가 포함된 분할출원(子출원)의 출원번호를 더 기재해야 합니다.[53]

2) 원출원이 국제출원

중국 국내단계 진입 시 부여된 출원번호를 원출원의 출원번호로 기

---

52 중국 특허심사지침(2017) 제1부 제1항 5.1.2.
53 중국 특허심사지침(2017) 제1부 제1장 5.1.1.

재하고, 그 뒤에 괄호가 포함된 국제출원번호를 더 기재해야 합니다.[54]

5. 분할출원의 효과

5.1 분할출원을 제출하면 심사관이 변경되나요?

중국에서 분할출원을 하게 되면 심사관이 변경된다는 조사 결과가 있습니다.[55] 출원발명에 대한 특허성 심사에는 주관적인 요소가 개입될 수 있으므로 심사관이 다를 경우 출원발명이 동일하더라도 그에 대한 특허성 판단 결과가 다를 수 있습니다. 따라서 중국 특허출원에 특허성과 관련하여 극복하기 어려운 거절이유가 존재하는 경우, 이에 대한 대응방안 중 하나로 심사관이 변경되기를 기대하면서 분할출원하여 새로운 심사 의견을 받아보는 방법도 고려해 볼 수 있겠습니다.

5.2 분할출원은 어떠한 효과가 있나요?

분할출원이 적법한 경우, 그 분할출원은 원출원과 동일한 날에 출원한 것으로 보며, 원출원이 우선권을 향유하는 경우 분할출원도 그 우선권을 향유할 수 있습니다.[56] 이때 중국 특허심사지침에 따르면 분할출원이 원출원일을 유지하는 경우, 심사관은 분할출원을 원출원과 함께 심사할 수 있습니다.[57]

---

54 중국 특허심사지침(2017) 제5부 제3장 2.3.2.2.
55 김도현, 중국 특허 실무, 세창출판사, 2018, p.40.
56 중국 특허법 실시세칙 제43조 제1항.
57 중국 특허심사지침(2017) 제2부 제8장 3.4.2.

제5장

중국 특유의 제도

제1절
이중출원

1. 이중출원은 무엇인가요?

"**이중출원**"이란, 동일인이 동일자에 "동일한 발명"에 대해 특허와 실용신안을 모두 출원하는 것을 의미합니다. 중국 특허법은 "중복수권 금지원칙"에 따라 원칙적으로 동일한 발명에 대해 하나의 특허만을 수여하나, "이중출원"은 예외적으로 허용됩니다. 출원인은 동일한 발명에 대해 실용신안과 특허를 모두 출원했다는 사실을 출원 시 특허 출원서 및 실용신안 출원서 각각에 대해 설명해야 합니다. "이중출원" 시 출원서에 그 설명이 누락된 경우 중복수권방지원칙에 따라 처리됩니다.[1] 출원인이 실용신안권을 먼저 획득한 후 특허출원에 기타 거절이유가 존재하지 않는 경우 심사관은 출원인에게 i) 특허권과 실용신안권 중 어느 하나를 선택하거나, ii) 특허출원을 보정하도록 통지합니다. 출원인이 특허권을 선택하려는 경우 의견제출통지서에 대한 답변서 제출 시 실용신안권을 포기한다는 서면성명을 함께 제출해야 합니다.[2] 실용신

---

1 중국 특허법 실시세칙 제41조 제2항.
2 중국 특허심사지침(2017) 제2부 제3장 6.2.2.

안권은 특허 수여를 공고한 날로부터 종료됩니다.[3]

2. "동일한 발명"은 무엇인가요?

동일한 발명은 한 건의 특허출원(또는 특허)에 포함된 어느 하나의 청구항의 권리범위가 다른 한 건의 실용신안출원(또는 실용신안)에 포함된 어느 하나의 청구항의 권리범위와 동일한 경우 권리범위가 동일한 상기 두 개의 청구항을 의미합니다.[4] 예를 들어, 아래의 〈"동일한 발명"의 판단〉을 참조하면, 실용신안출원(또는 실용신안)의 청구항 2와 특허출원(또는 특허)의 청구항 1은 "동일한 발명"에 해당합니다.

〈"동일한 발명"의 판단〉

실용신안출원(또는 실용신안)	특허출원(또는 특허)
1. A	1. A+B
2. A+B	2. A+B+C

3. "이중출원" 이후 특허권을 획득하기 위해서는 반드시 실용신안권을 포기해야 하나요?

아니요.
출원 시에는 "이중출원"에 해당하였으나 심사 과정에서 발생한 거

---

3 중국 특허법 실시세칙 제41조 제5항.
4 중국 특허심사지침(2017) 제2부 제3장 6.1.

절이유를 극복하기 위해 특허출원을 보정하는 과정에서 특허출원과 실용신안권에 "동일한 발명"이 존재하지 않게 됨으로써 "이중출원"이 해소된 경우, 실용신안권을 포기하지 않고도 특허권을 획득할 수 있습니다. 예를 들어, 아래의 〈"이중출원"의 해소〉를 참조하면, 실용신안권과 최초 특허출원은 "동일한 발명"을 포함하나 보정 후 특허출원과 실용신안권은 "동일한 발명"을 포함하지 않게 되므로 두 종류의 권리(실용신안권: A, A+B / 특허권: A+B+C)를 모두 확보할 수 있습니다. 이때 추가로 획득하게 되는 특허권의 권리범위는 실용신안권의 권리범위에 비해 좁기는 하나, 그 특허권을 추가로 확보함으로써 다양한 청구항으로 구성된 실용신안권/특허권 포트폴리오를 구축하고 추후 이용관계에 해당하는 타인의 발명이 등록되는 것을 저지할 수 있습니다.

〈"이중출원"의 해소〉

실용신안권	최초 특허출원	보정 후 특허출원
1. A	1. A	1. A+B+C
2. A+B	2. A+B	2. 삭제

4. "이중출원"은 주로 어떤 기술분야에 활용될 수 있나요?

실용신안은 물건의 형상이나 구조를 그 보호대상으로 하므로 출원발명이 기계 장치의 기술분야에 속하는 경우 "이중출원"을 활용할 여지가 많습니다. 그러나 통신 방법·컴퓨터 프로그램에 관한 기술분야 또는 물질에 관한 화학·생명 기술분야는 실용신안의 보호대상이 아니므로 "이중출원"을 활용하기 어렵습니다.

5. 특허출원과 실용신안권이 "이중출원"에 해당하는 경우, 실용신안권을 포기하고 특허권을 획득하는 것이 항상 최적의 선택인가요?

"이중출원"은 상술한 것과 같은 장점이 있기는 하나, 필자의 사견으로는 실용신안권을 특허권으로 "전환"하는 것이 항상 최적의 선택이라고 보기는 어렵습니다. 그 이유는 실용신안권은 아래와 같은 4가지 측면의 장점이 있기 때문입니다.

1) 권리범위

일반적으로 실용신안은 무심사주의에 따라 출원 시 청구항의 권리범위로 그대로 등록되는 반면, 특허는 심사과정 중 한 차례 이상의 보정을 거치면서 출원 시 청구항에 비해 권리범위가 협소해지는 경우가 많습니다. 이때 넓은 범위의 권리를 확보하는 것이 장기의 존속기간을 확보하는 것보다 더 중요한 경우, 특허권을 포기하고 실용신안권을 유지할 수 있습니다.

2) 권리확보 시점

실용신안의 경우, 무심사주의에 따라 방식심사만을 거쳐 조속히 권리를 확보할 수 있습니다. 반면 특허의 경우, 방식심사가 완료된 후 실질심사를 더 거쳐야 하므로 실용신안에 비해 권리확보 시점이 지연됩니다.

3) 존속기간

실용신안권과 특허권의 존속기간은 각각 10년과 20년으로 장단의 차이가 있습니다. 그러나 그 특성상 기술개발 주기가 짧은 분야의 발명은 특허권을 획득하더라도 20년의 존속기간을 모두 향유하지 않는 경우가 있습니다. 이 경우, 실용신안권의 존속기간이 가지는 단기적 속성이 일정부분 보완될 수 있습니다.

4) 무효 가능성

실용신안권은 해당 발명이 속한 기술분야(동일분야에 한함) 내에서 제한적인 개수(2개 이하)의 인용발명에 기초하여 무효 여부를 판단[5]하므로 특허권에 비해 무효로 판단될 가능성이 상대적으로 낮습니다. 즉, 실용신안권을 통해 발명을 보다 안정적으로 보호할 수 있습니다.

종합하면 필자의 견해로는 "이중출원"의 절차에 따라 일률적으로 실용신안권을 포기하고 특허권을 선택하기보다는 권리범위의 광협, 조속한 권리확보의 필요성, 존속기간 및 무효 가능성을 종합적으로 고려하여 두 권리 중 하나를 취사선택하는 것이 바람직합니다.

---

5 중국 특허심사지침(2017) 제4부 제6장 4.(1), 4.(2).

—

제2절

유전자원 발명

—

1. 개 론

1.1 중국 특허법은 유전자원을 이용한 발명에 대해 별도의 명문규정을 두고 있나요?

네.

중국은 지구상의 생물종 보호와 관련된 협약인 CBD(Convention on Biological Diversity: 생물다양성 협약)의 가입국 중 하나로 2008년 특허법 개정 시 선진국들에 의해 자국의 유전자원이 선점되는 것을 방지하고 자국의 유전자원을 효과적으로 이용하기 위해 유전자원을 이용한 발명과 관련된 명문규정을 중국 특허법에 추가하였습니다. 구체적으로, 중국 특허법은 유전자원을 이용한 발명에 대해 실체적 요건(제5조 제2항) 및 절차적 요건(제26조 제5항)을 규정하고 있습니다. 이 중, 실체적 요건은 법률 및 행정법규의 규정에 위반하여 획득하거나 이용한 유전자원에 의존하여 완성한 발명에 대해 특허를 수여하지 않음[6]을 의미합니다.

---

6 중국 특허법 제5조 제2항.

절차적 요건은 유전자원에 의존하여 완성한 발명인 경우 출원 시 이 점을 출원서에 설명하고, 유전자원출처개시 등기표[7]에 그 유전자원의 직접출처(直接來源) 및 원시출처(原始來源)를 설명[8]해야 함을 의미합니다.

1.2 유전자원에 의존하여 완성한 발명은 무엇인가요?

유전자원에 의존하여 완성한 발명이란, 유전기능을 이용하여 완성한 발명을 의미합니다.[9]

유전자원은 인체, 동물, 식물 또는 미생물 등으로부터 채취되는, 유전기능단위를 함유하고 실제적이거나 잠재적인 가치를 구비한 재료를 의미합니다.[10]

유전기능은 생물체가 번식을 통해 그 성질, 형상 또는 특징을 대대로 전하거나, 전체 생물체가 복제되도록 하는 능력을 의미합니다.[11]

유전기능을 이용한 발명은 유전기능단위에 대해 분리, 분석, 처리 등을 진행하여 발명을 완성하고, 그 유전자원의 가치를 실현하는 것을 의미합니다.[12]

유전기능단위는 생물체의 유전자 또는 생물체가 구비한 유전기능의 DNA 또는 RNA 절편을 의미합니다. 인체, 동물, 식물 또는 미생물 등으로부터 채취한 유전기능단위의 재료는 생물체의 전체 및 생물체의 일부분을 포함하는 유전기능단위의 운반체를 의미합니다. 운반체의 예로, 기관, 조직, 혈액, 체액, 세포, 유전체, 유전자, DNA 또는 RNA 절편

---

7 본서 부록 중 "유전자원출처개시 등기표" 참조.
8 중국 특허법 제26조 제5항.
9 중국 특허심사지침(2017) 제2부 제1장 3.2.
10 중국 특허심사지침(2017) 제2부 제1장 3.2.
11 중국 특허심사지침(2017) 제2부 제1장 3.2.
12 중국 특허심사지침(2017) 제2부 제1장 3.2.

등이 있습니다.[13]

예를 들어, 한약에 관한 발명은 생물체를 이용한 것이지만, 한약의 치료효과가 유전기능단위를 이용한 것으로 보지는 않습니다. 다른 예로, 목재를 이용하여 가구를 제조하는 것은 나무라는 생물체를 이용한 것이나, 유전기능단위를 이용한 것으로 보지 않습니다.[14]

1.3 유전자원에 관한 규정을 위반한 출원은 어떻게 처리되나요?

실체적 요건(중국 특허법 제5조 제2항)을 위반한 경우, 심사단계에서는 거절이유에 해당하고, 등록 후에는 무효사유에 해당합니다. 반면, 절차적 요건(중국 특허법 제26조 제5항)을 위반한 경우, 심사단계에서 거절이유에 해당하나, 등록 후에는 무효사유에 해당하지 않습니다.

2. 실체적 요건

2.1 중국 특허법 제5조 제2항의 유전자원의 지역적 범위는 어떻게 해석되나요?

중국 특허법 제5조 제2항의 취지는 중국 내의 유전자원을 외국으로부터 보호하기 위한 것이므로 중국 특허법 제5조 제2항의 유전자원은 중국의 유전자원을 의미하는 것으로 해석합니다.[15]

---

13 중국 특허심사지침(2017) 제2부 제1장 3.2.
14 尹新天, 中国专利法详解(缩编版), 第2版, 知识产权出版社, 2012, p.49.
15 尹新天, 中国专利法详解(缩编版), 第2版, 知识产权出版社, 2012, p.49.

2.2 중국 특허법 제5조 제2항의 법률 및 행정법규는 무엇인가요?

타국 법률의 위반여부는 중국의 관할이 아니기 때문에 중국 특허법 제5조 제2항의 법률 및 행정법규는 중국의 법률 또는 행정법규를 의미하는 것으로 해석합니다. 여기에서 법률 및 행정법규는 아래와 같습니다.[16]

법률은 중화인민공화국 전국인민대표대회 및 전국인민대표대회 상무위원회의 관련 법률을 포함하는 것으로 「중화인민공화국 어업법」, 「중화인민공화국 삼림법」, 「중화인민공화국 초원법」, 「중화인민공화국 환경보호법」 등이 있습니다.

행정법규는 국무원이 제정한 행정법규를 포함하는 것으로 「중화인민공화국 야생약재자원보호관리조례」, 「중화인민공화국 식물검역조례」, 「중화인민공화국 자연보호구조례」 등이 있습니다.

3. 절차적 요건

3.1 중국 특허법 제26조 제5항의 유전자원의 직접출처 및 원시출처는 무엇인가요?

직접출처는 유전자원 획득의 직접적인 경로를 의미합니다. 출원인은 직접출처를 설명하는 경우, 그 유전자원의 획득 시기, 장소, 방식, 제공자 등의 정보를 기재해야 합니다.[17] 만약 그 유전자원을 어떤 기관으로부터 획득한 경우(예를 들면, 보관 기구, 종자은행, 유전자은행 등), 그 기구가 원시출처를 지득하고 있고 그것을 제공할 수 있다면 출원인은 그 유

---

16 尹新天, 中国专利法详解(缩编版), 第2版, 知识产权出版社, 2012, p.50.
17 중국 특허심사지침(2017) 제2부 제10장 9.5.1.

전자원의 원시출처 정보를 제공해야 합니다.[18]

원시출처는 유전자원이 속한 생물체의 원생환경 중의 채집지를 의미합니다. 유전자원이 속한 생물체가 자연생장하는 생물체인 경우, 원생환경은 생물체의 자연생장 환경을 의미합니다. 이와 달리, 유전자원이 속하는 생물체가 배양되거나 양육되는 생물체인 경우, 원생환경은 그 생물체가 형성하는 특정한 성질 또는 특징적 환경을 의미합니다. 출원인은 원시출처를 설명하는 경우, 유전자원이 속한 생물체의 획득 시기, 장소, 채집자 등의 정보를 기재해야 합니다.[19]

3.2 절차적 요건 중 원시출처를 설명할 수 없는 경우 어떻게 하나요?

원시출처를 설명할 수 없는 경우, 그 이유를 설명해야 합니다.[20] 예를 들어, 출원인은 "해당 종자은행에 그 유전자원의 원시출처가 기재되어 있지 않음", "해당 종자은행이 그 유전자원의 원시출처를 제공할 수 없음" 등의 이유를 설명하고 그 종자은행이 제출한 관련 서면증명을 제출할 수 있습니다.[21]

3.3 중국 특허법 제26조 제5항의 유전자원은 중국 특허법 제5조 제2항의 유전자원과 동일한 대상을 지칭하나요?

아니요.

실체적 요건(중국 특허법 제5조 제2항)의 유전자원은 중국의 유전자원만을 지칭하지만, 절차적 요건(중국 특허법 제26조 제5항)의 유전자원은

---

18 중국 특허심사지침(2017) 제2부 제10장 9.5.2.
19 중국 특허심사지침(2017) 제2부 제10장 9.5.1.
20 중국 특허법 실시세칙 제26조 제5항.
21 중국 특허심사지침(2017) 제2부 제10장 9.5.2.

중국의 유전자원 및 외국의 유전자원을 모두 포함[22]합니다. 이는 출원 시 모든 유전자원의 출처를 밝히도록 하여 중국의 유전자원이 외국에 의해 선점되는 것을 방지하려는 취지로, 유전자원 발명에 관한 실체적 요건과 절차적 요건은 상호보완적인 관계에 있는 것으로 해석됩니다.

3.4 출원 시 유전자원출처개시 등기표 자체를 누락했거나, 유전자원출처개시 등기표에 일부 유전자원에 대한 출처만 기재하여 제출한 경우, 추후보완이 가능한가요?

네.

이 경우, 심사관은 방식심사단계에서 의견제출통지서를 통해 출원인에게 유전자원출처개시 등기표를 제출하거나, 보충 작성하라고 통지합니다.[23]

3.5 유전자원출처개시 등기표에는 기재되었으나, 최초 명세서에는 기재되지 않은 내용에 기초하여 보정이 가능한가요?

아니요.

유전자원출처개시 등기표에만 기재되고, 최초 명세서에는 기재되지 않은 내용에 기초한 보정은 허용되지 않습니다.[24] 따라서 출원과정 중 보다 유연한 보정을 위해서는 유전자원출처개시 등기표에 기재된 내용을 명세서에 충분히 기재하는 것이 바람직합니다.

---

22 尹新天, 中国专利法详解(缩编版), 第2版, 知识产权出版社, 2012, p.50.
23 중국 특허심사지침(2017) 제2부 제10장 9.5.3.
24 중국 특허심사지침(2017) 제2부 제10장 9.5.3.

3.6 유전자원출처개시 등기표에 기재된 내용은 명세서의 충분공개에 대한 근거가 될 수 있나요?

아니요.

유전자원출처개시 등기표에는 기재되었으나, 그 기재 내용이 최초 명세서 및 청구항에 기재되지 않은 경우, 그 기재 내용은 명세서의 충분공개를 뒷받침하는 근거가 되지 않습니다.[25] 따라서 충분공개에 기인한 기재불비를 방지하기 위해서는 유전자원출처개시 등기표에 기재된 내용을 명세서에 충분히 기재하는 것이 바람직합니다.

3.7 국제출원

국제출원한 발명이 유전자원에 의존하여 완성된 경우, 출원인은 그 국제출원이 중국 국내단계로 진입하기 위한 서면성명 중 이를 설명하고, 유전자원출처개시 등기표를 작성해야 합니다.[26]

---

25 중국 특허심사지침(2017) 제2부 제10장 9.5.3.
26 중국 특허법 실시세칙 제109조.

—

제3절
비밀유지심사

—

1. 국가의 안전 또는 중대한 이익과 관련된 발명

특허출원된 발명이 국가의 안전 또는 중대한 이익과 관련되어 비밀
유지가 필요한 경우, 국가 관련 규정[27]에 따라 처리합니다.[28] 여기에서,
특허출원된 발명은 중국에서 완성되고 중국에 출원된 발명을 의미[29]하
고, 국가의 안전은 주로 군용기술(예를 들면, 신식무기 등)과 관련된 것을
의미하며, 중대한 이익은 국가의 경제적 안정이나 경제적 이익(예를 들
면, 해커의 공격을 방지하기 위한 신식 방화벽 기술, 위조지폐를 방지할 수 있는 신
식 조폐 기술, 새로운 에너지 개발기술 등)에 대해 중요한 영향을 미치는 것
을 의미합니다.[30] 한국은 국방과 관련된 발명에 대해서만 비밀유지 규
정을 두고 있으나, 중국은 비밀유지 적용대상을 폭넓게 규정하여 자국
의 국방뿐 아니라 경제 및 산업까지 적극적으로 보호하려는 태도를 취

---

27 〈국가기밀보호법〉, 〈국가기밀보호법 실시방법〉, 〈중국 특허법〉, 〈중국 특허법 실시세
칙〉, 〈중국 특허심사지침〉, 〈국방 특허조례〉 등을 포함함.

28 중국 특허법 제4조.

29 尹新天, 中国专利法详解(缩编版), 第2版, 知识产权出版社, 2012, p.31.

30 尹新天, 中国专利法详解(缩编版), 第2版, 知识产权出版社, 2012, p.30.

하고 있습니다.

참고로, 중국 특허법은 "비밀유지"에 대해 "보밀(保密)"라는 용어를 사용합니다.

1.1 국가의 안전 또는 중대한 이익과 관련되어 비밀유지가 필요한 경우, 구체적으로 어떤 절차가 필요한가요?

출원인은 그 발명이 국가의 안전 또는 중대한 이익과 관련되어 비밀유지가 필요하다고 생각하는 경우, 출원 시 출원서에 비밀유지를 신청하고 출원서류를 종이문서로 제출해야 합니다. 또한, 출원인은 특허출원이 출원공개 준비단계로 진입하기 전 또는 실용신안출원이 등록공고 준비단계로 진입하기 전에 비밀유지를 신청할 수도 있습니다.[31] 특허출원된 발명이 국가의 안전 또는 중대한 이익과 관련된 발명인지 여부는 출원인이 판단하기 어려운 경우가 많으므로 비밀유지심사를 신청하지 않더라도 거절이유나 무효사유에 해당하지는 않습니다.

1.2 심사관이 비밀유지 여부를 결정할 수 있나요?

네.

심사관은 특허출원된 발명이 국가의 안전 또는 중대한 이익과 관련되었음에도 출원인이 비밀유지를 신청하지 않은 출원을 선별하여 그 출원에 대한 비밀유지 여부를 결정할 수 있습니다. 이미 비밀유지가 필요하다고 확정된 출원의 출원서류가 전자적으로 제출된 경우, 심사관은 이를 종이서류로 전환하여 심사를 계속함을 출원인에게 통지합니다. 출원인은 상기 통지를 받은 후부터 전리국 또는 국방 전리국에 제

---

31 중국 특허심사지침(2017) 제5부 제5장 3.1.1.

출하는 각종 문서를 종이서류로 제출해야 하며, 전자서류로 제출할 수 없습니다.[32]

1.3 비밀유지 절차는 어떻게 진행되나요?

국방의 이익과 관련된 출원발명에 대해서는 국방 전리국이 비밀유지 여부를 확정합니다. 비밀유지가 필요하다고 판단한 경우 국방 전리국이 심사를 진행하고, 비밀유지가 불필요하다고 판단한 경우 일반적인 특허출원으로 취급합니다.[33]

국가의 안전 또는 중대한 이익과 관련된 출원발명에 대해서는 전리국이 비밀유지 여부를 확정하고 비밀유지심사의 진행 여부를 결정합니다.[34]

1.4 비밀유지심사 절차는 일반적인 출원의 심사절차와 어떤 차이점이 있나요?

특허출원의 경우, 방식심사 및 실질심사는 일반적인 출원과 동일한 기준에 따라 진행되나, 방식심사를 통과하더라도 그 출원은 공개되지 않습니다. 심사청구에 따라 실질심사를 진행한 결과 그 특허출원에 거절이유가 존재하지 않는 경우, 비밀유지 특허권을 수여합니다.

실용신안출원의 경우, 방식심사는 일반적인 출원과 동일한 기준에 따라 진행되고, 방식심사 결과 거절이유가 존재하지 않으면 비밀유지 실용신안권을 수여합니다.

비밀유지 출원을 등록공고할 때에는 특허번호, 출원일 및 등록공고

---

32 중국 특허심사지침(2017) 제5부 제5장 3.2.
33 중국 특허심사지침(2017) 제5부 제5장 3.1.2.(1).
34 중국 특허심사지침(2017) 제5부 제5장 3.1.2.(2).

일만 공개됩니다.[35]

1.5 특허출원 또는 특허권에 대한 비밀유지를 해제할 수 있나요?

네.

출원인 또는 특허권자는 서면으로 특허출원 또는 특허권에 대한 비밀유지 해제를 신청할 수 있습니다. 관련부서에서 그 특허출원(또는 특허권)을 비밀유지 대상으로 확정한 관련 서류를 제출한 경우, 그 관련부서의 비밀유지에 대한 해제 동의 서류를 제출해야 합니다. 또한 전리국은 자체적으로 2년에 한 번씩 특허출원(또는 특허권)에 대한 비밀유지 필요성을 심사하여 비밀유지 해제 여부를 결정할 수 있습니다. 비밀유지가 해제된 출원은 통상적인 출원이나 권리와 같이 취급됩니다.[36] 비밀유지의 해제는 실용신안출원(또는 실용신안권)에 대해서도 동일하게 적용됩니다.

2. 중국에서 완성한 발명의 외국출원

중국 특허법은 어떠한 단위나 개인이라도 중국에서 완성한 발명을 외국에 출원하려는 경우, 외국 출원에 앞서 국무원 전리행정부문에 보고하여 비밀유지심사를 받도록 하는 규정을 두고 있습니다.[37] 상기 규정은 발명의 내용을 불문하고 외국출원 전 비밀유지심사를 받도록 요구한다는 점에 유의해야 합니다. 반면 중국에서 완성한 발명을 중국에 출원하는 경우, 그 발명이 국가의 안전이나 중대한 이익과 관련되어 비

---

35 중국 특허심사지침(2017) 제5부 제5장 4.
36 중국 특허심사지침(2017) 제5부 제5장 5.
37 중국 특허법 제20조 제1항.

밀유지가 필요한 경우에만 비밀유지 출원절차에 따라 처리됩니다. 이러한 차이점(아래의 〈중국에서 완성한 발명의 비밀유지〉 참조)을 통해, 중국은 자국의 지식재산권이 외국으로 유출되지 않도록 각별한 주의를 기울이고 있음을 알 수 있습니다. 상기 규정은 특허 또는 실용신안에만 적용되고, 디자인에 대해서는 적용되지 않습니다.

〈중국에서 완성한 발명의 비밀유지〉

중국에 출원하는 경우	외국에 출원하는 경우
특허출원된 발명이 국가의 안전 또는 중대한 이익과 관련되어 비밀유지가 필요한 경우에만 비밀유지 출원절차에 따라 심사함	외국에 출원하려는 모든 발명은 그 발명의 내용을 불문하고 외국에 출원하기 전 비밀유지 심사를 받아야 함

2.1 중국에서 완성한 발명 및 외국의 구체적인 의미는 무엇인가요?

중국에서 완성한 발명이란 발명의 실질적 내용이 중국 내에서 완성된 것을 의미합니다.[38] 여기에서, 발명의 실질적 내용이란 출원발명이 선행기술과 대비하여 더 포함하고 있는 기술특징을 의미하며, 중국 내에서란 상기 기술특징에 대한 연구개발이 중국 내에서 이루어진 것을 의미합니다.[39] 발명의 실질적 내용이 중국 내에서 완성되었는지 여부를 판단할 때 발명자의 국적은 불문하는 것으로 생각됩니다. 외국이란 중국 이외의 국가, 유럽 특허청, 국제사무국 등을 모두 포함합니다.

---

38 중국 특허법 실시세칙 제8조 제1항.

39 尹新天, 中国专利法详解(缩编版), 第2版, 知识产权出版社, 2012, pp. 165-166.

2.2 중국에서 완성한 발명을 외국에 먼저 출원하려는 경우 어떤 절차가 필요한가요?

발명이 중국에서 완성된 경우, 외국에 출원하기 전 외국출원 비밀유지심사 신청서 및 기술방안 설명서를 중문으로 작성하여 국무원 전리행정부문에 제출해야 합니다. 이때 기술방안 설명서는 외국에 출원하려는 내용과 일치해야 하며, 명세서 작성방법과 동일한 방법에 따라 작성할 수 있습니다.[40]

심사관은 그 발명에 대한 비밀유지가 불필요하다고 판단하는 경우, 즉시 비밀유지 신청인(이하, 신청인)에게 외국출원이 허용됨을 통지합니다. 반면 심사관은 그 발명에 대한 비밀유지가 필요하다고 판단하는 경우, 추가적인 비밀유지심사가 필요하고 그 발명의 외국출원을 보류하라는 비밀유지심사 의견통지서를 신청인에게 송달합니다. 신청인은 비밀유지를 신청한 날로부터 i) 4개월 이내에 비밀유지심사 의견통지서를 수령하지 못하였거나, ii) 6개월 내에 외국출원에 대한 동의 여부가 기재된 비밀유지심사 결정서를 수령하지 못한 경우, 그 발명을 외국에 출원할 수 있습니다.[41]

2.3 중국에 먼저 출원한 후 다시 외국에 출원하려는 경우에도 비밀유지심사가 필요한가요?

네.

출원인은 이 경우에도 외국에 출원하기 전에 국무원 전리행정부문에 비밀유지심사 청구서를 제출해야 합니다.[42] 비밀유지심사 결정은 비

---

40 중국 특허심사지침(2017) 제5부 제5장 6.1.1.
41 중국 특허심사지침(2017) 제5부 제5장 6.1.2.
42 중국 특허법 실시세칙 제8조 제2항 제2호.

밀유지심사를 청구한 날로부터 최장 6개월이 소요[43]될 수 있는데, 비밀유지심사 청구를 중국 출원일로부터 6개월 이후에 할 경우, 중국 출원일로부터 1년의 우선권주장 기간이 도과되고 나서야 비밀유지심사 결정이 통지되는 상황이 발생할 수 있습니다. 이렇게 되면, 외국 후출원은 중국 선출원에 기초한 우선권주장의 기회를 상실하게 됩니다. 그러므로, 1년의 우선권주장 기간을 고려하여 중국 선출원일로부터 6개월 이내에 비밀유지심사 청구를 하는 것이 바람직합니다.

2.4 국제출원에도 비밀유지심사가 적용되나요?

네.

전리국을 수리기관으로 하여 국제출원한 경우, 외국출원에 대한 비밀유지심사를 함께 청구한 것으로 간주[44]하므로 별도의 비밀유지심사를 청구하지 않아도 됩니다. 심사관은 비밀유지심사가 불필요하다고 판단되는 경우, 그 국제출원을 일반적인 국제단계 절차에 따라 처리합니다. 반면 비밀유지심사가 필요하다고 판단되는 경우, 등기본 및 조사보고서를 발송하지 않는다는 통지서를 출원일로부터 3개월 내에 발행하고, 출원인 및 국제사무국에 그 출원을 더 이상 국제출원으로 처리하지 않음을 통지하고, 국제단계를 종료합니다. 상기 통지를 받은 출원인은 그 발명을 외국에 출원할 수 없습니다.[45] 출원인이 국제사무국에 직접 국제출원을 제출하려는 경우에는, 국제사무국에 국제출원을 제출하기 전에 전리국에 비밀유지심사를 청구해야 합니다.[46]

---

43 중국 특허법 실시세칙 제9조 제2항.
44 중국 특허심사지침(2017) 제5부 제5장 6.3.1.
45 중국 특허심사지침(2017) 제5부 제5장 6.3.2.
46 중국 특허심사지침(2017) 제5부 제5장 6.(1)..

2.5 중국에서 완성한 발명에 대해 비밀유지심사를 신청하지 않고 외국에 출원하면 어떻게 되나요?

중국에서 완성한 발명임에도 그 발명에 대해 비밀유지심사를 신청하지 않고 외국에 출원하더라도 속지주의에 따라 중국이 그 외국출원을 제재할 방법은 없습니다. 그러나 외국출원 후 그 발명과 동일한 발명을 중국에 출원할 경우, 그 중국 출원은 비밀유지심사를 신청하지 않은 절차의 흠결이 있어 거절이유를 가지며, 그 흠결은 등록 후에도 치유되지 않고 무효사유로 남게 됩니다.

제6장

화학발명

제1절
화학특유 발명

—

1. 서 언

화학발명은 실험을 수반하는 특징이 있어 출원 및 심사 시 다른 분야의 발명과 달리 취급되는 경우가 많습니다. 예를 들어, 화학발명의 실시 가능 여부를 예측하기 어려운 경우 명세서 기재 내용 외의 추가적인 실험 데이터가 요구될 수 있습니다. 또한 어떤 화학물질은 그 구조가 아직 명확하게 밝혀지지 않아 파라미터 및/또는 제조방법의 방식으로 명세서를 작성해야 합니다. 상술한 이유 등으로 인해 화학발명은 다른 기술분야와 달리 심사를 위한 별도의 판단기준을 더 필요로 하는 경우가 많습니다.

2. 용도발명

2.1 용도발명의 청구항은 어떻게 분류되나요?

물질의 기능은 물질 자체에 존재하는 고유의 것으로 용도발명의 본질은 물질 자체가 아니라 그 물질이 가진 기능의 응용에 있으므로, 용도발명은 일종의 "방법발명"으로 봅니다. 반면 새로운 용도를 가진 물질 그 자체에 대한 청구항은 용도 청구항이 아니라 "물건 청구항"으로 분류됩니다. 예를 들어, "화합물 X의 살충제로서의 응용"은 용도 청구항이고, "살충제로 이용되는 화합물 X"는 물건 청구항으로 판단합니다.[1]

2.2 의약용도발명은 특허를 받을 수 있나요?

화학물질의 의약용도가 질병의 진단 또는 치료에 이용되는 경우, 그 의약용도는 질병의 진단 또는 치료방법에 해당하므로 그 의약용도를 "질병 치료에 이용되는", "질병 진단에 이용되는", "약물로서의 응용" 등과 같은 형식의 청구항으로 작성하면 특허를 받을 수 없습니다. 다만, "약품(또는 약물, 약학 조성물 등)" 또는 "약품의 제조에 있어서의 응용(실무상 응용과 용도는 혼용됨)" 등의 형식으로 청구항을 작성하면 특허를 받을 수 있습니다.[2] 즉, 의약용도발명은 청구항의 형식에 따라 특허 수여 대상에 해당하는지 여부가 다르게 판단됩니다.

2.3 의약용도발명의 청구항은 구체적으로 어떤 형식으로 작성해야 하나요?

예를 들어, 의약용도발명의 청구항은 아래의 〈의약용도발명의 청구항 작성 예시〉와 같이 i) 약학조성물, ii) 약품, 및 iii) 약품의 제조에 이용되는 용도 등의 형식으로 작성할 수 있습니다.

---

1 중국 특허심사지침(2017) 제2부 제10장 4.5.1.
2 중국 특허심사지침(2017) 제2부 제10장 2.2.

〈의약용도발명의 청구항 작성 예시〉[3]

· 청구항 1

알코올성 간 질환 치료용 약학 조성물에 있어서,

상기 알코올성 간 질환 치료용 약학 조성물은 칡뿌리 100g 내지 150g, 허깨 60g 내지 150g, 아가위 90g 내지 120g, 백모근 90g 내지 300g, 감람 50g 내지 100g, 오디 90g 내지 200g인 배합 비율의 원료로 제조되는 것을 특징으로 하는,

알코올성 간 질환 치료용 약학 조성물.

· 청구항 7

제1항 내지 제5항 중 어느 한 항의 상기 조성물의 알코올성 간 질환 치료용 약품의 제조에 있어서의 용도.

2.4 약학 조성물의 신규성 판단

2.4.1 약학 조성물의 치료용도는 약학 조성물의 신규성 판단에 어떤 영향을 미치나요?

약학 조성물은 그 약학 조성물의 구성 성분 및 함량에 기초하여 신규성 유무를 판단합니다.[4] 즉, 약학 조성물이 인용발명과 다른 치료용도를 가진다 하더라도 그 치료용도가 그 약학 조성물의 구성 성분이나 함량에 영향을 미치지 않는 경우, 그 약학 조성물의 신규성은 부정됩니다. 예를 들어, 아래의 〈예시 1〉 및 〈예시 2〉의 경우, 약학 조성물의 치료용도는 그 약학 조성물의 신규성에 영향을 미치지 않습니다.

---

3 등록번호: CN105561006B.
4 중국 심사처리규정 제10부 제2절 2.2.2.

〈예시 1〉[5]

- **출원발명**: 중이염 치료용 조성물에 있어서, 활성성분 A, 겔화제 및 0.5g/100ml 내지 1g/100ml 무기염 수용액을 포함하는, 중이염 치료용 조성물
- **인용발명**: 유효량의 A, 하이드록시에틸 셀룰로스 및 식염수로 제조되는 만성 습진 치료제

여기에서, 인용발명이 공개한 하이드록시에틸 셀룰로스는 겔화제의 일종이고, 식염수(즉, 농도를 0.9g/100ml으로 하는 염화칼슘 수용액)는 무기염 수용액의 일종이므로, 출원발명과 인용발명의 차이는 그 치료용도에 있습니다. 그러나 그 차이는 약학 조성물의 구조 및/또는 조성에 영향을 미치지 않으므로 상기 출원발명은 신규성이 없습니다.

〈예시 2〉[6]

- **출원발명**: 고혈압 치료용 약학 조성물에 있어서, 상기 약학 조성물은 화합물 X 및 약용 보조재를 포함하는, 고혈압 치료용 약학 조성물
- **인용발명**: 식물로부터 분리획득되는 화학물질로, 수면유도 효과를 가지는 화합물 X

여기에서 인용발명은 화합물 X를 포함하고, 수면유도 효과가 있는 약학 조성물을 묵시적으로(implicitly) 공개하였습니다. 출원발명의 약학 조성물은 고혈압을 치료한다는 점에서 인용발명이 묵시적으로 공개한 약학 조성물과 다른 치료용도를 가지나, 그 치료용도는 약학 조성물의 구조 및/또는 조성에 영향을 미치지 않으므로 상기 출원발명은 신규성이 없습니다.

---

5 중국 심사처리규정 제10장 제2절 2.2.2.(3).
6 중국 심사처리규정 제10장 제2절 2.2.2.(7).

2.4.2 약학 조성물의 투약특징은 약학 조성물의 신규성 판단에 어떤 영향을 미치나요?

약학 조성물 청구항에 포함된 투약경로, 투약용량, 투약방법(시간 및 빈도 포함), 투약대상 등의 투약특징에 기초하여 약학 조성물의 신규성을 판단할 때에는 그 투약특징이 그 약학 조성물의 구성 성분 및 함량에 영향을 미치는지 여부를 기준으로 판단합니다.[7] 즉, 약학 조성물이 인용발명과 다른 투약특징을 가진다 하더라도 그 투약특징이 그 약학 조성물 자체에 어떠한 한정 작용도 하지 않는다면 그 약학 조성물의 신규성은 부정됩니다. 예를 들어, 아래의 〈예시〉의 경우 약학 조성물의 투약특징은 그 약학 조성물의 신규성 판단에 영향을 미치지 않습니다.

〈예시〉[8]

- **출원발명**: 당뇨병 치료용 병행투약 제품에 있어서, 상기 병행투약 제품은 유효 성분 A 및 B를 함유하는 약물을 포함하고, 0.05mg 내지 10mg의 A 및 5mg 내지 50mg의 B를 1회 내지 3회 투약하는, 당뇨병 치료용 병행투약 제품

- **인용발명**: 공지된 당뇨병 치료용 주사제 A 및 복용 정제 B를 함께 투약함

여기에서, 상기 출원발명과 인용발명을 비교하면, 그 차이는 A 및 B의 일일 복용량 및 1회 내지 3회의 일일 투약 횟수에 있습니다. 투약량 및 횟수는 그 병행투약 제품 자체에 대해 어떠한 한정 작용도 하지 않으므로, 상기 출원발명은 신규성이 없습니다.

---

7 중국 심사처리규정 제10부 제2절 2.2.2.
8 중국 심사처리규정 제10장 제2절 2.2.2.(2).

2.5 "약품 제조에 있어서의 응용" 청구항으로 기재된 발명의 신규성 판단

2.5.1 "약품 제조에 있어서의 응용" 청구항으로 기재된 발명의 신규성은 어떻게 판단하나요?

물질의 의약용도 발명은 "질병 Y를 치료하는 약물의 제조에 있어서의 물질 X의 응용" 청구항으로 작성될 수 있습니다. 여기에서, 상기 약물에 포함된 물질 X는 질병 Y를 치료하는 활성성분이고, 그 활성성분은 유일한 활성성분이거나 기타 활성성분과 병행사용될 수 있습니다. 따라서 인용발명이 출원발명과 동일한 치료용도를 가지는 물질 X를 공개한 경우, 그 출원발명의 신규성은 부정됩니다. 예를 들어, "약품 제조에 있어서의 응용" 청구항으로 기재된 발명의 신규성은 아래의 〈예시 1〉 및 〈예시 2〉와 같이 판단될 수 있습니다.[9]

〈예시 1〉[10]
- 출원발명: 질병 Y 치료용 약물의 제조에 있어서의 다당류 C의 응용
- 인용발명: 추출물 Z는 활성성분인 플라본 E, 플라본 F, 다당류 B, 다당류 C 등을 포함하고, 질병 Y에 대한 치료 효과가 있음이 공개되어 있으나, 단일 성분인 다당류 C의 질병 Y 치료 활성은 공개하지 않음

여기에서, 인용발명은 다당류 C를 활성성분으로 포함하는 추출물 Z 및, 그 추출물 Z의 질병 Y에 대한 치료 효과를 공개하였으므로 출원발명은 신규성이 없습니다.

만약 청구항을 "질병 Y 치료용 약물의 제조에 있어서의 유일한 활성성분으로 다당류 C를 이용하는 방법" 또는 "질병 Y 치료용 약물의 제조

---

9 중국 심사처리규정 제10장 제2절 2.3.1.
10 중국 심사처리규정 제10장 제2절 2.3.1.

에 있어서의 다당류 C의 응용에 있어서, 상기 약물은 추출물 Z가 아닌 질병 Y 치료용 약물의 제조에 있어서의 다당류 C의 응용"으로 작성할 경우 출원발명은 신규성이 있습니다.

〈예시 2〉[11]
- **출원발명**: 질병 Y 치료용 약물의 제조에 있어서의 다당류 C의 응용
- **인용발명**: 다당류 C를 포함하는, 질병 Y 치료용 약학 조성물이 공개되어 있으나, 상기 다당류 C는 비활성성분(예를 들어, 방취제 등)으로 기재됨

여기에서, 인용발명은 다당류 C를 포함하는 질병 Y 치료용 약학 조성물을 공개하였으나, 인용발명에 포함된 다당류 C는 비활성성분이고 출원일 전 다당류 C가 질병 Y 치료용 활성성분으로 공개되지 않은 경우, 출원발명은 신규성을 가집니다.

2.5.2 "약품 제조에 있어서의 응용" 청구항으로 기재된 발명이 투약특징을 구성요소로 포함하는 경우, 그 투약특징은 상기 발명의 신규성 판단에 어떤 영향을 미치나요?

투약특징에 해당하는 투약용량(mg 약량/kg 체중), 투약시간, 투약빈도, 특정 투약방법 및 병행투약방법 등은 통상적으로 의사의 치료방안에 대한 선택과 밀접한 관련이 있는 것으로 약물 및 그 조제 자체와는 필연적인 관계가 없습니다. 따라서 투약특징이 출원발명과 인용발명의 유일한 차이점인 경우 그 출원발명은 신규성이 없다고 판단됩니다. 예를 들어, 아래의 〈예시 1〉 및 〈예시 2〉의 경우 투약특징은 발명의 신규성 판단에 영향을 미치지 않습니다.[12]

---

11 중국 심사처리규정 제10장 제2절 2.3.1.
12 중국 심사처리규정 제10장 제2절 2.3.1.2.

〈예시 1〉[13]

출원발명: 격일로 일일 투약량 3mg 내지 75mg이 투약되는 것을 특징으로 하는, 세균 감염 치료용 약제 제조에 있어서의 마이신 A의 응용

인용발명: 항생물질로 작용하는 마이신 A

여기에서, 출원발명과 인용발명의 유일한 차이점은 투약특징이므로, 출원발명은 신규성이 인정되지 않습니다.

〈예시 2〉[14]

- 출원발명: 질병 B 치료용 약물 조성물 제조에 이용되는 화합물 A의 용도에 있어서, 상기 약물 조성물은 식전 5분 내지 30분 전에 환자에게 복용되는, 질병 B 치료용 약물 조성물 제조에 이용되는 화합물 A의 용도
- 인용발명: 질병 B를 치료할 수 있는 화합물 A의 복용

여기에서, 출원발명과 인용발명의 유일한 차이점은 복용시간입니다. 그러나 복용시간은 통상적으로 의사가 환자의 병환 및 기타 상황에 따라 확정하는 것으로, 약물 조성물의 제조 과정 자체에 미치는 영향이 없어 그 제조 과정을 한정하지 않습니다. 따라서, 출원발명은 신규성이 인정되지 않습니다.

2.6 "약품 제조에 있어서의 응용" 발명에 대한 신규성 판단 시 투약특징이 약품의 제조과정을 한정하는 경우에 한하여 그 발명의 신규성 판단에 대한 고려대상이 되는 이유는 무엇인가요?

중국 특허심사지침에 따르면, 공지된 물질의 새로운 용도를 발명으

---

13 중국 심사처리규정 제10장 제2절 2.3.1.2.(1).
14 중국 심사처리규정 제10장 제2절 2.3.1.2.(2).

로 하는 경우 이러한 용도발명은 "사용방법"발명에 속합니다. 그 이유는 용도발명의 실질은 그 물질 자체가 아니라 그 물질의 사용에 있기 때문입니다.[15] 이러한 판단 기준에 따르면, 화학물질의 의약용도발명은 그 화학물질의 사용방법발명을 의미한다고 볼 수 있습니다. 의약용도발명의 청구항은 "약품 제조에 있어서의 응용" 등으로 기재해야 하는데, 상기 의약용도발명의 기술특징은 "그 화학물질의 용도가 약품 제조에 어떻게 이용되는지"이므로, 약품의 투약특징이 약품의 제조과정을 한정하는 경우만 신규성 판단의 고려대상이 됩니다.

2.7 심판원 및 법원은 "약품 제조에 있어서의 응용" 발명의 신규성 판단에 대해 어떠한 입장을 취하고 있나요?

심판원 및 법원은 중국 특허심사지침에 충실하게, 조제량은 활성성분의 함량과 필연적인 관계가 없고 약물의 복용량은 제약의 원료, 제조방법 및 적응증 유발 등을 한정하지 않으므로 이와 같은 구성요소는 신규성 및 진보성 판단 시 존재하지 않는 것으로 간주한다[16]는 입장입니다.

다만, 극히 예외적인 판례이기는 하나 2심 법원인 북경 고급인민법원은 의약용도발명의 특허성 판단 시 투약특징을 고려하지 않는 것은 의약업계 발전을 저해하고, 특허법의 취지에도 부합하지 않는다는 판결[17]을 내린 바 있습니다. 따라서 출원인(또는 무효심판의 피청구인) 측에

---

15 중국 특허심사지침(2017) 제2부 제10장 5.4.
16 전리복심위원회(专利复审委员会) 2007.2.6. 第WX9508号 审查决定.
17 북경고급인민법원(北京高级人民法院) 2008.9.12 (2008)高行终字第378号 判决.
의약용도발명은 본질적으로 약물의 사용방법 발명으로, 투약물이라는 구성요소를 어떻게 사용하는지, 즉 제형 및 조제량 등의 "투약특징"을 사용하므로 화합물 사용방법이라는 구성요소를 그 청구항에 포함시켜야 한다. 실무상, 제형 및 조제량 등 "투약특징" 방면을 개선함으로써 예상치 못한 기술효과를 얻을 필요가 있다. 그 밖에도 약품의 제조방법은 활

서는 신규성 및 진보성 판단 시 투약특징이 고려되지 않은 경우, 상기 판결에 근거하여 의약용도발명의 신규성 및 진보성 판단 시 투약특징을 고려하여야 한다고 주장해 볼 여지는 있다고 생각됩니다.

3. 뉴클레오티드 또는 아미노산 서열을 포함하는 발명

3.1 뉴클레오티드 또는 아미노산 서열을 포함하는 발명의 경우, 출원 시 어떤 서류를 더 제출해야 하나요?

하나 또는 복수의 뉴클레오티드 또는 아미노산 서열을 포함하는 발명을 출원하려면, 명세서에 국무원 전리행정부문이 규정과 부합하는 서열목록표가 포함되어 있어야 합니다. 또한 출원인은 그 서열목록표를 명세서의 단독 부분으로 하여 제출해야 하고, 그 서열목록표의 컴퓨터가 판독 가능한 형식의 사본을 제출해야 합니다.[18] 구체적으로, 발명이 10개 또는 그 이상의 뉴클레오티드로 조성된 뉴클레오티드 서열이거나, 4개 또는 그 이상의 L-아미노산으로 조성된 단백질 또는 펩티드 결합된 아미노산 서열인 경우, 국가 지식산권국이 공포한 〈뉴클레오티드 및/또는 아미노산 염기서열표 및 염기서열표 전자문서표준〉[19]에 따

성성분 또는 원료약의 제조방법뿐 아니라, 제형 및 조제량 등의 "구성요소"를 포함하는, 약품 포장 전의 모든 단계를 포함해야 한다. 본 특허는 조제량을 개선하여 출원한 의약용도발명이다. 특허권자가 제형 및 조제량 방면을 개선한 경우, "투약특징"을 고려하지 않는 것은 의약업계 발전 및 공중 보건의 필요성에 반하고, 특허법의 취지에도 부합하지 않는다. 따라서, 심판원의 판단기준은 받아들일 수 없다.

참고로, 북경고급인민법원은 위 사건에서 "투약특징"을 청구항의 구성요소로 인정하였으나, 그 "투약특징"이 종래기술에 비해 진보성이 없다고 판단하였습니다.

18 중국 특허법 실시세칙 제17조 제4항.

19 http://www.sipo.gov.cn/zcfg/bz/1051035.htm

라 작성한 서열목록표를 제출해야 합니다. 또한 서열목록표는 단독 부분으로 하여 명세서의 마지막 부분에 위치해야 합니다.[20]

3.2 컴퓨터가 판독 가능한 형식의 서열목록표 사본에 기재된 내용에 오류가 있으면 어떻게 되나요?

컴퓨터가 판독 가능한 형식의 뉴클레오티드 또는 아미노산 서열목록표가 명세서나 청구항에 기재된 내용과 일치하지 않는 경우, 명세서에 기재된 서열목록표를 기준으로 심사합니다.[21]

컴퓨터가 판독 가능한 형식의 사본에 기재된 서열목록표가 명세서나 청구항에 기재된 내용과 명백히 불일치하거나, 미제출한 경우, 방식심사단계에서 지정기간 내에 사본을 제출하라는 취지의 보정통지서가 발행됩니다. 지정기간 내에 사본을 제출하지 않는 경우, 취하간주통지서가 발행됩니다.[22]

4. 미생물 발명

4.1 미생물 발명의 특허출원 시 어떤 절차가 필요한가요?

미생물 발명이란 미생물을 이용하여 일종의 화학물질(예를 들어, 항생제)을 생산하거나 일종의 물질 등을 분해하는 발명을 의미합니다. 기탁을 거친 미생물은 분류·동정(classification·identification)을 이용하여 미생물의 주명(株名, Strain), 종명(种名, Species), 속명(属名, Genus) 등을 기술해

---

20 중국 특허심사지침(2017) 제2부 제10장 9.2.3.
21 중국 특허심사지침(2017) 제1부 제1장 4.2.
22 중국 특허심사지침(2017) 제1부 제1장 4.2.

야 하고, 종명이 동정되지 않은 경우 속명을 제시해야 합니다. 명세서
에서 그 발명이 사용하는 미생물을 최초로 언급할 때 괄호로 그 미생물
의 라틴어 학명을 기재해야 합니다. 그 미생물이 국가 지식산권국이 승
인한 기탁기관에 기탁된 경우 명세서에 기탁일자, 기탁기관의 명칭(full
name)·약칭 및 기탁번호를 기재해야 합니다. 명세서의 기타 위치에서
그 기탁단위의 약칭 및 그 미생물의 기탁번호를 이용하여 기탁된 미생
물을 지칭할 수 있습니다. 예를 들어, "황금색 포도구균 CCTCC8605"이
라고 서술할 수 있습니다. 발명이 신종 미생물에 관한 것인 경우, 그 신
종 미생물의 분류학적 성질 및 새로운 미생물로 동정한 이유를 설명하
고, 판단기준이 되는 관련 문헌을 제시해야 합니다.[23]

---

23 중국 특허심사지침(2017) 제2부 제10장 9.2.4.

1. 화학물질 발명의 명세서 및 청구항

1.1 화학물질의 구조가 불명확한 경우, 어떻게 기재해야 명세서의 충분공개가 인정되나요?

원칙적으로 화학물질은 구조 및/또는 성분으로 확정되어야 하나[24], 그 구조 및/또는 성분만으로 화학물질을 명확히 설명할 수 없는 경우, 명세서에 적합한 화학·물리 파라미터 및/또는 제조방법을 더 사용하여 그 화학물질을 설명하여 그 화학물질을 명확히 확정[25]해야 명세서의 충분공개가 인정됩니다.

---

24 중국 특허심사지침(2017) 제2부 제10장 1.
25 중국 특허심사지침(2017) 제2부 제10장 3.1.(1).

1.2 화학물질의 구조가 불명확한 경우, 어떤 유형의 청구항이 명확하게 기재된 것으로 인정되나요?

화학물질의 구조 및/또는 성분만으로 화학물질의 특징을 명확히 표현할 수 없는 경우, 화학·물리 파라미터 및/또는 제조방법을 더 채용하여 화학물질의 특징을 표현하는 청구항 기재방식이 허용됩니다. 이러한 기재방식의 허용 요건[26]은 아래와 같습니다.

1) 화학·물리 파라미터

구조식, 성분 또는 화학명칭만으로 화학물질의 구조적 특징을 명확히 표현할 수 없는 경우, 화학·물리 파라미터를 이용하여 화학물질 청구항의 특징을 표현할 수 있습니다. 이때 파라미터는 반드시 명확해야 합니다.

2) 제조방법

제조방법 이외의 기타 특징이 화학물질의 특징을 나타내기에 충분하지 않은 경우, 제조방법을 이용하여 화학물질 청구항의 특징을 표현할 수 있습니다.

---

26 중국 특허심사지침(2017) 제2부 제10장 4.3.

2. 조성물 청구항

2.1 조성물 발명에 대한 개방식 청구항과 폐쇄식 청구항은 어떻게 표현되나요?

개방식 청구항은 그 조성물이 청구항에 언급되지 않은 기타 성분을 더 포함할 수 있음을 의미합니다. 개방식 청구항은, "함유하는(含有)", "포함하는(包含)", "포괄하는(包括)", "기본적으로 함유하는(基本含有)", "본질적으로 함유하는(本质上含有)", "주로 ~로 구성되는(主要由……组成 또는 主要组成为)", "기본적으로 ~로 구성되는(基本组成为)" 등의 방식으로 표현됩니다.[27]

폐쇄식 청구항은 그 조성물이 청구항에 언급된 성분 이외의 다른 성분을 포함하지 않음을 의미합니다. 다만, 불가피한 기타 성분의 경우 통상적인 함량 범위 내에서 조성물에 포함될 수 있습니다. 폐쇄식 청구항은, "~로 구성되는(由……组成, 组成为 또는 余量为)" 등의 방식으로 표현됩니다.[28]

2.2 조성물 발명에 대한 개방식 청구항과 폐쇄식 청구항의 명세서에 의한 뒷받침 여부는 어떻게 판단되나요?

청구항에 기재된 조성물이 A+B+C이고 명세서에도 A+B+C의 실시예만 기재되어 있을 뿐, 그 밖의 성분이 A+B+C에 더 포함된 실시예에 대한 설명이 명세서에 없는 경우, 상기 청구항은 개방식 청구항으로 작성할 수 없습니다. A+B+C 이외의 성분을 더 포함하는 청구항은 명세서

---

27 중국 특허심사지침(2017) 제2부 제10장 4.2.1.(1).
28 중국 특허심사지침(2017) 제2부 제10장 4.2.1.(2).

에 의해 뒷받침되지 않는다고 판단되기 때문입니다.[29]

2.3 조성물 발명의 경우, 독립/종속 청구항인지 여부는 청구항 작성방법에 따라 결정되나요?

네.

조성물 관련 독립 청구항이 A+B+C를 포함하는 개방식 청구항인 경우, D를 더 포함하는 청구항 A+B+C+D는 종속 청구항으로 판단됩니다. 반면, 조성물 관련 독립 청구항이 A+B+C로 구성되는 폐쇄식 청구항인 경우, D를 더 포함하는 청구항 A+B+C+D는 독립 청구항으로 판단됩니다.[30]

3. 화학발명의 실험 데이터

3.1 출원 후 명세서에 실험 데이터를 추가 기재하는 보정이 허용되나요?

아니요.

실험 데이터를 청구범위나 명세서에 추가하는 것은 보정범위를 초과하는 보정으로 허용되지 않습니다. 예를 들어, 발명의 유익한 효과를 증명하기 위해 실험 데이터 또는 청구항이 명세서에 의해 뒷받침됨을 설명하기 위한 실시예를 명세서에 추가 기재하는 보정은 최초 명세서의 기재범위를 초과하는 것이므로 허용되지 않습니다.[31] 따라서 거절이유를 극복하기 위한 추가 실험 데이터는 의견서를 통해 제출해야 합니다.

---

29 중국 특허심사지침(2017) 제2부 제10장 4.2.1.

30 중국 특허심사지침(2017) 제2부 제10장 4.2.1.

31 중국 특허심사지침(2017) 제2부 제8장 5.2.3.1.(6).

3.2 심사단계

3.2.1 명세서의 충분공개를 주장하기 위해 의견서에 보충 기재한 실험 데이터가 심사관에 의해 고려되나요?

네.

개정 전 중국 특허심사지침에 따르면, 출원일 이후에 제출된 실험 데이터는 명세서의 충분공개 요건과 관련하여 심사관의 고려 대상이 아니었습니다. 그러나 통상의 기술자가 명세서에 기재된 내용으로부터 보충 제출한 실험 데이터와 관련된 기술효과를 얻을 수 있는 경우, 그 실험 데이터는 심사 시 고려되어야 한다는 점을 명확히 하기 위해 중국 특허심사지침의 해당 내용을 개정하게 되었습니다. 2017년 개정된 중국 특허심사지침에 따르면, 심사관은 보충 제출된 실험 데이터가 증명하려는 기술효과가 통상의 기술자가 명세서에 공개된 내용으로부터 용이하게 예측되는 경우, 출원일 이후 명세서의 충분공개 요건을 만족시키기 위해 보충 제출한 실험 데이터에 대해 심사해야 합니다.[32][33]

따라서 의견제출통지서에서 명세서의 충분공개 여부에 기초한 거절이유가 지적된 경우, 의견서 제출 시 충분공개의 거절이유를 극복하기 위해 상술한 요건에 부합하는 실험 데이터를 적극적으로 제출하는 것이 바람직합니다.

3.2.2 출원발명의 진보성을 주장하기 위해 의견서에 보충 기재한 실험 데이터가 심사관에 의해 고려되나요?

네.

화학분야의 출원발명에 대해 진보성 흠결의 거절이유가 지적되었

---

32 중국 특허심사지침(2017) 제2부 제10장 3.5.

33 http://www.sipo.gov.cn/zcfg/zcjd/1020253.htm

고, 이에 대해 출원발명이 선행기술에 비해 예상할 수 없는 용도나 효과가 있다는 증거가 제출된 경우, 진보성 판단 시 상기 증거를 참작해야 하는지 여부는 아래 원칙에 따라 판단됩니다.

i) 제출된 증거는 대조실험(对比实验)이나 기타 유형의 증거이어야 함[34]
ii) 그 증거는 출원발명 청구항의 권리범위와 대응되어야 함
iii) 대조실험 효과 증거는 반드시 최초 출원서류 중에 명확히 기재되고, 상응하는 실험 데이터의 기술효과와 관련된 것이어야 함[35]
iv) 대조실험은 출원발명과 가장 근접한 선행기술 사이에서 실시되어야 함

3.3 소송단계

3.3.1 명세서의 충분공개를 주장하기 위해 제출한 실험 데이터가 소송단계에서 고려되나요?

네.

화학발명의 출원인(또는 특허권자)이 출원일 이후에 제출한 실험 데이터가, 명세서에 기재된 기술적 효과가 명세서에 이미 충분히 공개되어 있음을 증명하기 위해 이용되고, 통상의 기술자가 출원일에 명세서, 도면 및 공지기술에 기초하여 그 기술적 효과를 명확히 확인할 수 있는 경우, 법원은 일반적으로 그 실험 데이터를 심사해야 합니다.[36]

---

34 예를 들어, 출원인이 선행기술 증거를 이용하여 보호받고자 하는 발명의 용도나 효과가 예상할 수 없는 것임을 증명하는 경우.

35 최초 명세서에 발명의 어떤 방면 또는 어느 정도의 기술효과를 증명하는 효과실험이 없는 경우, 명세서에 그 기술효과에 대한 결론적이거나 단언적인 설명이 제시되어 있다 하더라도, 제출된 실험 데이터나 효과 실시예에 기초하여 기술특징을 증명할 수 없음.

36 最高人民法院关于审理专利授权确权行政案件若干问题的规定 제13조 제1항.

3.3.2 출원발명이 선행기술과 다른 기술적 효과를 구비했음을 증명하기 위해 제출한 실험 데이터가 소송단계에서 고려되나요?

네.

화학발명의 출원인(또는 특허권자)이 출원일 이후에 제출한 실험 데이터가, 출원발명(또는 특허발명)이 선행기술과 다른 기술적 효과를 구비했음을 증명하기 위해 이용되고, 통상의 기술자가 출원일에 특허출원 서류에 공개된 내용으로부터 직접적이고 아무런 의심 없이 확정할 수 있는 기술적 효과인 경우, 법원은 일반적으로 그 실험 데이터를 심사해야 합니다.[37]

3.3.3 실험 데이터 추가 시 어떤 절차가 필요한가요?

당사자가 실험 데이터를 제출하는 경우, 법원은 당사자에게 실험 데이터의 출처 및 형성과정을 증명하도록 요구할 수 있습니다. 여기에서, 실험 데이터의 출처 및 형성과정은 실험 원료(및 그 출처), 실험 단계, 조건(또는 파라미터), 실험자 및 장소 등 실험의 진정성에 영향을 미치기에 충분한 요소를 모두 포함합니다.[38] 실험 데이터의 진정성에 대해 당사자 간의 다툼이 있는 경우, 법원은 자질을 갖춘 기관에 감정을 위탁할 수 있습니다.[39]

---

37 最高人民法院关于审理专利授权确权行政案件若干问题的规定 제13조 제2항.

38 最高人民法院关于审理专利授权确权行政案件若干问题的规定 제14조 제1항.

39 最高人民法院关于审理专利授权确权行政案件若干问题的规定 제14조 제2항.

제7장

심사 절차

제1절

방식심사

---

1. 개 론

1.1 중국의 방식심사는 한국의 방식심사와 어떻게 다른가요?

중국의 경우, 전리국에 수리된 특허출원에 대해 방식심사를 수행하여 그 특허출원이 중국 특허법에 부합한다고 판단하는 경우에만 그 특허출원을 공개합니다. 따라서 방식심사는 수리된 출원을 공개하기 전의 필수적 절차[1]라고 볼 수 있습니다. 또한 중국의 방식심사는 특허출원(또는 실용신안출원)에 대해 단일성 유무 판단과 같은 일부 실질심사의 기능도 수행합니다. 이와 같이, 방식심사 단계에서 일부 실질심사를 진행하는 것은 특히 중국이 실용신안에 대해 채택하고 있는 무심사주의를 보완하기 위한 취지로 이해됩니다.

참고로, 중국 특허법은 "방식심사"라는 용어 대신 "초보심사(初步審査)"라는 용어를 사용합니다.

---

1 중국 특허심사지침(2017) 제1부 제1장 1.

1.2 방식심사 결과, 특허출원이 중국 특허법에 부합하지 않으면 어떻게 되 나요?

심사관은 특허출원이 중국 특허법 및 그 실시세칙의 규정에 부합하 는지 판단하여, 해소 가능한 흠결이 발견되면 이를 보정하도록 통지하 고, 해소 불가능한 흠결이 발견되면 의견제출통지서를 발행하여 그 흠 결의 성질을 설명하고 거절의 방식으로 심사를 종료합니다.[2]

1.3 중국의 보정은 한국의 보정과 동일한 의미를 가지나요?

아니요.

한국에서는 방식심사 및 실질심사 단계의 기재변경에 대해 모두 보 정이라는 표현을 사용합니다. 반면 중국의 경우, 이를 보다 세분화하여 절차나 방식에 대한 수정은 "보정(朴正)"이라고 표현하고, 명세서나 청 구항 내용에 대한 실질적인 수정은 "수개(修改)"라고 표현합니다. 예를 들어, 거절결정불복심판을 공유자 전원이 청구하지 않거나, 의견제출 통지서에 대해 제출한 의견서의 양식이 표준이 아닌 경우 이를 수정하 는 것은 "보정"에 해당합니다. 반면 명세서나 청구항의 내용을 수정하 는 것은 "수개"에 해당합니다. 다만 본서에서는 편의상 중국 특허법 상 의 "보정"과 "수개"를 모두 "보정"이라고 표현하였습니다.

1.4 방식심사단계에서도 실체적 흠결에 대한 거절이유가 지적될 수 있나 요?

네.

---

2 중국 특허심사지침(2017) 제1부 제1장 1.(1).

심사관은 출원에 보정을 통해 극복할 수 없는 명백한 실체적 흠결이 존재하는 경우, 기간을 지정하여 실체적 흠결 및 그 이유가 명확히 기재된 의견제출통지서를 발행해야 합니다. 상기 실체적 흠결은 그 존재가 명백하고 출원공개에 영향을 미치는 경우에만 지적합니다.[3]

1.5 방식심사에서 발행된 의견제출통지서에 대해 어떻게 대응해야 하나요?

출원인은 의견서 보정 또는 의견서 제출을 통해 대응할 수 있습니다. 이때 보정은 심사관이 지적한 흠결에 대해서만 가능하고, 최초 명세서 및 청구범위에 기재된 내용을 초과할 수 없습니다. 출원인이 지정기간 내에 의견서를 제출하지 않는 경우, 상황에 따라 그 출원의 취하 간주 통지서 또는 기타통지서를 발행합니다. 출원인은 지정기간 내에 의견서를 제출하기 어려운 정당한 이유가 있는 경우, 지정기간에 대한 연장을 신청할 수 있습니다.[4]

1.6 방식심사단계에서 어떤 종류의 실체적 흠결이 지적될 수 있나요?

심사관은 출원발명이 아래의 사항 중 어느 하나에 해당되는 경우, 방식심사단계에서도 실체적 흠결과 관련된 의견제출통지서를 발행할 수 있습니다.

1) 발명의 정의(중국 특허법 제2조 제2항)[5]
명세서에 기술적 문제를 해결하는 기술방안에 대한 설명이 없고, 기

---

3 중국 특허심사지침(2017) 제1부 제1장 3.3.
4 중국 특허심사지침(2017) 제1부 제1장 3.4.
5 중국 특허심사지침(2017) 제1부 제1장 7.1.

술에 대한 설명이 전혀 없는 경우, 의견제출통지서를 발행하여 출원인이 지정기간 내에 의견서를 제출하거나 보정하라고 통지합니다. 출원인이 지정기간 내에 대응하지 않으면 취하간주 통지서를 발행하고, 대응 후에도 여전히 규정에 부합하지 않는 경우 거절결정을 내립니다.

2) 공서양속 등(중국 특허법 제5조)[6]

출원발명이 공서양속에 반하거나, 법률 또는 행정법규를 위반하여 획득하거나 이용한 유전자원에 의존하여 완성한 발명인 경우, 그 거절이유를 설명하여 출원인이 지정기간 내에 의견서를 제출하거나 상응하는 부분을 삭제하라는 의견제출통지서를 발행합니다. 출원인이 제출한 의견서가, 출원발명이 중국 특허법 제5조에 해당하지 않는다는 것을 설명하기에 부족하거나, 충분한 이유 없이 상응하는 부분을 삭제하지 않으면 거절결정을 내립니다.

3) 비밀유지심사(중국 특허법 제20조 제1항)[7]

중국에서 완성된 발명에 대해 비밀유지심사를 신청하지 않고 외국에 먼저 출원한 경우, 중국출원에 대해 의견제출통지서를 발행합니다. 출원인이 제출한 의견서가, 출원발명이 중국에서 완성된 발명이 아니거나 외국 출원 전 비밀유지심사를 받았다는 사실 등 그 외국출원이 비밀유지심사 규정에 위반되지 않았음을 설명하기에 부족한 경우 거절결정을 내릴 수 있습니다.

4) 불특허 발명(중국 특허법 제25조)[8]

출원발명이 a) 과학발견, b) 지적활동의 규칙 및 방법, c) 질병을 진

---

6 중국 특허심사지침(2017) 제1부 제1장 7.2.
7 중국 특허심사지침(2017) 제1부 제1장 7.3.
8 중국 특허심사지침(2017) 제1부 제1장 7.4.

단하고 치료하는 방법, d) 동물 및 식물의 품종, e) 원자핵 변환방법을 이용하여 획득한 물질 중 어느 하나에 해당하는 경우, 그 거절이유를 설명하여 출원인이 지정기간 내에 의견서를 제출하도록 의견제출통지서를 발행합니다. 출원인이 제출한 의견서가, 출원발명이 중국 특허법 제25조의 각호에 해당하는 것을 설명하기에 부족한 경우 거절결정을 내릴 수 있습니다.

5) 단일성(중국 특허법 제31조 제1항)[9]

특허출원이 전혀 관련성 없는 2건 이상의 발명을 포함하는 경우, 의견제출통지서를 발행하여 출원인이 그 특허출원을 보정하도록 합니다. 출원인이 정당한 이유 없이 보정을 거부한 경우, 거절결정을 내릴 수 있습니다. 중국의 경우, 실용신안출원에 대해 무심사주의를 채택하고 있는데 이와 같이 방식심사단계에서 단일성을 심사함으로써 단일성이 없는 고안들을 포함하는 실용신안출원이 등록되는 것을 방지할 수 있습니다.

6) 보정범위(중국 특허법 제33조)[10]

심사관이 의견제출통지서를 발행하여 출원인에게 보정을 요구한 경우, 그 보정이 최초 명세서 및 청구항의 기재 범위에 속하는지 조사할 수 있습니다. 조사 결과, 그 보정이 최초 명세서의 기재 범위를 초과한 경우 의견제출통지서를 발행하고, 출원인이 의견서 또는 보정서를 제출한 후에도 보정범위 위반사유가 해소되지 않은 경우, 거절결정을 내릴 수 있습니다.

---

9 중국 특허심사지침(2017) 제1부 제1장 7.5.
10 중국 특허심사지침(2017) 제1부 제1장 7.6.

2. 실용신안 및 디자인

2.1 실용신안에 대해 무심사제도가 적용되나요?

네.

널리 알려진 것과 같이 중국은 실용신안에 대해 무심사제도를 적용하고 있습니다. 다만, 여기에서 무심사제도란 실질심사를 진행하지 않는다는 의미이므로, 무심사제도라 하더라도 출원서류 등에 대한 방식심사는 진행됩니다. 방식심사 결과 거절이유가 존재하지 않으면 국무원 전리행정부문은 실용신안권을 수여한다는 결정[11]을 내립니다.

참고로, 중국 특허법은 "방식심사"라는 용어 대신 "초보심사(初步審査)"라는 용어를 사용합니다.

2.2 무심사주의가 적용되는 실용신안출원은 청구범위에 실체적 흠결이 있더라도 등록되나요?

중국은 실용신안에 대해 무심사주의를 채택하고 있으므로 방식심사단계에서 거절이유가 발견되지 않으면 실용신안권을 획득할 수 있습니다. 다만, 중국은 실용신안에 대한 무심사주의를 보완하여 실용신안출원이라 하더라도 실체적 흠결이 있는 청구범위가 등록되는 상황을 방지하기 위해 방식심사단계에서 실체적 요건 중 일부(예를 들어, 단일성 등)에 대한 흠결 유무를 심사합니다. 구체적으로, 실용신안출원의 방식심사 단계에서 심사될 수 있는 실체적 요건은 아래와 같습니다.[12] (중국 특유의 거절이유를 밑줄로 표시함)

---

11 중국 특허법 제40조.
12 중국 특허법 실시세칙 제44조 제1항 제2호.

1) 중국 특허법

i) 고안의 정의(중국 특허법 제2조 제3항)

ii) 법률, 공서양속 또는 공공이익의 위반 여부(중국 특허법 제5조)

iii) 선원주의(중국 특허법 제9조)

iv) 비밀유지심사의 위반 여부(중국 특허법 제20조 제1항)

v) 신규성(중국 특허법 제22조 제2항)

vi) 산업상 이용가능성(중국 특허법 제22조 제4항)

vii) 불특허 발명(중국 특허법 제25조)

viii) 명세서의 충분공개 여부(중국 특허법 제26조 제3항)

ix) 청구항의 뒷받침 여부(중국 특허법 제26조 제4항)

x) 단일성(중국 특허법 제31조)

xi) 보정범위(중국 특허법 제33조)

2) 중국 특허법 실시세칙

xii) 독립 청구항의 필수기술특징 포함 여부(중국 특허법 실시세칙 제 20조)

xiii) 분할출원 범위의 초과 여부(중국 특허법 실시세칙 제43조 제1항)

실용신안출원의 경우, 심사관은 일반적으로 실용신안출원 명세서에 기재된 배경기술에 기초하여 단일성을 판단[13]하므로, 명세서의 배경기술 작성 시 이 점에 유의할 필요가 있습니다.

또한 심사관은 실용신안출원이 명백히 신규성이 없는지 여부를 판단할 수 있습니다. 구체적으로, 실용신안출원이 비정상적인 출원(예를 들어, 선행기술을 그대로 베꼈음이 명백하거나, 중복하여 제출한 특허출원과 실질적으로 동일하다고 판단되는 경우 등)에 해당한다고 판단되는 경우, 검색을 통해 입수한 선행문헌 등에 기초하여 고안의 신규성을 판단합니다.[14]

---

13 중국 특허심사지침(2017) 제1부 제2장 9.

2.3 디자인에 대해서도 무심사제도가 적용되나요?

네.

중국에서는 디자인에 대해서도 무심사제도를 적용하고 있습니다. 실용신안과 마찬가지로 디자인에 대해서도 방식심사는 진행되며, 그 결과 거절이유가 존재하지 않으면 국무원 전리행정부문은 디자인권을 수여한다는 결정[15]을 내립니다.

3. 출원공개

3.1 중국의 출원공개 시점은 한국과 동일한가요?

네.

중국도 출원일로부터 만 18개월이 되는 시점에 출원을 공개하며, 출원인의 신청에 따라 조기 출원공개가 가능합니다.[16] 다만, 중국의 경우 방식심사를 거쳐 출원이 중국 특허법 및 그 실시세칙에 부합한다고 판단하는 경우에만 출원을 공개한다는 점에서 한국의 출원공개와 차이가 있습니다. 출원인은 출원이 공개된 후 그 발명을 실시하는 단위 또는 개인에게 합당한 실시료 지급을 요구할 수 있습니다.[17]

참고로, 중국은 실무상 "보상금 청구권"이라는 용어 대신 "임시보호(临时保护)"라는 용어를 사용합니다.

---

14 중국 특허심사지침(2017) 제1부 제2장 11.
15 중국 특허법 제40조.
16 중국 특허법 제34조.
17 중국 특허법 제13조.

3.2 국제출원은 언제 중국에 국내공개 되나요?

대부분의 국제출원은 우선일로부터 18개월이 경과한 이후에 중국 국내단계로 진입하므로, 중국 특허법 실시세칙은 국제출원의 국내공개에 대해 별도의 규정을 두고 있습니다. 전리국은 중국 국내단계로 진입한 국제출원이 방식심사를 통과한 것으로 판단되면 즉시 중국 국내공개를 위한 준비 작업에 착수하는데, 중국 국내공개의 준비 기간은 대략 국내단계 진입일로부터 2개월 정도가 소요됩니다.[18] 이때 국제출원이 외국어로 제출된 경우에는 국내공개 시 중문 번역문을 공개합니다.[19] 국제출원에 대한 보상금 청구권은 국제출원이 중문으로 국제공개된 경우 국제공개일로부터 발생하되, 국제출원이 외국어로 국제공개된 경우 중국 국내단계에 진입한 후 공개된 날로부터 발생합니다.

---

18 중국 특허심사지침(2017) 제3부 제1장 6.1.
19 중국 특허법 실시세칙 제114조 제1항.

제2절

실질심사

—

1. 심사청구

1.1 제3자가 특허출원에 대해 심사청구를 할 수 있나요?

아니요.

누구든지 심사청구를 할 수 있도록 규정하는 한국 특허법과 달리 중국 특허법은 특허출원에 대한 심사청구의 주체를 출원인으로 규정[20]하고 있습니다.

1.2 출원인만이 심사청구를 할 수 있나요?

아니요.

출원인 외에도 필요에 따라 국무원 전리행정부문이 출원인에게 통지 후 직권으로 특허출원에 대한 실질심사를 진행[21]할 수 있습니다. 이경우, 전리국은 직권으로 실질심사를 진행하는 특허출원을 다른 특허

---

20 중국 특허법 제35조 제1항.
21 중국 특허법 제35조 제2항, 중국 특허법 실시세칙 제50조.

출원에 비해 우선하여 심사할 수 있습니다.[22] 이러한 직권 실질심사는, 출원발명이 국가 또는 공중의 중대한 이익과 관련된 것임에도 여러 가지 이유로 실질심사가 지연되어 국가 또는 공중에게 불이익을 가져오는 것을 방지하기 위한 취지를 가집니다. 다만, 조사 결과에 따르면 전리국은 아직까지 직권으로 실질심사를 진행한 적이 없습니다.[23]

1.3 특허출원의 심사청구 기간은 한국과 동일한가요?

네.

통상적인 출원의 경우, 출원일로부터 3년 이내에 실질심사를 청구해야 합니다.[24]

분할출원의 경우, 심사청구 기간은 원출원일로부터 3년 이내입니다.[25] 다만, 이미 심사청구 기간이 도과되었거나 분할출원일로부터 기간 만료일까지의 잔여기간이 2개월 이내인 경우, 분할출원일로부터 2개월 이내 또는 분할출원에 대한 수리통지서를 받은 날로부터 15일 이내에 각종 절차를 처리할 수 있습니다.[26]

우선권주장을 수반한 출원인 경우, 한국과 달리 선출원일로부터 3년 이내에 실질심사를 청구해야 한다는 점에 유의해야 합니다.[27]

중국 국내단계로 진입한 국제출원의 경우에도, 우선일로부터 3년 이내에 실질심사를 청구[28]해야 합니다.

---

22 중국 특허심사지침(2017) 제2부 제8장 3.4.2.
23 尹新天, 中国专利法详解(缩编版), 第2版, 知识产权出版社, 2012, p.323.
24 중국 특허법 제35조 제1항.
25 중국 특허심사지침(2017) 제1부 제1장 5.1.2.
26 중국 특허심사지침(2017) 제1부 제1항 5.1.2.
27 중국 특허심사지침(2017) 제1부 제1장 6.4.1.
28 중국 특허심사지침(2017) 제3부 제1장 5.9.

1.4 심사청구 기간을 도과하면 어떻게 되나요?

심사청구 기간이 도과할 때까지 심사청구를 하지 않는 경우, 특허출원이 <u>취하간주</u>됩니다.[29] 심사관은 실질심사 청구기간 만료일로부터 3개월 전까지 출원인이 실질심사를 청구하지 않은 경우, 실질심사 청구기간이 만료되기 전에 이를 출원인에게 통지[30]해야 합니다. 상기 통지는 출원인의 실기로 인해 특허출원이 취하간주되는 것을 방지하기 위한 취지로 해석됩니다. 한편, 실질심사 청구가 규정에 부합하는 경우, 심사관은 출원인에게 실질심사단계 진입 통지서를 발행합니다.[31] 자진보정은 실질심사단계 진입일로부터 3개월 내에도 가능하므로, 상기 통지서는 출원인이 자진보정 시기를 놓치지 않도록 상기시키는 기능도 가진다고 볼 수 있습니다.

2. 정보개시의무

2.1 중국 특허법도 출원인에게 정보개시의무를 부여하나요?

중국 특허법은 미국 MPEP의 IDS(Information Disclosure Statement)와 유사하게 실질심사 청구 시 <u>출원일 전의 당해 발명과 관련된 참고자료를 제출하도록 요구</u>[32]합니다. 다만, 실무상 참고자료의 제출 여부는 <u>출원인이 결정</u>[33]하고 있으므로 이는 아직까지는 일종의 훈시적 규정으

---

29 중국 특허법 제35조 제1항.

30 중국 특허심사지침(2017) 제1부 제1장 6.4.2.(1).

31 중국 특허심사지침(2017) 제1부 제1장 6.4.2.(4).

32 중국 특허법 제36조 제1항.

33 尹新天, 中国专利法详解(缩编版), 第2版, 知识产权出版社, 2012, p.324.

로 해석됩니다.

2.2 당해 발명이 이미 외국에 출원된 경우, 출원인에게 어떤 종류의 정보개시의무가 요구되나요?

당해 발명이 이미 외국에 출원된 경우, 국무원 전리행정부문은 출원인에게 지정기간 내에 상기 국가의 심사에 따른 검색자료 또는 심사결과를 제출하도록 요구할 수 있습니다. 이에 대해 지정기간 내에 정당한 이유 없이 자료를 제출하지 않은 경우, 그 출원은 취하간주[34]된다는 점에 유의해야 합니다. 자료 미제출에 대한 정당한 이유가 있는 경우, 출원인은 국무원 전리행정부문에 그 이유를 성명하고 자료를 추후 제출[35]할 수 있습니다. 여기에서, 정당한 이유란 외국 특허청이 외국출원에 대한 검색결과 보고서 또는 그에 따른 결론을 발행하지 않아 출원인이 자료를 제출할 수 없는 경우[36]를 의미합니다.

3. 단일성

대부분의 국가와 유사하게, 중국 역시 한 건의 특허출원은 하나의 발명에 한정하되, 하나의 총괄적 발명사상에 속하는 둘 이상의 발명은 한 건의 특허출원으로 제출하는 것을 허용합니다.[37] 이때 하나의 출원에 포함된 둘 이상의 발명은 기술적으로 상호 관련되어야 하고, 적어도 하나 이상의 동일하거나 상응하는 기술특징을 포함해야 하는데,[38] 이를

---

34 중국 특허법 제36조 제2항.
35 중국 특허법 실시세칙 제49조.
36 尹新天, 中国专利法详解(缩编版), 第2版, 知识产权出版社, 2012, p.325.
37 중국 특허법 제31조 제1항.

특허출원의 단일성이라고 합니다. 특허출원에 단일성 위반의 흠결이 있는 경우, 분할출원을 이용하여 극복할 수 있습니다. 단일성 위반의 흠결은 등록 전에는 거절이유에 해당하나 등록 후에는 무효사유에 해당하지 않습니다. 다만, 중국의 경우 단일성 위반에 대해 보정할 것을 통지한 후, 지정기간이 도과할 때까지 답변하지 않으면 그 출원을 취하간주[39]한다는 점에서 한국과 다소 차이가 있습니다.

4. 거절이유 및 거절결정

4.1 어떤 종류의 거절이유가 존재하나요?

특허출원이 아래 중 어느 하나에 해당하면 실질심사를 거쳐 거절이유를 통지하거나 거절결정합니다.[40] (중국 특유의 거절이유를 밑줄로 표시함)

1) 중국 특허법

i) 발명의 정의에 위반되는 경우(중국 특허법 제2조 제2항)

ii) 법률 또는 공서양속에 위반되거나, 법률 또는 행정법규에 위반하여 유전자원을 획득하거나 이용하여 완성한 발명인 경우(중국 특허법 제5조)

iii) 선원주의에 위반되는 경우(중국 특허법 제9조 제1항)

iv) 비밀유지심사 규정에 위반되는 경우(중국 특허법 제20조 제1항)

v) 신규성, 진보성 또는 산업상 이용가능성이 없는 경우(중국 특허법

---

38 중국 특허법 실시세칙 제34조.

39 중국 특허법 실시세칙 제42조 제2항.

40 중국 특허법 실시세칙 제53조.

제22조)

vi) 발명의 정의에 위반되거나, 특허의 보호대상이 아닌 발명(중국 특
허법 제25조)

vii) 명세서가 발명의 내용을 충분히 공개하지 않는 경우(중국 특허법
제26조 제3항)

viii) 청구범위가 명세서에 의해 뒷받침되지 않는 경우(중국 특허법 제
26조 제4항)

ix) 유전자원의 출처기재 규정에 위반되는 경우(중국 특허법 제26조 제
5항)

x) 단일성이 없는 경우(중국 특허법 제31조 제1항)

xi) 보정범위를 초과한 경우(중국 특허법 제33조)

2) 중국 특허법 실시세칙

xii) 독립 청구항에 필수기술특징을 누락한 경우(중국 특허법 실시세칙
제20조 제2항)

xiii) 분할출원의 범위를 초과한 경우(중국 특허법 실시세칙 제43조
제1항)

3) 의견제출통지서에 규정된 기타 심사의견

의견제출통지서에는 중국 특허법 실시세칙에 규정된 거절이유 이
외에도 아래와 같은 심사의견이 더 통지될 수 있습니다.

xiv) 명세서 작성방법, 뉴클레오티드 또는 아미노산 서열을 포함
하는 발명의 출원 절차에 위반되는 경우(중국 특허법 실시세칙
제17조)

xv) 청구범위 작성방법에 위반되는 경우(중국 특허법 실시세칙 제19조)

xvi) 독립 청구항 및 종속 청구항의 작성방법에 위반되는 경우(중국
특허법 실시세칙 제20조)

xvii) 독립 청구항 작성방법에 위반되는 경우(중국 특허법 실시세칙 제 21조)

xviii) 종속 청구항 작성방법에 위반되는 경우(중국 특허법 실시세칙 제 22조)

참고로, 위 거절이유 중 ix) 유전자원의 출처기재, x) 단일성은 등록 전에는 거절이유에 해당하나 등록 후에는 무효사유에 포함되지 않습니다.

4.2 재차 의견제출통지서는 어떤 경우에 발행되나요?

심사관은 특허출원이 아래 중 어느 하나에 해당[41]하는 경우, 재차 의견제출통지서를 발행합니다.

i) 출원주제와 더 관련성이 높은 인용문헌을 발견하여 청구항에 대한 재평가가 필요한 경우

ii) 지난 심사 과정 중 심사의견을 제시하지 않았으나 추가 심사 후 해당 출원이 특허법 및 그 실시세칙 규정에 부합하지 않음이 발견된 경우

iii) 출원인의 의견서 제출 및/또는 보정 이후 심사관의 새로운 심사 의견 제시가 필요하다고 판단되는 경우

iv) 보정을 통해 거절이유가 지적된 흠결은 해소할 수 있으나, 해당 출원의 기타 부분에 특허법 및 그 실시세칙에 부합하지 않는 흠결이 여전히 존재하고, 그 흠결이 i) 보정으로 인해 새로 발생한 것이거나, ii) 심사관이 새로 발견한 것이거나, 또는 iii) 이미 출원인에게 통지하였으나 해소되지 않은 것인 경우

---

41 중국 특허심사지침(2017) 제2부 제8장 4.11.3.1.

v) 심사관이 거절결정을 내릴 예정이나, 그전에 의견제출통지서에서 출원인에게 거절의 근거가 되는 사실, 이유 및 증거를 명확히 지적하지 않은 경우

4.3 어떤 경우에 거절결정이 내려지나요?

중국 특허출원 절차는 특허출원의 심사과정에 있어 출원인에게 최소 1회의 의견서 및/또는 보정서 제출의 기회를 제공하는 것을 원칙으로 합니다. 통상적으로 심사관은 1회 또는 2회의 의견제출통지서를 발행한 후 거절결정을 내립니다.[42] 다만, 출원인이 제1차 의견제출통지서에서 지적된 내용에 대해 설득력 있는 의견서 및/또는 증거를 제출하지 않거나, 보정하지 않거나, 오기의 정정 또는 표현방식만을 달리하고, 기술방안 자체에 대한 실질적인 보정이 없는 경우 심사관은 바로 거절결정을 내릴 수 있습니다.[43]

4.4 중국도 재심사 제도가 있나요?

아니요.

한국과 달리 중국은 재심사 제도가 없습니다. 따라서 거절결정불복심판을 통해서만 거절결정에 불복할 수 있습니다. 다만, 중국의 경우 출원인이 거절결정불복심판을 신청하면 바로 심판관 합의체가 그 거절결정의 당부를 판단하는 것이 아니라, 우선 원심사부가 그 거절결정의 당부를 판단하는 전치심사가 진행됩니다. 중국은 거절결정불복심판 청구 시에도 청구항 보정을 허용하므로, 상기 전치심사는 거절결정 후

---

42 중국 특허심사지침(2017) 제2부 제8장 6.
43 중국 특허심사지침(2017) 제2부 제8장 6.1.1.

보정된 청구항을 다시 심사한다는 점에서 한국의 재심사와 유사한 면이 있다고 생각됩니다.

5. 정보제공

중국 특허법 실시세칙에는 정보제공 제도가 규정되어 있습니다. 상기 규정에 따르면, 출원공개일로부터 특허 수여 공고일까지 누구든지 특허법 규정에 부합하지 않는 출원에 대해 국무원 전리행정부문에 정보를 제공하고 그 이유를 설명할 수 있습니다.[44] 전리국은 제공된 정보에 대한 판단 결과를 정보 제공자에게 통지할 의무가 없고, 그 정보가 특허 수여 통지 후 제공된 경우, 이를 고려하지 않습니다.[45] 참고로, 거절이유나 무효사유는 중국 특허법 및 그 실시세칙의 위반 여부를 모두 포함하나, 정보제공 사유에는 실시세칙 위반 여부가 포함되지 않습니다.

6. 면담 및 전화 토론

6.1 면담 제도가 존재하나요?

네.

출원인이 심사관의 지적에 따라 보정을 하였음에도 출원에 존재하는 흠결이 해소되지 않은 경우, 심사관은 출원인과의 면담을 통해 심사를 신속히 진행할 수 있습니다. 출원인도 면담을 요청할 수 있는데, 이

---

44 중국 특허법 실시세칙 제48조.
45 중국 특허심사지침(2017) 제2부 제8장 4.9.

경우 심사관은 면담을 통해 유익한 목적을 달성할 수 있다고 판단되는 경우에만 동의하고, 반대의 경우 면담 요청을 거절할 수 있습니다.[46]

6.2 면담은 어떤 요건이 필요한가요?

면담은 i) 심사관이 이미 제1차 의견제출통지를 발행했어야 하고, ii) 출원인이 의견제출통지서에 대한 답변과 동시(또는 그 이후)에 면담을 요청하거나, 심사관이 안건의 필요에 따라 출원인에게 면담을 요청해야 합니다.[47] 심사관 또는 출원인은 면담 중 새로운 서류를 제출하려는 경우, 이를 사전에 상대방에게 교부해야 합니다. 출원인이 심사관에게 사전에 전달하지 않은 새로운 서류를 면담 중 제출하는 경우, 심사관은 면담을 중지할 수 있습니다.[48]

6.3 어떤 주체가 면담에 참가할 수 있나요?

출원인이 전리대리기구(예를 들어, 특허사무소 등)에 위탁한 경우, 대리인은 면담에 반드시 참가해야 하며, 출원인은 대리인과 함께 면담에 참가할 수 있습니다. 출원인이 단위인 경우, 단위가 지정한 자가 면담에 참가해야 합니다. 특허출원이 공유인 경우, 공유인 단위 또는 공유자가 모두 면담에 참가해야 합니다. 발명자는 필요에 따라 출원인의 지정이나 위탁을 받아 대리인과 함께 면담에 참가할 수 있습니다.[49]

---

46 중국 특허심사지침(2017) 제2부 제8장 4.12.

47 중국 특허심사지침(2017) 제2부 제8장 4.12.1.

48 중국 특허심사지침(2017) 제2부 제8장 4.12.3.

49 중국 특허심사지침(2017) 제2부 제8장 4.12.2.

6.4 면담 이후의 절차는 어떻게 진행되나요?

심사관은 면담 내용을 기록한 2부의 서류 중 1부를 출원인에게 전달합니다. 통상적으로 면담 기록에는 면담 중 논의된 문제, 결론 또는 동의한 보정의 내용 등이 기재되는데, 그 기록은 출원인의 서면 답변 또는 보정을 대체할 수 없습니다. 설령, 면담 중 쌍방이 보정에 대해 의견이 일치했다 하더라도 심사관은 그 내용을 보정으로 대체할 수 없고 출원인은 반드시 정식 보정 문서를 제출해야 합니다. 면담 후, 출원인은 다시 보정서 또는 의견서를 제출해야 하는데 원래 지정된 답변기간이 존재하는 경우, 그 답변기간은 원칙적으로 면담으로 인해 변경되지 않습니다. 다만, 상황에 따라 1개월 연장될 수 있습니다. 반면 면담 후 원래 지정된 답변기간이 도과한 경우, 심사관은 면담 기록에 보정서 또는 의견서 제출기간을 다시 지정해야 합니다. 면담 후 제출하는 보정서 또는 의견서는 의견제출통지서에 대한 답변으로 간주하고, 기간이 도과할 때까지 보정서나 의견서를 제출하지 않으면 그 출원을 취하간주합니다.[50]

6.5 전화 토론

심사관은 출원과 출원서류에 존재하는 문제에 대해 전화 토론을 진행할 수 있습니다. 다만, 전화 토론은 부차적이고, 오해를 야기하지 않는 형식상의 흠결과 관련된 문제에만 적용됩니다. 출원인은 전화 토론 시 심사관이 동의한 보정 내용을 서면서류로 작성하여 정식으로 제출해야 하고, 심사관은 그 서면서류에 근거하여 심사결론을 내립니다.[51]

---

50 중국 특허심사지침(2017) 제2부 제8장 4.12.3.
51 중국 특허심사지침(2017) 제2부 제8장 4.13.

한국의 경우 전화 토론의 대상이 기재불비에 국한되지 않는 점을 고려하면, 중국은 한국에 비해 전화 토론의 적용범위가 다소 엄격하고 제한적인 것으로 해석됩니다.

제3절

보 정

---

1. 자진보정

1.1 특허출원에 대한 자진보정은 언제 가능한가요?

특허출원의 경우, 출원인은 실질심사 청구 시 및 국무원 전리행정부문이 발송하는 특허출원 실질심사단계 진입 통지서를 받은 날로부터 3개월 내에 자진보정을 수행[52]할 수 있습니다. 실질심사 청구 시점이 너무 이르거나 특허출원과 동시에 실질심사 청구를 한 경우, 출원인은 사실상 한 번의 자진보정 기회를 이용하지 못하게 되므로 실질심사단계 진입 통지서 수령 후의 3개월 기간을 적극적으로 활용할 필요가 있습니다. 이런 관점에서 보면, 실질심사단계 진입 통지서는 자진보정 기간에 대한 일종의 "리마인더" 역할도 수행한다고 볼 수 있습니다. 중국은 실무상 한국 특허법의 "자진보정"과 대응되는 개념으로 "주동보정(主动修改)"이라는 용어를 사용하며, 자진보정과 대비되는 개념으로 의견제출통지서를 받은 후 수행하는 "피동보정(被动修改)"이 있습니다.

---

52 중국 특허법 실시세칙 제51조 제1항.

〈보정범위의 변화〉

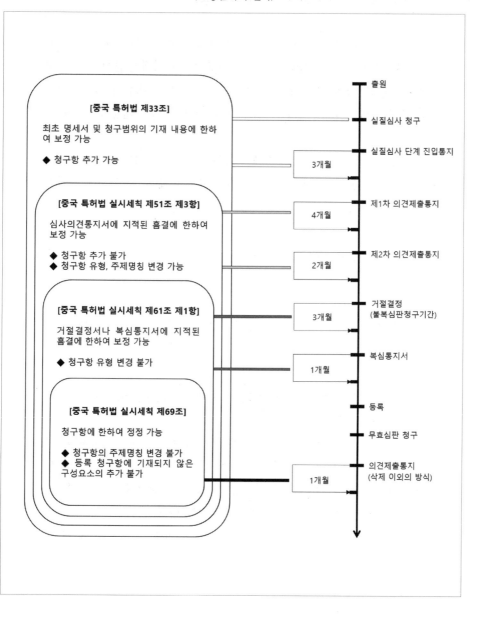

1.2 자진보정의 보정범위는 어떻게 되나요?

자진보정은 최초 명세서 및 청구범위에 기재된 범위를 초과할 수 없습니다.[53] 여기에서, 최초 명세서 및 청구범위에 기재된 범위는 최초 명세서 및 청구범위에 기재된 문자 내용 및 그 문자 내용과 첨부도면으로부터 직접적이고 아무런 의심 없이 확정할 수 있는 내용을 포함합니다.[54]

참고로, 중국 특허법은 "명세서"라는 용어 대신 "설명서(说明书)"라는 용어를 사용합니다. 자진보정 시의 보정범위 위반은 등록 전에는 거절이유에 해당하고, 등록 후에는 무효사유에 해당합니다.

1.3 자진보정 시 청구항 추가가 가능한가요?

네.
청구항 추가에 대한 명문 규정은 없으나 자진보정 시에는 최초 명세서 및 청구범위 내에서 청구항 추가가 가능합니다.

1.4 실용신안출원이나 디자인출원의 자진보정 시기는 언제인가요?

실용신안출원이나 디자인출원의 경우, 출원인은 출원일로부터 2개월 내에 자진보정을 수행[55]할 수 있습니다. 중국은 실용신안 및 디자인에 대해 무심사주의를 채택하고 있기 때문에 실질심사 청구나 실질심사단계 진입 통지의 개념이 존재하지 않습니다. 따라서 자진보정을 수행할 수 있는 기간도 특허출원과 다른 점에 유의할 필요가 있습니다.

---

[53] 중국 특허법 제33조.

[54] 중국 특허심사지침(2017) 제2부 제8장 5.2.1.1.

[55] 중국 특허법 실시세칙 제51조 제2항.

2. 피동보정

2.1 피동보정의 대응기간은 어떻게 되나요?

피동보정은 의견제출통지서에 지적된 거절이유를 극복하기 위해 수행하는 보정으로 자진보정과 대비되는 개념입니다. 출원인은 지정기간 이내에 피동보정을 통해 상기 의견제출통지서에 지적된 내용에 대해 대응할 필요가 있습니다. 통상적으로 중국 특허법상의 지정기간은 2개월을 의미하는데, 예외적으로 최초의견제출통지에 대한 답변기간은 4개월로 주어집니다. 요약하면, 피동보정의 경우 최초의견제출통지에 대한 대응기간은 4개월이고, 2차 이후의 의견제출통지에 대한 대응기간은 2개월이라고 볼 수 있습니다.[56]

참고로, 비교적 간단한 지적사항인 경우 심사관은 1개월 이하의 기간을 제시할 수도 있습니다.

2.2 피동보정의 보정범위는 자진보정에 비해 제한되나요?

네.

피동보정 시에는 최초 명세서의 기재범위를 초과하지 않으면서, 의견제출통지서에 지적된 흠결에 대해서만 보정할 수 있으므로[57] 자진보정에 비해 보정범위가 좁습니다.

---

56 중국 특허심사지침(2017) 제5부 제7장 1.2.
57 중국 특허법 실시세칙 제51조 제3항.

2.3 피동보정 시 구체적으로 어떤 유형의 보정이 허용되나요?

피동보정 시 아래의 보정 유형이 허용됩니다.[58]

i) 독립 청구항에 구성요소를 부가하여 독립 청구항을 한정

ii) 독립 청구항의 유형(類型, 카테고리), 주제명칭(즉, 청구항의 종결어) 및 상응하는 구성요소를 변경

iii) 적어도 하나 이상의 청구항 삭제

iv) 독립 청구항을 상대적으로 가장 근접한 기술분야로 획정

v) 종속 청구항의 인용관계를 보정

vi) 종속 청구항의 한정부분을 보정

참고로, ii) 중 독립 청구항의 유형 변경은 거절결정불복심판 단계에서 불허되고, 청구항 주제명칭의 변경은 무효심판 단계에서 불허됩니다.

2.4 피동보정 시 허용되지 않는 보정의 유형에는 어떠한 것이 있나요?

피동보정 시 아래의 보정 유형[59]은 허용되지 않습니다.

i) 분리되어 존재하는 구성요소들 간의 관계가 최초 명세서 및 청구범위에 기재되어 있지 않음에도 상기 구성요소들을 새롭게 조합하는 경우

ii) 명세서에 기재된 내용의 삭제가 최초 명세서 및 청구범위의 기재내용을 초과하는 경우

iii) 청구항의 수치범위 중 일부를 삭제하여 상기 수치범위를 최초

---

58 중국 특허심사지침(2017) 제2부 제8장 5.2.2.1.
59 중국 특허심사지침(2017) 제2부 제8장 5.2.1.3.(1) 내지 (5).

명세서에 기재되지 않은 수치범위로 변경하는 "구체적 포기"의 경우

iv) 자진하여 독립 청구항을 추가하는 경우

v) 자진하여 종속 청구항을 추가하는 경우

특히, 각국의 패밀리 출원 청구항을 동일하거나 유사하게 보정하였음에도 위 유형 중 i)[60]로 인해 유독 중국에서만 그 보정이 받아들여지지 않는 상황이 종종 발생함에 유의해야 합니다. 이러한 상황을 방지하기 위해서는 변형 가능한 실시예를 명세서에 가급적 다양하게 기재할 필요가 있습니다.

2.4.1 어떤 경우에 명세서 기재 내용의 삭제가 보정범위 초과를 야기하나요?

예를 들어, 출원발명이 다층 라미네이트에 관한 것이고, 명세서에 서로 다른 종류의 라미네이트 적층구조 실시예가 기재되어 있고, 그 적층구조 중 외층(outer layer)은 폴리에틸렌임이 기재되어 있는 경우, 명세서에서 폴리에틸렌 외층을 삭제하는 보정은 보정범위 초과를 야기합니다. 따라서 위와 같은 보정은 허용되지 않습니다.[61]

2.4.2 "구체적 포기" 보정

2.4.2.1 "구체적 포기" 보정은 무엇인가요?

"구체적 포기(具体放弃式, Disclaimer)" 보정이란, 화학분야에서 주로 사용되는 보정 방법 중 하나로 최초 명세서 및 청구범위에 발명의 특징이 되는 원(原)수치범위는 기재되어 있으나 그 원수치범위에 포함되는 중간수치범위가 미기재된 상황에서, 일부 수치범위를 원수치범위에서 배

---

60 중국 특허심사지침(2017) 제2부 제8장 5.2.3.2.(3).

61 중국 특허심사지침(2017) 제2부 제8장 5.2.3.2.(4).

제하는 것과 같은 보정 방법을 의미합니다. 이와 같은 "구체적 포기" 보정은 보정범위를 최초 명세서 및 청구범위에 기재된 내용으로 제한하는 규정을 위반한 것으로 판단되어 원칙적으로 불허됩니다.[62][63] 반면 원수치범위에 포함되는 중간수치범위가 최초 명세서에 기재되어 있는 경우, 청구항에 대해 그 중간수치범위에 기초하여 보정범위를 만족하는 적법한 보정을 수행할 수 있으므로 "구체적 포기" 보정의 대상이 아닙니다.

2.4.2.2 "구체적 포기" 보정이 허용되기 위한 요건은 무엇인가요?

아래 유형 중 어느 하나[64]에 해당하는 경우, "구체적 포기" 보정이 허용됩니다.

i) 출원발명이 "구체적 포기"된 범위 내에서 실시될 수 없음을 증명할 수 있는 경우

ii) 인용발명이 저촉출원[65] 또는 "우연선점" 출원임을 전제로, "구체적 포기" 보정된 청구항이 상기 인용발명 대비 신규성 및 진보성이 있음을 증명할 수 있는 경우[66]

예를 들어, 아래 〈보정 대비표〉의 경우, i) "구체적 포기"하려는 수치범위 600 내지 1500 범위 내에서 출원발명이 실시될 수 없음을 증명하거나, ii) 인용발명이 저촉출원 또는 "우연선점" 출원인 경우에만 "구체적 포기" 보정이 허용됩니다.

---

62 중국 특허심사지침(2017) 제2부 제8장 5.2.3.3.(3).

63 전리복심위원회(专利复审委员会) 2016.9.27. 第114822号 审查决定.

64 중국 특허심사지침(2017) 제2부 제8장 5.2.3.3.(3).

65 확대된 선원주의에서의 타 출원을 의미함.

66 중국 특허심사지침(2017) 제2부 제8장 5.2.3.3.(3).

〈보정 대비표〉

출원발명	인용발명
X_1 = 600 내지 10000 (보정 전)	X_2 = 240 내지 1500
X_1 = 1500 내지 10000 (보정 후)	X_2 = 240 내지 1500

참고로, 위와 같이 "구체적 포기" 보정된 청구항의 진보성을 보정범위 만족여부 판단의 전제로 삼는 것은, 실질적으로는 청구항에 보정범위 위반의 흠결이 존재함에도 그 청구항의 진보성이 인정됨을 이유로 등록되는 경우를 야기한다고 보는 견해가 있습니다.[67]

2.4.2.3 "구체적 포기" 보정의 허용 여부를 판단하는 다른 기준이 있나요?

"구체적 포기" 보정의 허용 여부와 관련하여, 신규성 흠결을 극복하기 위해 "구체적 포기" 보정을 하였으나 "구체적 포기"된 부분이 출원발명의 진보성 유무를 (직접적으로) 평가할 수 있는 부분인 경우, 상기 "구체적 포기" 보정은 곧바로 보정범위를 위반한 것으로 판단한다는 심결[68]이 있습니다. 여기에서, "구체적 포기"된 부분을 통해 출원발명

---

67 国家知识产权局专利复审委员会, 化学领域专利难点热点问题研究, 知识产权出版社, 2018, p.160.

68 전리복심위원회(专利复审委员会) 2016.9.27. 第114822号 审查决定.
본 사안에서, 출원인은 신규성 및 진보성 흠결의 거절이유를 회피하기 위해 거절결정 불복심판 청구 시 청구항 1에 "비입체장애 아민 촉매를 포함하지 않는"이라는 구성요소를 부가하여 "구체적 포기" 보정하였음. 이에 대해, 심판원은 "구체적 포기"된 청구항은 인용발명 대비 진보성이 없으므로, 상기 "구체적 포기" 보정이 보정범위를 위반한 것으로 판단하여 그 "구체적 포기" 보정을 불허함. 즉, 본 사안의 경우, 인용발명이 저촉출원이나 "우연선점" 출원이 아니었고, "구체적 포기"된 부분을 통해 "구체적 포기" 보정된 청구항이 인용발명 대비 진보성이 없다고 (직접적으로) 판단할 수 있으므로 그 "구체적 포기" 보정은 보정범위를 초과한 것으로 허용되지 않음.

의 진보성 유무를 직접적으로 판단할 수 있기 위해서는 신규성 흠결의 근거가 되는 인용발명이 저촉출원이나 "우연선점" 출원에 해당하지 않아야 합니다. 저촉출원은 동일성 판단과 관련된 것이고, "우연선점" 출원은 출원발명의 신규성만을 판단할 수 있기 때문에 "구체적 포기"된 부분을 통해 출원발명의 진보성을 간접적으로 평가할 수 있을 뿐 직접적으로 평가할 수는 없기 때문입니다. 결국 상기 심결은 "구체적 포기" 보정의 허용 여부에 대한 별도의 기준을 더 제시했다기보다는, "구체적 포기" 보정이 허용되기 위해서는 인용발명이 저촉출원이거나 "우연선점" 출원이어야 한다는 취지를 표현을 달리하여 나타낸 것이라고 해석됩니다.

2.4.2.4 우연선점 출원은 무엇인가요?

"우연선점" 출원이란, 기술분야, 해결하려는 과제, 발명의 사상이 출원발명과 현저히 다름에도 인용발명의 공개내용이 출원발명의 권리범위와 중첩되는 부분이 있어 출원발명의 신규성을 훼손하는 출원을 의미합니다.[69] 예를 들어, 출원발명은 "리튬이온 전지의 제조에 대한 화합물 A의 응용"이고, 상기 출원발명의 신규성을 부정하기 위해 제시된 인용발명에 스펙트럼 검사를 통해 부산물로 생성된 화합물 A가 용액 중에 존재하는 것이 발견되었다는 내용이 기재되어 있을 뿐, 순수한 화합물 A를 분리해 내는 내용은 기재되지 않은 경우, 상기 인용발명은 출원발명에 대한 "우연선점" 출원이라 할 수 있습니다.

2.4.2.5 "구체적 포기" 보정의 요건으로 인용발명이 저촉출원 또는 "우연선점" 출원일 것이 요구되는 이유는 무엇인가요?

"구체적 포기"된 부분과 "구체적 포기" 보정 후 청구항은 필연적으

---

69 전리복심위원회(专利复审委员会) 2015.6.30. 第26567號 審査決定.

로 밀접한 경계를 가지게 되므로 "구체적 포기" 보정된 청구항은 인용발명에 비해 현저한 효과가 있음을 증명하기 어렵습니다. 만약 "구체적 포기" 보정된 청구항에 대한 현저한 효과가 최초 명세서에 기재되어 있는 경우, 보정범위를 만족하는 적법한 보정이 가능하므로 더 이상 "구체적 포기" 보정의 고려 대상이 아니게 됩니다. 반면 "구체적 포기" 보정된 청구항에 대한 현저한 효과가 명세서에 기재되어 있지 않은 경우, 그 효과를 주장할 수 없으므로 출원발명의 진보성을 인정받기 어렵습니다.

이때 인용발명이 저촉출원(확대된 선원주의의 타 출원)인 경우 "구체적 포기" 보정을 통해 출원발명 중 인용발명과 중첩되는 영역을 제거함으로써 신규성 흠결을 극복할 수 있고, 확대된 선원주의는 출원발명과 인용발명 간의 동일성 유무를 판단하되 진보성은 판단하지 않으므로, "구체적 포기" 보정 후 청구항의 신규성이 인정되면 진보성은 문제되지 않습니다. 또한 인용발명이 "우연선점" 출원인 경우, 그 "우연선점" 출원은 기술분야 및 해결하려는 과제 등이 출원발명과 전혀 달라 그 "우연선점" 출원을 출원발명과 기술분야가 유사한 다른 인용발명과 결합하기 곤란하므로 출원발명의 진보성에 영향을 줄 수 없습니다.[70]

2.4.2.6 소결

최초 명세서에 전체 수치범위 중 포함되는 적어도 하나 이상의 중간 수치범위 및 그 중간 수치범위에 따른 효과가 기재되어 있는 경우, 상기 기재에 근거하여 보정범위를 만족하는 적법한 보정이 가능합니다. 반면 "구체적 포기" 보정의 요건은 극히 제한적이므로, 대부분의 출원은 "구체적 포기" 보정을 이용하기 어렵습니다. 그러므로 명세서 작성

---

70 国家知识产权局专利复审委员会, 化学领域专利难点热点问题研究, 知识产权出版社, 2018, p.159.

시 가급적 전체 수치범위에 포함되는 각각의 구간별 중간 수치범위 및 그에 대한 효과를 충분히 기재하는 것이 바람직합니다.

2.5 피동보정 시 의견제출통지서에서 지적되지 않은 부분에 대해 보정하면 어떻게 되나요?

심사관은 의견제출통지서를 발행하여 보정서를 불수리하는 이유를 설명하고, 지정기간 내에 흠결이 지적된 부분에 대한 보정서를 제출하도록 요구합니다. 심사관은 지정기간이 만료될 때까지 상기 불수리 이유가 해소되지 않으면 보정 전의 명세서에 기초하여 심사를 진행합니다.[71] 다만, 예외적으로, 의견제출통지서에서 흠결이 지적되지 않은 부분에 대한 보정이라 하더라도 그 보정이 최초 명세서의 기재범위를 초과하지 않고, 그 보정을 통해 출원서류에 존재하는 흠결을 해소할 수 있고 특허 등록이 가능하다고 판단되면 그 보정이 허용됩니다.[72]

2.6 최초 명세서 기재범위 내에서 통지서에 지적된 흠결을 보정한 경우라면 모두 적법한 보정으로 인정되나요?

아니요.

피동보정 시에는 최초 명세서의 기재범위 내에서 보정하되, 통지서 상에서 흠결이 지적된 부분에 대해서만 보정할 수 있도록 보정범위가 제한됩니다. 그런데 위의 두 가지 요건을 모두 만족하는 보정이 모두 적법한 보정으로 인정되는지 여부가 문제됩니다. 중국 특허심사지침에 따르면, 그 보정이 피동보정 시의 상기 두 가지 요건을 모두 만족하

---

71 중국 특허심사지침(2017) 제2부 제8장 5.2.1.3.
72 중국 특허심사지침(2017) 제2부 제8장 5.2.1.3.

는 것이라 하더라도 아래 중 어느 하나에 해당하는 경우, 통지서에 지적된 부분에 대한 보정으로 간주되지 않아 불수리됩니다.[73]

  i) 독립 청구항의 구성요소를 자진 삭제하여 권리범위를 확대
  ii) 독립 청구항의 구성요소를 자진 변경하여 권리범위를 확대
  iii) 명세서에만 기재된 내용으로, 최초 청구범위의 보호대상과 단일성이 없는 기술내용을 자진하여 청구범위의 객체로 보정
  iv) 최초 청구범위에 기재되지 않은 독립 청구항을 자진하여 추가한 경우
  v) 최초 청구범위에 기재되지 않은 종속 청구항을 자진하여 추가한 경우

3. 직권보정

중국 특허법에는 한국 특허법과 유사한 직권보정제도가 규정되어 있습니다. 국무원 전리행정부문은 출원서에 기재된 문자나 부호에 명백한 오기가 있는 경우, 이를 직권으로 보정할 수 있습니다. 이때 국무원 전리행정부문은 출원인에게 그 사실을 통지해야 합니다.[74]

---

[73] 중국 특허심사지침(2017) 제2부 제8장 5.2.1.3.(1) 내지 (5).
[74] 중국 특허법 실시세칙 제51조 제4항.

4. 국제출원의 보정

4.1 국제출원에 대해 국제단계에서 보정한 경우 어떤 절차가 필요한가요?

국제단계에서 보정된 내용에 기초하여 심사를 받기 위해서는 <u>국내단계 진입일로부터 2개월 내에 보정서의 중문 번역문을 제출</u>해야 합니다. 상기 기간 내에 중문 번역문을 <u>미제출</u>한 경우, 국제단계에서 제출한 보정은 <u>고려되지 않습니다.</u>[75]

4.2 국제출원이 중국 국내단계로 진입할 때 선택하는 특허 유형에 따라 자진보정 기간이 달라지나요?

네.

특허를 선택하는 경우, <u>실질심사 청구 시 또는 실질심사단계 진입 통지서를 받은 날로부터 3개월 내</u>에 자진보정을 제출할 수 있습니다.[76]

이와 달리 실용신안을 선택하는 경우, <u>중국 국내단계 진입일로부터 2개월</u> 내에 자진보정을 제출할 수 있습니다.[77]

---

75 중국 특허법 실시세칙 제106조.
76 중국 특허법 실시세칙 제112조 제2항, 제51조 제1항.
77 중국 특허법 실시세칙 제112조 제1항.

제4절
우선심사

―

1. 중국에도 우선심사 제도가 있나요?

네.

한국의 경우 특허법에 우선심사 제도가 규정되어 있으나, 중국은 특허법과 별도로 <u>특허우선심사 관리방법</u>(专利优先审查管理办法)[78]에 우선심사 제도와 관련된 규정을 두고 있습니다. 상기 규정은 특허출원의 실질심사, 실용신안 및 디자인출원, 거절결정불복심판 및 무효심판에 적용[79]되는 것으로, 2017년 6월 27일에 반포되어 2017년 8월 1일부터 시행되고 있습니다.

---

78 http://www.sipo.gov.cn/zcfg/zcfgflfg/flfgzl/zlbmgz/1020137.htm
79 중국 특허우선심사 관리방법 제2조 제1항 제1호 내지 제4호.

2. 어떤 사유에 기초하여 출원 또는 거절결정불복심판에 대해 우선심사를 신청할 수 있나요?

아래의 사유 중 어느 하나[80]에 해당하면 출원 또는 거절결정불복심판에 대해 우선심사를 신청할 수 있습니다.

i) 에너지 절감 환경보호, 새로운 정보화 기술, 생물, 첨단 장비제조, 신에너지, 신소재, 신에너지 자동차, 스마트 제조 등 국가 중점 발전 산업과 관련된 경우

ii) 각 성(省)급 및 설구(设区)된 시(市)[81]급의 인민정부 중점 장려 산업과 관련된 경우

iii) 인터넷, 빅 데이터, 클라우드 컴퓨팅 등 영역의 기술 또는 제품 갱신 속도를 증가시키는 것과 관련된 경우

iv) 출원인 또는 거절결정불복심판 청구인이 이미 그 실시 준비를 완료하였거나, 실시 준비 중이거나, 또는 타인이 그 발명을 실시하고 있다는 증거가 있는 경우

v) 동일한 주제에 대해 중국에 최초로 출원하고, 기타 국가 또는 지역에도 출원한 상황에서 상기 최초의 중국 출원에 대해 우선심사를 신청하는 경우

vi) 기타 국가의 이익 또는 공공이익에 중대한 의의가 있어 우선심사가 필요한 경우

---

80 중국 특허우선심사 관리방법 제3조 제1호 내지 제6호.

81 설구된 시(设区的市)는 중국의 4대 직할시를 제외한 나머지 시 중 직할구(区)를 가진 시를 의미함.

3. 어떤 사유에 기초하여 무효심판에 대해 우선심사를 신청할 수 있나요?

아래의 사유 중 어느 하나[82]에 해당하는 경우 무효심판에 대해 우선심사를 적용할 수 있습니다.

> i) 무효심판과 관련된 특허에 침해분쟁이 발생하였고, 당사자가 이미 지방 지식산권국에 처리를 청구했거나, 인민법원에 제소했거나, 중재조정조직에 중재조정을 요청한 경우
>
> ii) 무효심판과 관련된 특허가 국가이익 또는 공공이익에 중대한 의의를 가지는 경우

또한 특허침해분쟁의 처리나 심리와 관련된 지방 지식산권국, 인민법원 또는 중재조정조직은 무효심판에 대해 우선심사를 신청할 수 있습니다.[83]

4. 우선심사 신청 시 필요한 절차가 무엇인가요?

중국출원에 대한 우선심사 신청 시 아래 절차가 필요합니다.

> i) 전자적 방식으로 신청[84]
>
> ii) 출원인이 특허, 실용신안, 디자인에 대해 우선심사를 신청하는 경우, 우선심사신청서 및 선행기술에 대한 자료 및 관련 증명서류를 제출하고, 국무원 상관부문 또는 성급 지식산권국이 서명한 추천의견을 받을 것

---

82 중국 특허우선심사 관리방법 제4조 제1호 및 제2호.
83 중국 특허우선심사 관리방법 제5조 제2항.
84 중국 특허우선심사 관리방법 제7조.

5. 성급 지식산권국의 서명을 제출하지 않고도 우선심사 신청이 가능한 경우도 있나요?

네.

예외적으로, 동일한 주제로 중국에 최초로 출원하고 기타 국가 또는 지역에도 출원한 상황에서 최초의 중국 출원에 대해 우선심사를 신청할 경우 성급 지식산권국 등이 서명한 추천의견을 받지 않아도 됩니다.[85]

6. 국가 지식산권국이 우선심사 신청에 동의한 경우 그 출원 또는 심판의 심리기간은 어떻게 되나요?

동의일을 기준으로 이하의 기한[86] 내에 심사 또는 심리를 마쳐야 합니다.

  i) 특허출원의 경우 45일 이내에 1차 의견제출통지서를 발행하고, 1년 내에 심사를 완료
  ii) 실용신안출원 및 디자인출원의 경우 2개월 내에 심사를 완료
  iii) 거절결정불복심판의 경우 7개월 내에 심리를 완료
  iv) 특허 및 실용신안에 대한 무효심판은 5개월 내에 심리를 완료하고, 디자인에 대한 무효심판은 4개월 내에 심리를 완료

---

85 중국 특허우선심사 관리방법 제8조.
86 중국 특허우선심사 관리방법 제10조 제1호 내지 제4호.

7. 우선심사가 적용되는 출원에 대해 의견제출통지서가 발행된 경우 그에 대한 대응기간은 어떻게 되나요?

출원에 대한 우선심사 신청이 받아들여진 경우, 출원인은 가급적 빨리 답변하고 보정해야 합니다. 구체적으로, 특허출원의 경우 의견제출통지서 발행일로부터 2개월 이내에 의견서를 제출해야 하고, 실용신안 또는 디자인출원의 경우 의견제출통지서 발행일로부터 15일 이내에 의견서를 제출해야 합니다.[87]

8. 특허출원에 대한 우선심사 신청이 받아들여진 후에 우선심사가 취소되는 경우도 있나요?

네.

특허출원에 대한 우선심사 신청이 받아들여졌다 하더라도 아래 경우 중 어느 하나[88]에 해당하면 국가 지식산권국은 우선심사절차를 중지하고, 그 특허출원을 보통심사절차에 따라 심사하고, 즉시 그 사실을 우선심사 신청인에게 통지할 수 있습니다.

   i) 우선심사 신청에 대한 동의를 얻은 후, 출원인이 특허법 실시세칙 제51조 제1항, 제2항에 기초하여 명세서를 보정한 경우
   ii) 출원인이 특허우선심사 관리방법 제11조의 의견서 제출기간을 도과한 경우
   iii) 출원인이 허위자료를 제출한 경우
   iv) 심사과정 중 비정상 특허출원임이 밝혀진 경우

---

87 중국 특허우선심사 관리방법 제11조.
88 중국 특허우선심사 관리방법 제12조 제1호 내지 제4호.

9. 심판에 대한 우선심사 신청이 받아들여진 후 우선심사가 취소될 수 있나요?

네.

심판에 대한 우선심사 신청이 받아들여졌다 하더라도 아래 경우 중 어느 하나[89]에 해당하면 우선심사절차를 중지하고, 그 특허출원을 보통 심사절차에 따라 심사하고, 그 사실을 우선심사 신청인에게 통지할 수 있습니다.

  i) 거절결정불복심판 청구인이 답변기간을 연장한 경우
  ii) 우선심사 신청에 대한 동의를 얻은 후, 무효심판 청구인이 증거 및 이유를 보충한 경우
  iii) 우선심사 신청에 대한 동의를 얻은 후, 특허권자가 삭제 이외의 방식을 통해 청구범위를 정정한 경우
  iv) 거절결정불복심판 또는 무효심판 절차가 중단된 경우
  v) 안건에 대한 심리가 기타 안건의 심사결과에 의존하는 경우
  vi) 안건 처리가 곤란하고, 특허심판원 주임의 비준을 얻은 경우

---

89 중국 특허우선심사 관리방법 제13조 제1호 내지 제6호.

—

제5절
PPH 우선심사

—

1. 개 론

1.1 중국에서도 PPH(Patent Prosecution Highway)에 기초한 우선심사를 신청할 수 있나요?

네.

한국과 중국은 상호간 〈한중 PPH〉[90] 및 〈IP5 PPH〉[91] 중 어느 하나에 기초한 우선심사를 신청할 수 있습니다. 여기에서, 〈한중 PPH〉는 〈한중 PCT-PPH〉를 포함하고, 〈IP5 PPH〉는 〈IP5 PCT-PPH〉를 포함하므로, 이하에서 PPH와 PCT-PPH에 대한 구분 없이 설명된 사항은 PPH 및 PCT-PPH 모두에 대해 적용됩니다.

---

[90] http://www.sipo.gov.cn/ztzl/zlscgslpphzl/pphzn/1034448.htm
  중한 특허심사 고속도로 시범 항목하에서 중국 국가지식산권국에 제출하는 PPH 신청 절차(在中韩专利审查高速路点项目下向中国国家知识产权局提出PPH请求的流程) 참조.

[91] http://www.sipo.gov.cn/gjhz/hzxm/1121221.htm
  5개국 특허심사 고속도로 시범 항목하에서 중국 국가지식산권국에 제출하는 PPH 신청 절차(在五局专利审查高速路点项目下向中国国家知识产权局提出PPH请求的流程) 참조.

또한 〈한중 PPH〉와 〈IP5 PPH〉는 그 요건이 유사하고, 〈한중 PCT-PPH〉는 〈IP5 PCT-PPH〉와 그 요건이 유사하므로 이하에서는 〈IP5 PPH〉는 〈한중 PPH〉를 기준으로 설명하고, 〈IP5 PCT-PPH〉는 〈한중 PCT-PPH〉를 기준으로 설명하되, 차이가 있는 부분은 별도로 표시하였습니다.

다만, PPH를 적용할 수 있는 중국출원의 유형은 〈한중 PPH〉와 〈IP5 PPH〉간에 다소 차이가 있으므로 이에 대해서는 목차를 달리하여 별도로 구체적인 Case를 수록하였습니다.

〈PPH 분류〉

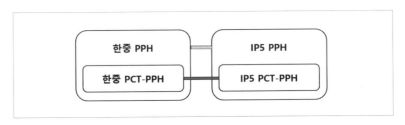

〈한중 PPH〉는 한중 양국 간에 2012년 3월 1일부터 시범(pilot) 실시된 이후 몇 차례 연장되었고, 2016년 3월 1일에는 양국 특허청 중 어느 일방이 서면으로 중지를 요청하지 않는 한 무기한 연장하는 것으로 결정되었습니다.[92]

〈IP5 PPH〉는 지식재산 선진 5개국인 유럽, 일본, 한국, 중국 및 미국의 특허청이 상호간의 PPH를 통해 우선심사를 이용하도록 시범 실시되는 것으로 2014년 1월 6일부터 3년간 시범 실시되었고, 2017년 1월 6일에 추가적으로 3년간 연장하여 실시하기로 결정되었습니다.[93][94]

---

92 http://www.sipo.gov.cn/ztzl/zlscgslpphzl/zxdt/1034431.htm

93 http://www.sipo.gov.cn/ztzl/zlscgslpphzl/zxdt/index.htm

94 http://www.sipo.gov.cn/ztzl/zlscgslpphzl/xglj2/1126623.htm

1.2 〈한중 PCT-PPH〉는 무엇인가요?

PCT 국제출원이 한국 특허청을 국제조사기관 또는 국제예비심사기관으로 하여 접수된 국제단계에서의 최근 검토결과[즉, 국제조사 견해서(WO/ISA), 국제예비심사 견해서(WO/IPEA) 또는 국제예비심사 보고서(IPER) 중 어느 하나]에서 상기 PCT 국제출원에 포함된 적어도 한 항 이상의 청구항이 신규성, 진보성 및 산업상 이용가능성이 모두 인정되어 특허 가능하다고 언급된 경우, 상기 검토결과에 기초하여 상기 PCT 국제출원과 대응되는 중국출원에 대해 신청하는 우선심사를 의미합니다. 〈한중 PCT-PPH〉는 국제조사보고서(ISR)만을 기초로 하여 신청할 수는 없다는 점에 유의해야 합니다. 또한 국제조사기관의 견해서(WO/ISA), 국제예비심사기관의 견해서(WO/IPEA) 또는 국제예비심사보고서(IPER)의 항목 VIII.에 어떠한 의견이라도 기록된 경우 〈한중 PCT-PPH〉를 신청할 수 없습니다. 여기에서, 상기 항목 VIII.은 심사관이 청구항과 명세서(도면 포함)가 명확히 기재되었는지 여부 및 청구항이 명세서에 의해 뒷받침되는지 여부에 관한 의견을 기재하는 곳입니다(**〈IP5 PCT-PPH〉에도 적용됨**).

1.3 〈한중 PPH〉 또는 〈IP5 PPH〉 신청 시 얼마의 비용을 납부해야 하나요?

중국은 PPH 우선심사 신청에 대해 신청비용을 받지 않습니다.

2. 신청요건

2.1 〈한중 PPH〉 및 〈한중 PCT-PPH〉를 신청할 수 있는 시기적 요건은 어떻게 되나요?

〈한중 PPH〉의 경우, 중국출원이 공개되고, 실질심사단계에 진입한 이후이어야 하되, 전리국에 의해 실질심사가 진행되기 전(또는 실질심사 청구와 동시에)의 기간 동안 신청할 수 있습니다(〈IP5 PPH〉에도 적용됨).

〈한중 PCT-PPH〉의 경우, PCT 국제출원이 전리국에 의해 공개되고, 실질심사단계에 진입한 이후이어야 하되, 전리국으로부터 실질심사가 진행되기 전(또는 실질심사 청구와 동시에)의 기간 동안 신청할 수 있습니다(〈IP5 PCT-PPH〉에도 적용됨).

2.2 〈한중 PPH〉 및 〈한중 PCT-PPH〉를 신청할 수 있는 객체적 요건은 어떻게 되나요?

〈한중 PPH〉의 경우, i) 한국 특허청에 중국출원과 대응되는 적어도 하나의 한국출원이 있고, ii) 그 한국출원이 한국 특허청에 의해 특허 가능하다고 판단된 적어도 하나 이상의 청구항을 포함해야 하며, iii) 보정 유무를 불문하고 중국출원의 모든 청구항은 한국출원이 특허 가능하다고 판단한 하나 이상의 청구항과 충분히 대응되어야 합니다(〈IP5 PPH〉에도 적용됨).

〈한중 PCT-PPH〉 경우, 중국출원의 모든 청구항은 보정 유무를 불문하고 대응되는 PCT 국제출원의 국제단계에서의 "최근" 검토결과에서 특허 가능하다고 판단된 적어도 하나 이상의 청구항과 충분히 대응되어야 합니다(〈IP5 PCT-PPH〉에도 적용됨).

2.3 한국출원 청구항에 대한 특허 가능성이 명시적으로 판단되지 않은 경우(즉, 적어도 일부 청구항에 대해 거절이유가 지적되지 않은 경우)에도 〈한중 PPH〉 신청이 가능한가요?

네.

우선 특허 가능하다고 판단되었다는 것은, 아직 특허등록되지 않았다 하더라도 한국 특허청 심사관이 "최근" 발행한 심사의견통지서(의견제출통지서, 거절결정서 및 특허결정서를 포함함)에서 특허 가능하다고 인정한 것을 의미합니다. 또한 한국 특허청이 명시적으로 "특허 가능함" 또는 "거절이유"를 언급하지 않은 경우, 의견제출통지서에 적어도 일부 청구항에 대해 거절이유가 지적되지 않았으므로 한국 특허청에 의해 특허 가능하다고 판단된 것이라는 설명을 부가하여 〈한중 PPH〉 신청이 가능합니다(〈IP5 PPH〉에도 적용됨).

2.4 중국출원과 한국출원(또는 PCT 국제출원)의 청구항 간의 충분대응 여부는 어떻게 판단되나요?

〈한중 PPH〉의 경우, 중국출원의 청구항이 한국출원의 청구항과 동일·유사하거나 더 작은 권리범위를 가지면, 양국의 청구항은 충분히 대응되는 것으로 판단됩니다. 반면 중국출원이 한국출원에 포함되지 않은 청구항을 새로 추가하거나 카테고리가 다른 청구항을 추가하게 되면, 양국의 청구항은 충분히 대응되지 않는 것으로 판단됩니다. 중국출원은 한국출원 중 특허 가능하다고 판단된 일부 또는 전부 청구항을 포함할 수 있습니다(〈IP5 PPH〉에도 적용됨).

〈한중 PCT-PPH〉의 경우, 중국출원의 청구항이 PCT 국제출원의 청구항과 동일·유사하거나, 더 작은 권리범위를 가지면, 양자의 청구항은 충분히 대응되는 것으로 판단됩니다. 반면 중국출원이 PCT 국제출원에 포함되지 않은 청구항을 새로 추가하거나 카테고리가 다른 청구항을 추가하게 되면, 양자의 청구항은 충분히 대응되지 않는 것으로 판단됩니다. 중국출원은 PCT 국제출원 중 특허 가능하다고 판단된 일부 또는 전부 청구항을 포함할 수 있습니다(〈IP5 PCT-PPH〉에도 적용됨).

청구항의 충분대응 여부는 아래와 같이 판단될 수 있습니다.

1) 충분히 대응되는 Case

Case	"Patentable" claim(s)		PPH claim(s)		Correspondence
	Claim	Wording	Claim	Wording	
Case 1	1	A	1	A	PPH claim 1 is the same as "Patentable" claim 1.
Case 2	1	A	1 2	A A+a	PPH claim 1 is the same as "Patentable" claim 1. PPH claim 2 is created by adding a technical feature disclosed in the specification to "Patentable" claim 1.
Case 3	1 2 3	A A+a A+b	1 2 3	A A+b A+a	PPH claim 1 is the same as "Patentable" claim 1. PPH claims 2, 3 are the same as "Patentable" claims 3, 2, respectively.
Case 4	1	A	1	A+a	PPH claim 1 has an additional technical feature 'a' disclosed in the specification.

2) 충분히 대응되지 않는 Case

Case	"Patentable" claim(s)		PPH claim(s)		Explanation
	Claim	Wording	Claim	Wording	
Case 5	1	A product	1	A' method	PPH claim 1 claims to a method, whereas "Patentable" claim 1 claims to a product. (The technical feature of "Patentable" claim is the same as that of PPH claim, but categories of both claims are different.)
Case 6	1	A+B	1	A+C	PPH claim 1 is different from "Patentable" claim 1 in a component of the claimed invention. (PPH claim is created by altering part of the technical features of "Patentable" claim.)

2.5 〈한중 PPH〉 신청 시 어떤 절차적 요건이 필요한가요?

〈한중 PPH〉 신청은 반드시 전자출원으로 제출되어야 하고, 아래의 관련 서류들을 제출해야 합니다(〈IP5 PPH〉에도 적용됨).

1) 한중 PPH 신청서[95]

신청하려는 〈한중 PPH〉의 유형(Case) 및 PPH 신청을 위해 제출하는 서류목록을 기재해야 합니다.

2) 한국 특허청이 대응되는 청구항에 대해 발행한 "모든" 심사의견통지서의 사본 및 그 번역문

번역문은 중문 또는 영문으로 제출 가능하고, 심사관이 번역문을 이해할 수 없는 경우 번역문을 다시 제출하도록 요구할 수 있습니다. 참고로, 〈IP5 PPH〉의 경우 심사의견통지서에 대한 기계번역본을 제출할 수 있습니다.

3) 한국 특허청이 특허 가능하다고 판단한 "모든" 청구항의 사본 및 그 번역문

번역문은 중문 또는 영문으로 제출 가능하고, 심사관은 제출된 번역문을 이해할 수 없는 경우 번역문을 다시 제출하도록 요구할 수 있습니다.

4) 한국 특허청이 제시한 인용문헌의 사본

인용문헌은 심사과정에서 제시된 것을 의미하고, 심사과정에서 참고되었으나 거절이유를 구성하지 않는 인용문헌은 제출할 필요가 없습니다. 인용문헌이 특허문헌인 경우 제출할 필요가 없으나, 전리국이 그 특허문헌을 입수할 수 없어 요청하는 경우 반드시 제출해야 합니다. 인용문헌이 비특허문헌인 경우 반드시 제출해야 합니다. 인용문헌의 번

95　参与专利审查高速路项目请求表.

역문은 제출할 필요가 없습니다.

5) 청구항 대응표

한국출원과 중국출원 중 동일한 청구항에 대해서는 청구항 대응표에 "서로 동일함(它们是相同的)"이라고 기재하되, 동일하지 않은 청구항에 대해서는 청구항 대응표에 그 차이를 구체적으로 작성해야 합니다.

2.6 〈한중 PCT-PPH〉 신청 시 어떤 절차적 요건이 필요한가요?

〈한중 PCT-PPH〉 신청은 반드시 전자출원으로 제출되어야 하고, 아래의 관련 서류들을 제출해야 합니다(〈IP5 PCT-PPH〉에도 적용됨).

1) 한중 PCT-PPH 신청서[96]

신청하려는 〈한중 PCT-PPH〉의 유형(Case) PPH 신청을 위해 제출하는 서류목록을 기재해야 합니다.

2) 특허 가능하다고 판단된 "최근" 검토결과의 사본 및 그 번역문

번역문은 중문 또는 영문으로 제출 가능하고, 심사관이 번역문을 이해할 수 없는 경우 번역문을 다시 제출하도록 요구할 수 있습니다. 다만, 중국출원이 대응되는 PCT 국제출원의 중국 국내단계 진입 출원인 경우, 그 PCT 국제출원의 국제예비보고서(IPRP)의 사본 및 그 영문 번역문은 제출할 필요가 없습니다. 또한 WIPO에서 운영하는 특허검색 시스템인 PATENTSCOPE®[97]를 통해 그 PCT 국제출원의 최근 검토결과의 사본 및 그 번역문을 입수할 수 있는 경우, 전리국의 요구가 없는 이상 상

---

96 参与专利审查高速路项目请求表.

97 https://patentscope.wipo.int/search/en/search.jsf

기 최근 검토결과의 사본 및 그 번역문을 제출할 필요가 없습니다.

3) "최근" 검토결과 특허 가능하다고 판단된 청구항의 사본 및 그 번역문

PATENTSCOPE®를 통해 최근 검토결과 특허 가능하다고 판단된 청구항의 사본을 입수할 수 있는 경우(예를 들어, PCT 국제출원이 국제공개된 경우), 전리국의 요구가 없는 이상 상기 청구항의 사본 및 그 번역문을 제출할 필요가 없습니다. 다만, 청구항이 한국어로 된 경우 반드시 그 번역문을 제출해야 합니다. 심사관은 제출된 번역문을 이해할 수 없는 경우 번역문을 다시 제출하도록 요구할 수 있습니다.

4) "최근" 검토결과에 제시된 인용문헌의 사본

심사과정에서 참고되었으나 거절이유를 구성하지 않는 인용문헌은 제출할 필요가 없습니다. 인용문헌이 특허문헌인 경우 제출할 필요가 없으나, 전리국이 그 특허문헌을 입수하기 어려운 경우 출원인은 그 특허문헌을 제출해야 합니다. 인용문헌이 비특허문헌인 경우 반드시 제출해야 합니다. 인용문헌의 번역문은 제출할 필요가 없습니다.

5) 청구항 대응표

PCT 국제출원과 중국출원 중 동일한 청구항에 대해서는 청구항 대응표에 "서로 동일함(它们是相同的)"이라고 기재하되, 동일하지 않은 청구항에 대해서는 청구항 대응표에 그 차이를 구체적으로 작성해야 합니다.

2.7 〈한중 PPH〉를 신청한 이후에도 청구항을 보정할 수 있나요?

네.

〈한중 PPH〉 신청이 받아들여진 후부터 실질심사의 심사의견통지서를 수령하기 전까지의 기간 동안 제출하는 모든 자진보정은 한국출원

청구항과의 충분한 대응 요건을 만족해야 합니다. PPH 신청이 받아들여진 후 심사관이 지적한 거절이유를 극복하기 위해 제출하는 보정은 한국출원 청구항과의 충분한 대응 요건을 고려하지 않아도 되며, 충분 대응 요건을 만족하지 않는 보정은 심사관의 재량에 따라 그 허용 여부가 결정됩니다(〈IP5 PPH〉에도 적용됨).

2.8 〈한중 PPH〉 신청이 거절된 경우, 재차 신청이 가능한가요?

네.

〈한중 PPH〉 신청이 요건에 부합하지 않는 경우, 전리국은 그 신청에 대한 거절이유를 출원인에게 통지하고, 출원인이 그 거절이유를 극복하도록 보정기회를 부여할 수 있습니다. 다만, 보정기회는 1회에 한하며, 보정 후에도 그 신청이 여전히 요건에 부합하지 않는 경우, 해당 중국출원은 통상적인 절차에 따라 심사가 진행됩니다. 전리국이 〈한중 PPH〉 신청을 승인한 경우, 중국출원은 〈한중 PPH〉에 따른 우선심사를 받게 되나 그 승인 결과에 대해 출원인에게 별도로 통지하지는 않습니다(〈IP5 PPH〉에도 적용됨).

2.9 어떤 경우에 〈한중 PPH〉에 대한 보정통지서가 발행되나요?

아래 경우 중 하나에 해당[98]하면 〈한중 PPH〉 신청에 대한 보정통지서가 발행됩니다.

i) 〈한중 PPH〉 신청에 필요한 첨부서류의 번역문 표현이 불명확하여 이해할 수 없는 경우

ii) 심사관이 출원인에게 대응되는 출원의 국내/국제 심사에 인용된

---

98 专利审查高速路(PPH)试点项目概况及最近进展(2018.7).

특허문헌을 제출하도록 요구하는 경우

iii) 검색 시스템에서 대응되는 심사의견통지서 사본과 번역문 및/또
는 특허 가능하다고 판단된 청구항의 사본을 입수할 수 없는 경우

참고로, 출원인은 보정통지서를 수령한 날로부터 15일 이내에 〈한
중 PPH〉 신청을 <u>보정</u>[99]해야 합니다(〈**IP5 PPH**〉**에도 적용됨**).

2.10 PPH 우선심사가 승인된 경우, 심사기간이 어떻게 달라지나요?

PPH 우선심사가 적용되는 심사기간에 대한 명문의 규정은 없으나,
SIPO(CNIPA의 예전 명칭)가 발표한 2017년 7월부터 12월까지의 통계[100]
에 따르면, PPH 우선심사가 적용되는 경우 평균적으로 PPH 우선심사
신청이 접수된 날로부터 2.7개월 내에 제1차 의견제출통지서가 발행되
고, 12.2개월 내에 출원에 대한 심사가 완료되며, 심사완료 시까지 대략
1회의 의견제출통지서가 발행됩니다.

3. Case 분석

3.1 〈한중 PPH〉

어떤 유형의 중국출원에 대해 〈한중 PPH〉를 신청할 수 있나요?

아래 Case 중 어느 하나에 해당하는 중국출원(PCT 중국 국내단계 진입
출원 포함)에 대해 〈한중 PPH〉를 신청할 수 있습니다.

---

99 专利审查高速路(PPH)试点项目概况及最近进展(2018.7).

100 专利审查高速路(PPH)试点项目概况及最近进展(2018.7)

1) 파리조약에 따라 한국출원에 대해 적법하게 우선권을 주장한 중국출원

Case 1.

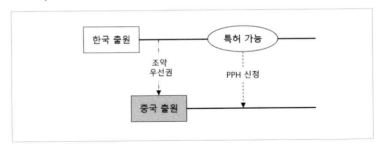

Case 2.

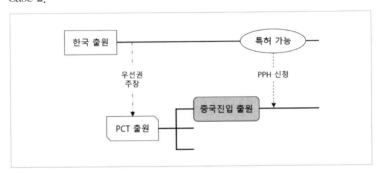

Case 3.

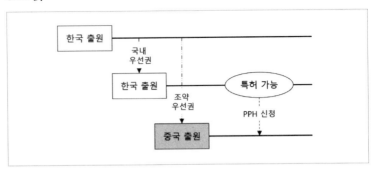

Case 4.

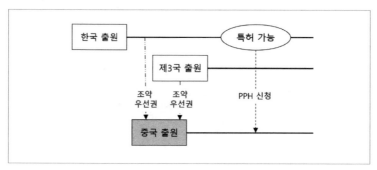

Case 5.

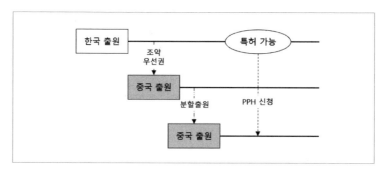

Case 6.

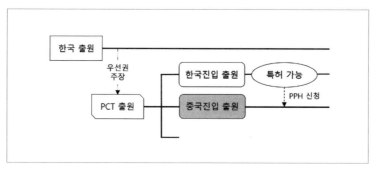

2) 우선권을 주장하지 않은 PCT 국제출원의 중국 국내단계 진입 출원

Case 1.

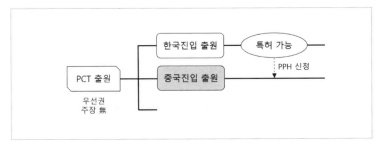

Case 2.

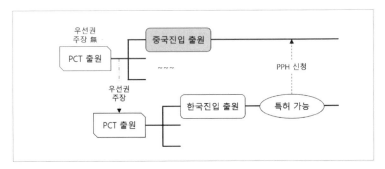

3) 파리조약에 따라 PCT 출원에 대해 적법하게 우선권을 주장한 중국 출원(또는 중국 국내단계 진입 출원)이되, 우선권주장의 기초가 되는 PCT 출원은 우선권을 주장하지 않은 경우

Case 1.

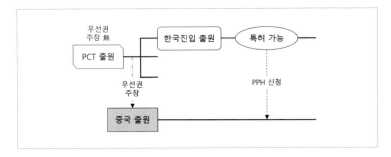

Case 2.

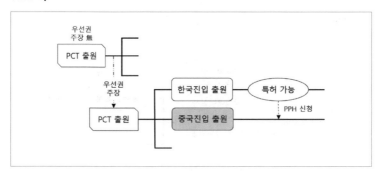

4) 심사청구와 동시에 PPH를 신청하는 경우

Case 1.

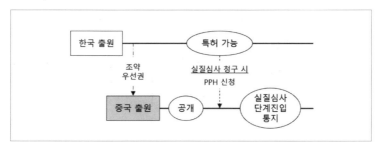

3.2 〈한중 PCT-PPH〉

어떤 유형의 중국출원에 대해 〈한중 PCT-PPH〉를 신청할 수 있나요?

아래 Case 중 어느 하나에 해당하는 중국출원에 대해 〈한중 PCT-PPH〉를 신청할 수 있습니다.

1) 대응되는 PCT 국제출원의 중국 국내단계 진입 출원

Case 1.

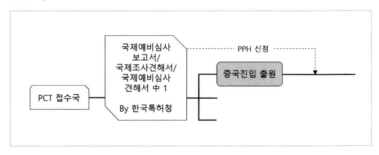

Case 2.

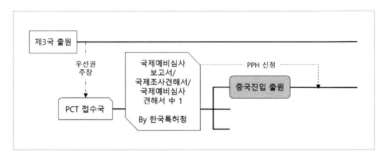

Case 3.

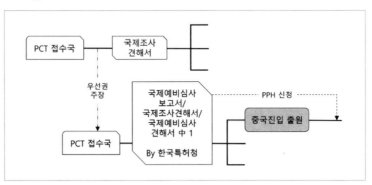

2) PCT 국제출원의 우선권주장의 기초가 되는 중국출원

Case 1.

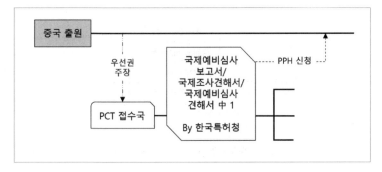

3) 다른 PCT 국제출원에 대해 우선권을 주장한 PCT 국제출원의 중국 국내단계 진입 출원

Case 1.

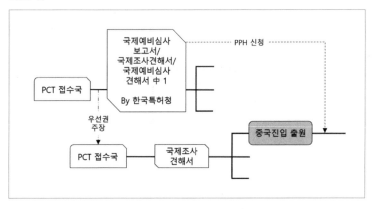

4) PCT 국제출원에 대해 외국/국내 우선권을 주장한 중국출원

Case 1.

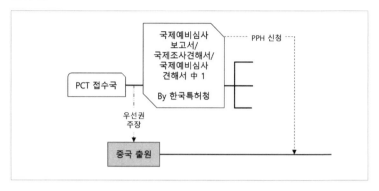

5) 분할출원 및 국내 우선권을 주장한 경우

Case 1.

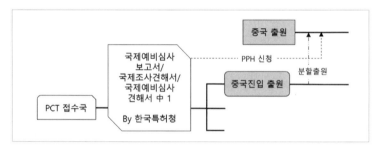

Case 2.

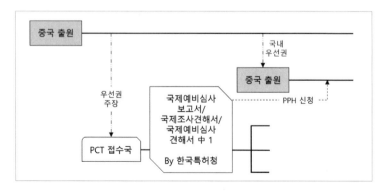

3.3 ⟨IP5 PPH⟩

어떤 유형의 중국출원에 대해 ⟨IP5 PPH⟩를 신청할 수 있나요?

아래 Case 중 어느 하나에 해당하는 중국출원(PCT 중국 국내단계 진입 출원 포함)에 대해 ⟨IP5 PPH⟩를 신청할 수 있습니다.

1) 중국을 제외한 IP5 특허청 중 하나에 제출한 특허출원에 대해 적법하게 조약우선권을 주장한 중국출원

Case 1.

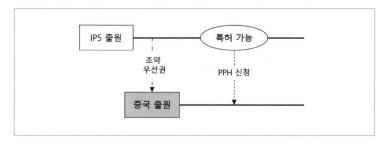

Case 2.

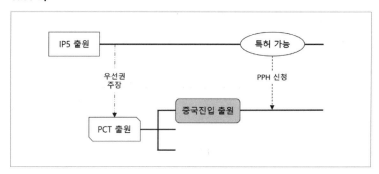

Case 3.

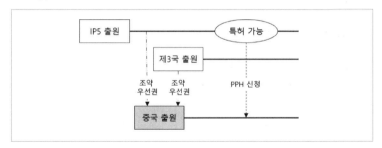

Case 4.

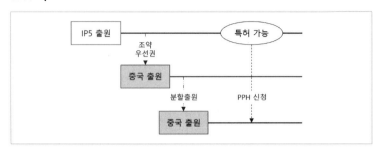

2) 중국을 제외한 IP5 특허청 중 하나에 제출한 특허출원이 주장하는
   조약우선권의 기초가 되는 중국출원

Case 1.

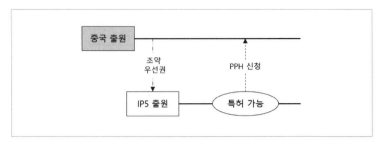

Case 2.

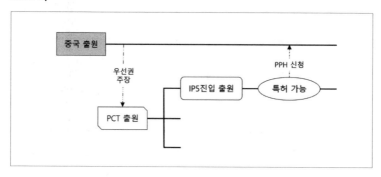

Case 3.

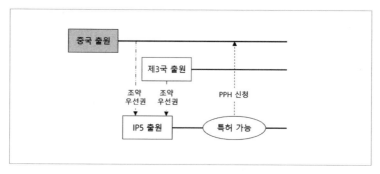

3) 중국을 제외한 IP5 특허청 중 하나에 제출한 출원과 동일한 우선권
주장의 기초를 가지는 중국출원

Case 1.

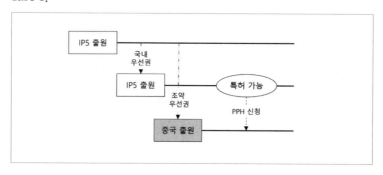

Case 2.

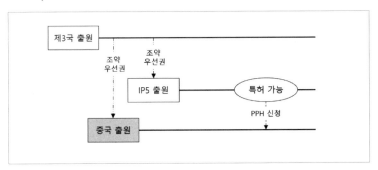

Case 3.

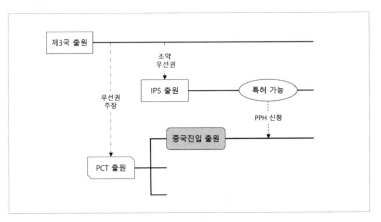

Case 4.

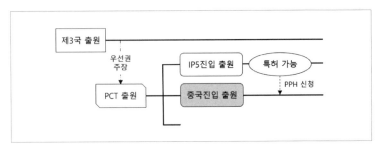

Case 5.

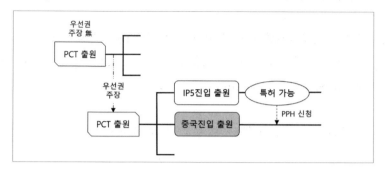

4) 중국 국내단계 진입 출원이 중국을 제외한 IP5 특허청 중 하나의 국
   내단계 출원과 동일한 PCT 국제출원을 공유하고, 상기 PCT 국제출
   원이 우선권을 주장하지 않은 경우

Case 1.

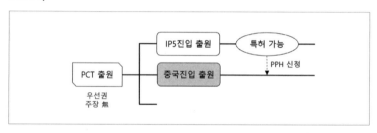

5) 심사청구와 동시에 PPH를 신청하는 경우

Case 1.

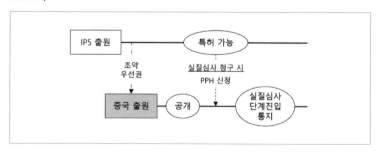

3.4 〈IP5 PCT-PPH〉

어떤 유형의 중국출원에 대해 〈IP5 PCT-PPH〉를 신청할 수 있나요?

아래 Case 중 어느 하나에 해당하는 중국출원에 대해 〈IP5 PCT-PPH〉를 신청할 수 있습니다.

1) 대응되는 PCT 국제출원의 중국 국내단계 진입 출원

Case 1.

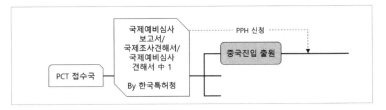

Case 2.

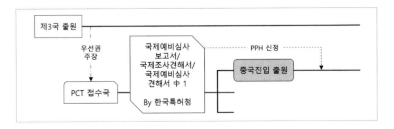

Case 3.

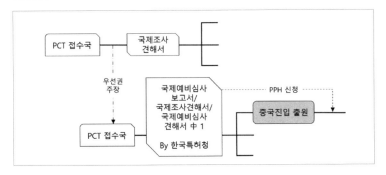

2) PCT 국제출원의 우선권주장의 기초가 되는 중국출원

Case 1.

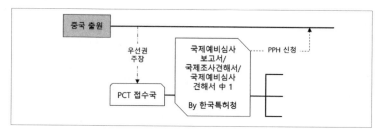

3) 다른 PCT 국제출원에 대해 우선권을 주장한 PCT 국제출원의 중국 국내단계 진입 출원

Case 1.

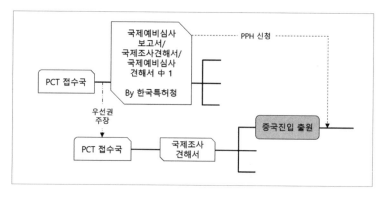

4) PCT 국제출원에 대해 외국/국내 우선권을 주장한 중국출원

Case 1.

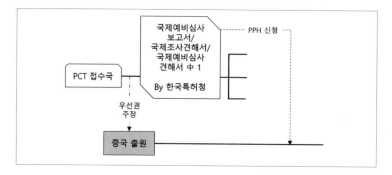

5) 상기 1) 내지 4) 중 하나를 만족하는 출원으로부터 파생된 출원

Case 1.

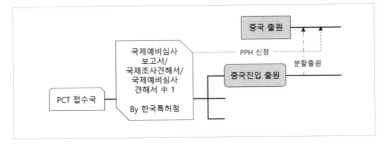

Case 2.

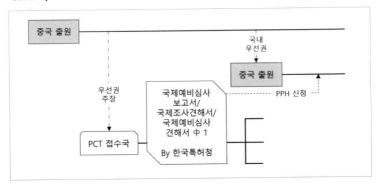

한중 CSP

1. 개 론

〈한중 CSP〉[101]는 한중 특허 공동심사 프로그램(Collaborative Search Program)의 약칭으로, 한국과 중국에 동일한 발명이 출원되고 양국 출원의 최우선일이 동일한 경우, 출원인의 신청에 의해 심사에 필요한 선행기술문헌 정보를 양국 심사관이 공유하여 심사하는 프로그램을 의미합니다(아래의 〈한중 CSP의 개념도〉 참조). 한중 CSP는 2019년 1월 1일부터 2년간 시범적으로 시행되는데 신청건수가 2년간 400건(한국 출원인, 중국 출원인 각각 200건)을 초과하는 경우 그 신청이 제한될 수 있습니다. 〈한중 CSP〉를 통해 심사품질 및 심사결과의 일관성을 높이고 양국에서 조기에 특허를 취득하는 효과를 기대할 수 있습니다. 본 절에서는 한국 특허청과의 대비를 위해 "전리국"을 "중국 전리국"으로 표기하였습니다.

---

101 http://www.kipo.go.kr/csp/
특허청 간 특허 공동심사 프로그램(CSP: Collaborative Search Program)을 참조.

〈한중 CSP의 개념도〉

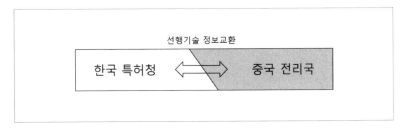

〈한중 CSP의 진행절차〉[102]

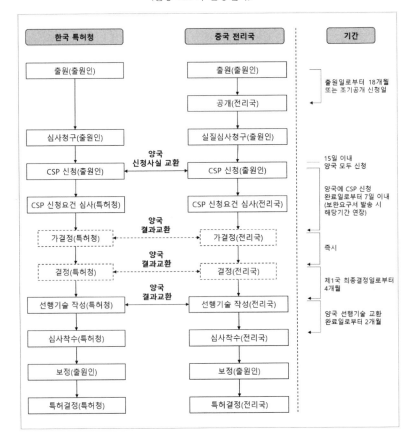

---

102 http://www.kipo.go.kr/upload/popup/csp_ko_popup_03.html

2. 신청요건

〈한중 CSP〉를 적용받기 위해서는 한국과 중국 모두에 대해 〈한중 CSP〉를 신청해야 하는데, 제1국에 신청한 후 15일 이내에 제2국에 신청해야 합니다. 또한, 〈한중 CSP〉 신청은 전자적 제출만을 허용하며 파리조약을 통한 특허출원에만 적용됩니다. 신청인이 제출한 서류가 신청 요건에 부합하지 않는 경우 각국 특허청은 보완 또는 보정을 명할 수 있는데, 중국의 경우 보정 또는 보완의 기회는 1회로 제한됨에 유의해야 합니다. 양국 특허청이 모두 동의한 경우, 해당 출원을 〈한중 CSP〉 절차에 따라 심사받을 수 있습니다. 한국 특허청과 중국 전리국에 〈한중 CSP〉를 신청하기 위한 요건은 대부분 유사하나, 일부 요건에는 차이가 있으므로 주의할 필요가 있습니다.

2.1 한국 특허청에 〈한중 CSP〉를 신청하기 위한 요건[103]

한국 특허청에 〈한중 CSP〉를 신청하기 위해서는 아래 요건들이 모두 충족되어야 합니다.

i) 양국 출원의 최우선일(출원일 또는 우선일 중 빠른 날)이 동일할 것
ii) 〈한중 CSP〉를 신청하기 전 또는 신청과 동시에 심사청구할 것
iii) 양국 출원에 대한 심사착수 전일 것
iv) 하나의 출원에 기초하여 신청할 것
v) 양국 출원의 대응 청구항이 동일할 것
vi) 양국 출원인이 동일할 것

---

103 http://www.kipo.go.kr/csp/sub/request.html#point2

2.2 중국 전리국에 〈한중 CSP〉를 신청하기 위한 요건[104]

중국 전리국에 〈한중 CSP〉를 신청하기 위해서는 아래 요건들이 모두 충족되어야 합니다(한국 특허청에 신청하기 위한 요건과 차이가 있는 부분을 밑줄로 표시함).

i) 양국 출원의 최우선일(출원일 또는 우선일 중 빠른 날)이 동일할 것

ii) 중국출원과 대응되는 한국출원의 청구항 원문 및 그 번역문

iii) 모든 자료는 tif 양식으로 작성하여 csp@sipo.gov.cn으로 전송할 것

iv) 중국 전리국이 실질심사단계 진입통지를 발송한 후, 실질심사를 착수하기 전일 것

v) 하나의 출원에 기초하여 신청할 것

vi) 양국 출원의 대응 청구항, 청구항 수, 청구항 종류 및 내용이 완전히 동일해야 하고, 신청서 중 양국의 대응 청구범위의 내용이 완전히 일치한다는 서약에 서명할 것

vii) 실질심사단계 진입통지를 수령한 날로부터 3개월 내(즉, 자진보정 기간)에 수행한 보정만이 〈한중 CSP〉의 심사기초가 될 수 있음

viii) 자진보정된 청구항은 〈한중 CSP〉 신청일 이전에 제출할 것

ix) 〈한중 CSP〉에 따라 심사한다는 허가를 받은 후 1차 의견제출통지서를 수령하기 전 청구항을 보정하는 경우, 〈한중 CSP〉에 따른 심사가 취소되고 이후의 〈한중 CSP〉 신청에 영향을 미침

x) 출원인은 모든 출원에 대해 2회의 〈한중 CSP〉 신청 기회를 가지고, 2회 모두 그 신청이 허용되지 않은 경우 해당 출원에 대해서는 〈한중 CSP〉를 다시 신청할 수 없음

---

104 http://www.cnipa.gov.cn/gjhz/hzxm/1134957.htm

3. 신청서 작성방법

한국 특허청에 제출하는 〈한중 CSP〉 신청서는 특허청에서 제공하는 아래의 〈한중 특허 공동심사 프로그램 신청서〉[105]를 참조하여 작성합니다.

〈한중 특허 공동심사 프로그램 신청서〉

【제출인】	
【성명(명칭)】	(출원인코드 부여 신청 시 기재한 국문 성명 또는 법인의 명칭)
【출원인코드】	(특허청에서 부여한 출원인코드)
【대리인】	
【성명(명칭)】	특허법인·특허법인(유한) ○○○○
【대리인코드】	특허법인·특허법인(유한)의 대리인코드
（【포괄위임등록번호】）	
【한국출원】	
【출원번호】	10-2017-1234567
【출원일자】	2017-09-01
【최우선일】	2017-01-01
【중국출원】	
【출원번호】	201710123456
【출원일자】	2017-09-01
【최우선일】	2017-01-01
【첨부서류】 중국출원 명세서 1통, 한국출원과 중국출원의 청구항 대응관계설명표 1통	

105　http://www.kipo.go.kr/upload/popup/csp_ko_popup_03.html

3.1 중국출원 명세서를 보정한 경우, 보정 전후 명세서 중 어느 것을 첨부 해야 하나요?

〈한중 CSP〉 신청 시 또는 신청 이전에 중국출원 명세서가 보정된 경 우, 최종 보정된 명세서를 첨부해야 합니다.

3.2 청구항 대응관계설명표는 어떻게 작성하나요?

한국출원에 포함된 모든 청구항에 대해 각각 대응되는 중국출원의 청구항 번호를 기재하여야 하며, 대응관계 설명 부분에는 청구항의 동 일 여부를 기재해야 합니다(아래의 〈청구항 대응관계설명표〉 참조). 이때 발 명의 카테고리 변경은 허용되지 않습니다.

〈청구항 대응관계설명표〉

한국출원의 청구항 번호	중국출원의 청구항 번호	대응관계 설명
1	1	양 청구항 동일
2	2	
...	...	

4. Case 분석

양국 출원이 아래 Case 중 어느 하나에 해당[106]하는 경우, 〈한중 CSP〉를 신청할 수 있습니다.

---

106 http://www.kipo.go.kr/upload/popup/csp_ko_popup_03.html

1) Case 1

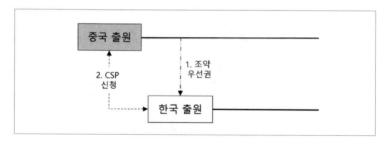

2) Case 2

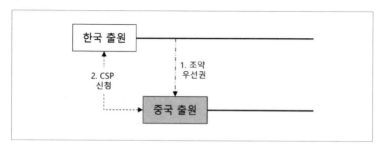

3) Case 3

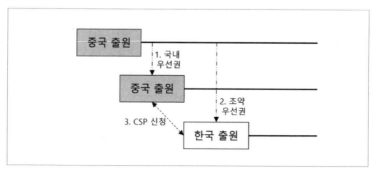

4) Case 4

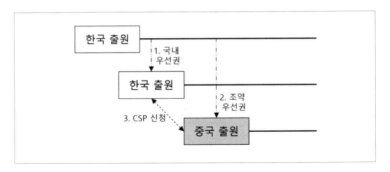

5) Case 5

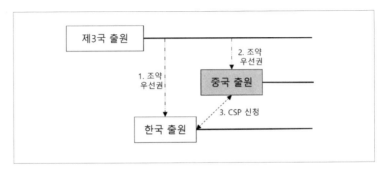

6) Case 6

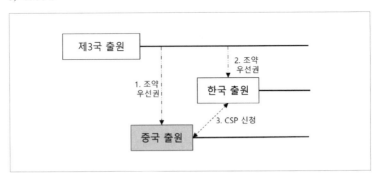

제8장

심 판

제1절
개 론

---

1. 심판의 종류

한국 특허법에 거절결정불복심판, 무효심판, 존속기간 연장등록 무효심판, 권리범위 확인심판, 정정심판, 정정 무효심판, 통상실시권 허락 심판 등 다양한 종류의 심판이 규정되어 있는 것과 달리, 중국 특허법에는 <u>거절결정불복심판 및 무효심판</u>만이 규정되고 있습니다. 참고로, 중국 특허법은 "특허심판원"라는 용어 대신 "특허복심위원회(专利复审委员会)"라는 용어를 사용하고, "심판관 합의체"라는 용어 대신 "합의조(合议组)"라는 용어를 사용합니다. 또한 중국 특허법은 심판원의 심리 결과에 대해 "심결"이라는 용어 대신 "결정(决定)"이라는 용어를 사용합니다.

2. 복심과 무효선고

중국 특허법은 "거절결정불복심판"이라는 용어 대신 "복심(复审)"이라는 용어를 사용하고, "무효심판"이라는 용어 대신 "무효선고(无效宣告)"라는 용어를 사용합니다. 여기에서, <u>복심</u>은 그 어감상 한국 특허법의 재심사와 대응되는 것으로 오인될 수 있으나 실질적으로는 한국의 거절결정불복심판에 해당한다는 점에 유의해야 합니다.

3. 등록된 청구항의 정정

한국과 마찬가지로, 중국 역시 무효심판이 청구된 후 청구항에 대한 정정을 인정하고 있습니다. 중국의 무효심판은 "누구든지" 청구 가능하므로 특허권자가 스스로 본인의 특허에 대해 무효심판을 청구하여 청구항을 정정한 후 다시 무효심판을 취하하는 방법을 통해 등록된 청구항을 정정할 수 있습니다.

4. 심판 청구비용

거절결정불복심판의 경우, 특허는 1000元의 청구비용이 소요되고, 실용신안 및 디자인은 300元의 청구비용이 소요됩니다.[1]

무효심판의 경우, 특허는 3000元의 청구비용이 소요되고, 실용신안 및 디자인은 1500元의 청구비용이 소요됩니다.[2]

---

1 专利收费、集成电路布图设计收费标准(2018.8.1).
2 专利收费、集成电路布图设计收费标准(2018.8.1).

거절결정불복심판

1. 개 론

거절결정불복심판은 심사관의 거절결정에 불복하기 위해 심판원에 제기하는 행정절차를 의미합니다. 중국의 거절결정불복심판은 전치 심사를 포함하는 심리절차, 보정 가능 여부, 불복기간 등의 측면에서 한국의 거절결정불복심판과 차이가 있습니다. 참고로, 중국은 한국의 "거절결정불복심판"과 대응되는 개념으로 "복심"이라는 용어를 사용합니다.

2. 심리절차

2.1 거절결정불복심판의 청구기간은 한국과 동일한가요?

아니요.

한국 특허법은 거절결정통지를 받은 날로부터 30일 이내에 심판을 청구해야 하나, 중국의 경우 거절결정통지를 받은 날로부터 3개월 내에 거절결정불복심판을 청구[3]할 수 있습니다. 이때 거절결정불복심판 청구기간 동안 분할출원 및 보정은 가능하나, 상기 청구기간은 법정기간이므로 연장할 수 없습니다.

2.2 거절결정불복심판의 심리절차는 한국과 동일한가요?

아니요.

거절결정불복심판이 청구되면 심판원의 심리에 앞서 거절결정을 내렸던 원심사부가 전치심사를 수행한다는 점에서 한국과 차이가 있습니다. 과거 한국 특허법의 거절결정불복심판도 이와 유사한 심사전치 단계를 포함하고 있었으나, 2009년 특허법 개정 시 재심사 제도가 도입되면서 심사전치제도는 폐지되었습니다. 특수한 상황을 제외하면, 전치심사는 원심사부가 심판원으로부터 그 사건을 접수한 날로부터 1개월 이내에 완료됩니다.[4] 세부적인 심리절차는 아래와 같습니다.

1) 원심사부가 거절결정을 철회하는 경우

심판원은 추가심리 없이 원심사부의 의견에 따라 인용심결을 내리고, 원심사부가 그 출원을 계속해서 심사하도록 합니다.[5]

2) 원심사부가 거절결정을 유지하는 경우

심판원은 원심사부의 심사의견을 참고하여 거절결정의 당부에 대해 심리를 진행합니다.

심판원이 원심사부의 거절결정을 취소하는 심결을 내리는 경우, 해당 사건을 다시 원심사부로 전달하여 심사하도록 합니다. 이때 원심사부는 동일한 사실, 이유 및 증거에 기초하여 심판원의 인용심결과 상

---

3 중국 특허법 제41조 제1항.

4 중국 특허심사지침(2017) 제4부 제2장 3.1.

5 중국 특허심사지침(2017) 제4부 제2장 3.3.(5).

반되는 결정을 내릴 수 없습니다.[6] 중국의 거절결정불복심판은 거절결정을 취소하는 경우 일률적으로 원심사부로 환송한다는 점에서, 선택적으로 자판 또는 환송하는 한국의 거절결정불복심판과 차이가 있습니다.

심판원이 <u>원심사부의 거절결정을 유지하는 심결을 내리는 경우</u>, 심판청구인은 그 심결을 수령한 날로부터 3개월 내에 심판결과의 당부를 다투는 행정소송을 제기할 수 있습니다.[7]

2.3 심판원은 거절결정불복심판 중 심사단계에서 지적되지 않은 거절이유를 심리할 수 있나요?

네.

심판원은 일반적으로 거절결정의 이유 및 증거에 한하여 심리를 진행할 뿐, 특허출원을 전면적으로 심사할 의무는 없습니다. 다만, 심판원은 특허권의 품질을 제고하고, 심사절차가 불합리하게 지연되는 것을 방지하기 위해 거절결정이 언급하지 않은 현저한 실질적 흠결에 대해 직권으로 심리할 수 있습니다.[8] 직권심리가 가능한 경우가 아님에도 심판청구인이 주장한 사실 및 이유 외의 사항에 대해 심판원이 직권심리를 진행한 경우, 그 직권심리가 "직권초과(超越职权)"[9]임을 주장할 수 있습니다.[10]

---

6 중국 특허심사지침(2017) 제4부 제2장 7.

7 중국 특허법 제41조 제2항.

8 중국 특허심사지침(2017) 제4부 제2장 1.

9 중국 행정소송법 제70조 제4호.

10 最高人民法院关于审理专利授权确权行政案件若干问题的规定 제31조.

2.4 거절결정불복심판 단계에서 어떤 심리방법이 이용될 수 있나요?

심판관 합의체는 서면심리 및 구술심리 중 하나를 택일하거나 두 심리방식을 결합하여 심리할 수 있습니다. 이 중 심판관 합의체가 구술심리 통지서(复审请求口头通知书)를 발행한 경우, 심판청구인은 구술심리에 참가하거나, 구술심리 통지서를 수령한 날로부터 1개월 내에 통지서가 지적한 흠결에 대해 답변할 수 있습니다. 구술심리 통지서에 출원발명에 대한 거절이유 및 증거가 지적되어 있음에도 심판청구인이 구술심리에 참가하지 않고, 기간이 도과할 때까지 서면 답변도 제출하지 않은 경우 거절결정불복심판 청구가 취하간주됩니다. 참고로 한국의 경우, 심판청구인이 구술심리를 신청하였을 때에는 서면심리만으로 결정할 수 있다고 인정되는 경우 외에는 구술심리를 진행해야 합니다.

3. 보 정

3.1 거절결정불복심판 단계에서 보정이 가능한가요?

네.

중국 특허법에 따르면, 거절결정불복심판 청구 시를 포함하여, 복심통지서(또는 구술심리 통지서)에 대한 의견서 제출 시 또는 구술심리 참가 시[11]에도 출원서류를 보정할 수 있습니다.

---

11 중국 특허심사지침(2017) 제4부 제2장 4.2.

3.2 거절결정불복심판 단계에서의 보정범위는 어떻게 되나요?

최초 명세서에 기재된 범위[12] 내에서 보정해야 하며, 거절결정이나 복심통지서에 지적된 흠결에 대해서만 보정[13]할 수 있습니다. 위의 두 가지 보정 요건을 모두 만족하더라도 그 보정이 아래 중 어느 하나에 해당하는 경우, 적법한 보정으로 간주되지 않고 불수리됩니다.[14]

i) 청구항의 권리범위가 보정 전 청구항의 권리범위보다 확대된 경우

ii) 보정 전 청구항이 한정하는 기술방안과 단일성이 결여된 기술방안으로 보정한 경우

iii) 청구항의 유형(类型)을 변경하거나 청구항 개수를 증가시킨 경우

iv) 거절결정서나 복심통지서에 흠결이 지적되지 않은 청구항 또는 명세서에 대해 보정하는 경우(다만, 명백한 오기의 정정이나, 거절이유와 동일한 성격의 흠결에 대해 보정한 경우는 적법한 보정으로 인정됨)

3.3 거절결정불복심판 단계의 보정에서 제한되는 청구항 유형은 무엇을 의미하나요?

청구항 유형(类型)이란 "물건"과 "방법"(즉, 카테고리)을 의미하는 것[15]으로, "특허"와 "실용신안"을 의미하는 것이 아님에 유의해야 합니다. 즉, 거절결정불복심판 단계에서는 물건 청구항과 방법 청구항 상호간의 카테고리 변경이 허용되지 않습니다.

---

12 중국 특허법 제33조.

13 중국 특허 실시세칙 제61조 제1항.

14 중국 특허심사지침(2017) 제4부 제2장 4.2.

15 专利复审程序中专利文献的应用, p.25.

3.4 거절결정불복심판 단계에서 수행한 보정이 부적법한 경우, 이후 심리가 어떻게 진행되나요?

심판청구인이 거절결정서 또는 복심통지서에 의해 지적되지 않은 부분을 보정한 경우, 심판관 합의체는 그 보정을 불수리하고, 복심통지서에 당해 보정이 불수리되는 이유를 설명해야 하고, 보정서 제출 전의 명세서에 기초하여 심리를 진행합니다.[16] 반면 보정된 일부 내용이 거절결정서 또는 복심통지서에 의해 지적된 경우, 심판관 합의체는 그 일부 내용에 대해 심리의견을 제시할 수 있고, 심판청구인이 거절결정서 또는 복심통지서에 의해 지적되지 않았음에도 보정한 나머지 부분을 재보정하여야 한다고 통지할 수 있습니다. 심판청구인이 그 통지에 불응하는 경우 심판관 합의체는 보정서 제출 전의 명세서에 기초하여 심리를 진행합니다.[17]

4. 복심통지서

4.1 복심통지서는 무엇인가요?

복심통지서는, 아래 중 어느 하나의 상황에 해당하는 경우 심판원이 심판청구인에게 그 상황을 통지하고 심판청구인의 의견진술을 요구[18] 하는 통지서입니다.

i) 원거절결정을 유지하려는 경우

---

16 중국 특허심사지침(2017) 제4부 제2장 4.2.
17 중국 특허심사지침(2017) 제4부 제2장 4.2.
18 중국 특허심사지침(2017) 제4부 제2장 4.3.

ii) 특허법, 특허법 실시세칙 및 특허심사지침의 규정에 따른 보정이
있어야만 거절이유를 취소할 수 있는 경우

iii) 출원인이 추가로 제공한 증거 또는 관련 사항에 대한 설명이 필
요한 경우

iv) 거절결정 단계에서 제시되지 않은 이유나 증거를 심판원이 제시
하려고 하는 경우

참고로, 심판원은 복심통지서를 발행해야 하는 상황에서 구술심리
통지서를 발행할 수도 있습니다. 한국의 경우 거절결정불복심판 단계
로 진입한 후에는, 심사단계에서 지적되지 않은 원시적 거절이유가 아
닌 이상 심판청구인에게 별도의 의견서 제출기회를 주지 않는 것과 비
교하면 중국의 거절결정불복심판은 심판청구인의 방어권을 더 보장한
다고 볼 수 있습니다. 다만, 이와 같이 거절결정불복심판 단계에서도
보정을 허용하는 것은 심사결과의 당부를 판단한다는 거절결정불복심
판의 취지에 부합하지 않는다는 견해가 있습니다. 본서에서는 "복심"이
라는 용어를 일관되게 "거절결정불복심판"으로 표기하고 있으나, "복심
통지서"의 경우 편의상 용어 그대로 표현하였습니다.

4.2 복심통지서에 대한 의견서 제출기간은 어떻게 되나요?

심판청구인은 복심통지서를 수령한 날로부터 1개월 내에 복심통지
서에 지적된 흠결에 대해 서면의견서를 제출해야 합니다.[19] 이때 의견
서 제출기간 내에 서면의견서를 제출하지 않으면 거절결정불복심판 청
구가 취하간주됩니다.[20] 복심통지서의 의견서 제출기간은 지정기간에
해당하므로 연장할 수 있습니다.

---

19 중국 특허심사지침(2017) 제4부 제2장 4.3.
20 중국 특허법 실시세칙 제63조 제1항.

5. 구술심리

5.1 어떤 경우에 거절결정불복심판이 구술심리로 진행되나요?

거절결정불복심판은 통상적으로 서면심리로 진행되나, 심판원은 필요하다고 판단되는 경우 구술심리를 진행할 수 있습니다. 심판청구인은 아래 중 어느 하나에 해당[21]하는 경우 서면으로 구술심리를 신청할 수 있습니다.

  i) 심판관 합의체와 대면하여 사실을 설명하거나 이유를 진술할 필요가 있는 경우
  ii) 실물 시연(演示)이 필요한 경우

심판청구인이 구술심리를 요청한 경우, 심판관 합의체는 사안을 고려하여 구술심리 진행 여부를 결정할 수 있습니다. 반면 무효심판의 경우 구술심리 요청이 요건에 부합하는 경우, 심판관 합의체는 구술심리를 반드시 진행해야 합니다. 심판원은 이미 구술심리를 진행한 적이 있더라도 필요하다고 생각되는 경우 다시 구술심리를 진행할 수 있습니다.

5.2 거절결정불복심판의 구술심리 통지서는 무엇인가요?

구술심리 통지서는 구술심리가 필요하다고 확정된 경우, 심판관 합의체가 심판청구인에게 구술심리의 시간, 장소 및 구술심리 사항을 전달하는 통지서입니다. 심판관 합의체는 출원이 특허법 및 그 실시세칙의 관련 규정에 부합하지 않는다고 판단하는 경우, 구술심리 통지서를 통해

---

21 중국 특허심사지침(2017) 제4부 제4장 2.

상기 부합하지 않는 내용, 이유 및 증거를 심판청구인에게 통지할 수 있습니다.[22]

5.3 거절결정불복심판 중 구술심리 통지서가 발행된 이후의 절차는 어떻게 되나요?

심판관 합의체는 구술심리 통지서를 통해 구술심리에 참가하여 구술답변하거나, 지정기간 내에 서면 답변하는 방법에 대한 선택 가능성을 심판청구인에게 고지합니다. 심판청구인은 구술심리 통지서를 수령한 날로부터 7일 내에 심판원에 구술심리 통지서 수령확인을 제출하고, 수령확인 제출 시 구술심리 참가여부를 명확히 표시해야 합니다. 기간이 도과할 때까지 수령확인을 제출하지 않은 경우, 구술심리에 불참한 것으로 간주합니다.[23] 또한 심판청구인이 i) 구술심리에 불참하고, ii) 구술심리 통지서 수령일로부터 1개월 내에 통지서에 지적된 흠결에 대해 서면으로 답변하지도 않은 경우, 거절결정불복심판 청구가 취하간주됩니다.[24]

6. 불복

거절결정불복심판의 심리결과에 불복하기 위해 거절결정불복심판의 심리결과 통지일로부터 3개월 이내[25]에 북경시 중급인민법원에 행정소송을 제기할 수 있습니다. 이때 상기 불복기간 동안 분할출원은 가능하나, 상기 불복기간은 법정기간이므로 연장할 수 없습니다.

---

22 중국 특허심사지침(2017) 제4부 제4장 3.
23 중국 특허심사지침(2017) 제4부 제4장 3.
24 중국 특허심사지침(2017) 제4부 제2장 4.3.
25 중국 특허심사지침(2017) 제4부 제2장 9.

제3절
무효심판

1. 개 론

무효심판은 등록된 특허권에 무효사유가 존재함을 이유로 그 특허권을 소급적으로 소멸시키기 위해 심판원에 제기하는 행정절차를 의미합니다. 중국의 무효심판은 청구주체, 특유의 무효사유, 청구이유 및 증거의 보충기간, 청구항의 정정범위, 불복기간 등의 측면에서 한국의 무효심판과 차이가 있습니다. 참고로, 중국은 한국의 "무효심판"과 대응되는 개념으로 "무효선고"라는 용어를 사용합니다.

2. 요건 및 효과

2.1 일부 청구항에 대해 무효심판 청구가 가능한가요?

네.
한국과 마찬가지로, 중국 역시 특허등록된 청구항의 전부 또는 일부에 대한 무효심판 청구를 허용합니다.[24]

2.2 무효심판의 청구의 주체는 이해관계인 또는 심사관으로 제한되나요?

아니요.

중국 특허법은 <u>누구든지</u> 무효심판을 청구할 수 있도록 규정하고 있습니다.[27]

2.3 특허권자 본인도 무효심판 청구가 가능한 "누구든지"에 해당하나요?

네.

중국 특허법은 누구든지 무효심판을 청구할 수 있도록 규정하고 있고, 특허권자 본인의 무효심판을 배제하는 규정은 두고 있지 않으므로 특허권자 본인도 자신의 특허권에 대해 무효심판을 청구할 수 있습니다. 다만, 특허권 및 특허권자의 보호를 위해 자신의 특허권에 대해 무효심판을 청구하는 경우 일정한 제약을 두고 있습니다. 구체적으로, <u>특허권자 본인이 자신의 특허권에 대해 청구하는 무효심판</u>이 아래 경우 중 어느 하나에 해당하면 그 무효심판 청구는 <u>불수리됩니다</u>.[28]

i) <u>특허권 전체</u>에 대해 무효심판을 청구하는 경우
ii) 무효심판의 증거가 <u>공개출판물이 아닌</u> 경우
iii) 공유인 특허권에 대해 <u>공유자 중 일부만이</u> 무효심판을 청구한 경우

---

26 중국 특허법 실시세칙 제65조 제1항.
27 중국 특허법 제45조.
28 중국 특허심사지침(2017) 제4부 제3장 3.2.

2.4 실시권자도 무효심판을 청구할 수 있나요?

네.

중국 특허법, 중국 특허법 실시세칙 및 중국 특허심사지침에는 실시권자의 무효심판 청구인 적격 유무에 대한 명문규정이 없습니다. 다만, 법문상 "누구든지" 무효심판을 신청할 수 있는 점을 감안하면 실시권자의 무효심판 청구적격도 인정된다고 볼 수 있고, 설령 실시권자의 무효심판 청구인 적격이 인정되지 않는다 하더라도 그 실시권자가 타인을 통해 무효심판을 청구하면 그만이므로 실질적으로 실시권자의 무효심판 청구를 제한하기 어렵다고 생각됩니다. 한국의 경우 이에 대해 논란이 있었으나, 최근 대법원은 전원합의체 판결[29]을 통해 실시권자의 무효심판 청구적격을 인정하였습니다.

2.5 무효심판에 일사부재리 원칙이 적용되나요?

네.

심판원이 무효심판에 대한 심결을 내린 후 동일한 이유 및 증거에 기초하여 무효심판을 청구하는 경우, 그 무효심판은 불수리됩니다. 다만, 동일한 이유 및 증거에 기초하여 청구된 무효심판이라 하더라도 상기 동일한 이유 또는 증거가 시간 제한 등의 이유로 무효심판의 심리 과정에 실질적으로 고려되지 않았다면 이러한 무효심판 청구는 일사부재리에 해당하지 않습니다.[30]

---

29 대법원 2019. 2. 21. 선고 2017후2819.
30 중국 특허법 실시세칙 제66조 제2항.

2.6 어떤 무효사유에 근거하여 무효심판을 청구할 수 있나요?

등록특허가 아래 중 어느 하나에 해당하면 누구든지 무효심판을 청구할 수 있습니다.[31]

(중국 특유의 무효사유를 밑줄로 표시함)

1) 중국 특허법

ⅰ) 발명의 정의에 위반하여 등록된 경우(중국 특허법 제2조)

ⅱ) 법률 또는 공서양속에 위반하여 등록되었거나, 법률 또는 행정법규에 위반하여 유전자원을 획득하거나 이용하여 완성한 발명이 등록된 경우(중국 특허법 제5조)

ⅲ) 선원주의에 위반하여 등록된 경우(중국 특허법 제9조)

ⅳ) <u>비밀유지심사에 위반하여 등록된 경우</u>(중국 특허법 제20조 제1항)

ⅴ) 신규성, 진보성 또는 산업상 이용가능성이 없음에도 등록된 경우(중국 특허법 제22조)

ⅵ) 발명의 정의에 위반되었거나, 특허의 보호대상이 아님에도 등록된 경우(중국 특허법 제25조)

ⅶ) 명세서가 발명의 내용을 충분히 공개하지 않음에도 등록된 경우(중국 특허법 제26조 제3항)

ⅷ) 청구범위가 명세서에 의해 뒷받침되지 않음에도 등록된 경우(중국 특허법 제26조 제4항)

ⅸ) 보정범위를 초과하여 등록된 경우(중국 특허법 제33조)

2) 중국 특허법 실시세칙

ⅹ) <u>독립 청구항에 필수기술특징을 누락</u>하여 등록된 경우(중국 특허법

---

31 중국 특허법 실시세칙 제65조.

실시세칙 제20조 제2항)

xi) 분할출원의 범위를 초과하여 등록된 경우(중국 특허법 제43조 제
1항)

2.7 심판원은 무효심판 청구인이 제출하지 않은 무효이유를 직권으로 심리할 수 있나요?

심판원은 통상적으로 당사자가 제출한 무효심판 청구의 범위, 이유
및 증거에 한하여 심리를 진행할 뿐, 등록특허의 무효사유를 전면적으
로 심사할 의무는 없습니다. 다만, 심판원은 아래 중 하나에 해당하는
경우, 무효심판 청구인이 청구이유나 증거를 제출하지 않더라도 직권
으로 무효사유를 심리할 수 있습니다.[32]

i) 제출된 청구이유와 증거가 명백히 상응하지 않는 경우[33]

ii) 특허발명이 특허의 보호객체가 아닌 경우(예를 들어, 과학발견)

iii) 특허권에 존재하는 흠결로 인해 무효심판 청구인이 제출한 청구
이유를 심리할 수 없는 경우[34]

iv) 인용관계에 있는 복수의 청구항 중 일부 청구항에 대해서만 청
구이유가 제출되었고, 청구이유가 제출되지 않은 나머지 청구항
을 심리하지 않으면 불합리한 심리결과가 우려되는 경우[35 36]

v) 무효심판 청구인이 보정범위(또는 분할범위) 위반을 이유로 무효
심판을 청구하고, 보정된 내용이 최초 명세서(또는 원출원 명세서)

---

32 중국 특허심사지침(2017) 제4부 제3장 4.1.

33 예를 들어, 선원주의 위반의 청구이유에 대한 증거로 신규성 위반의 자료가 제출된 경
우, 심판원은 무효심판 청구인에게 선원주의와 신규성의 의미에 대해 알려 주고, 청구
이유를 신규성 위반으로 변경하도록 허용할 수 있음.

34 예를 들어, 청구항 기재가 불명확하여 청구항의 권리범위가 확정되지 않아 청구이유인
진보성 유무를 심리할 수 없는 경우, 심판원은 기재불비의 무효사유를 심리할 수 있음.

의 범위를 초과한다는 사실에 대해 구체적인 분석과 설명을 하였으나, 최초 명세서(또는 원출원 명세서)를 증거로 제출하지 않은 경우[37]

vi) 기술수단이 공지기술에 해당하는지 여부에 대한 심리

직권심리가 가능한 경우가 아님에도 무효심판 청구인이 주장한 사실 및 이유 외의 사항에 대해 심판원이 직권심리를 진행한 경우, 그 직권심리가 "직권초과(超越职权)"[38]임을 주장할 수 있습니다. [39]

3. 청구이유 및 증거의 보충

3.1 무효심판 심리종결 전까지 청구이유를 자유롭게 보정할 수 있나요?

아니요.

한국의 경우, 심리종결전까지 청구 취지를 변경하지 않는 한 최초 신청한 이유의 일부 또는 전부를 정정하고 새로운 이유를 추가할 수 있습니다. 반면 중국의 경우 심판원이 무효심판청구를 수리한 후, 무효심판 청구일로부터 1개월 이내에 청구이유를 추가할 수 있습니다. [40] 다

---

35 예를 들어, 무효심판 청구인이 청구항 1에 대해서는 신규성 흠결, 청구항 2에 대해서는 진보성 흠결의 청구이유를 제출하였고, 심판원은 청구항 1의 신규성은 인정되나 청구항 2의 진보성은 인정되지 않는다고 판단하여 청구항 1의 진보성 유무를 더 확인하는 경우.

36 예를 들어, 청구항 1 및 청구항 2에 모두 보정범위 위반의 무효사유가 존재하나, 청구항 1에 대해서만 보정범위 위반의 청구이유가 제출된 경우.

37 이 경우, 심판원은 직권으로 최초 명세서(또는 원출원 명세서)를 증거로 삼을 수 있음.

38 중국 행정소송법 제70조 제4호.

39 最高人民法院关于审理专利授权确权行政案件若干问题的规定 제31조.

40 중국 특허법 실시세칙 제67조.

만, 아래 중 어느 하나에 해당[41]하는 경우 무효심판 청구일로부터 1개월이 경과하였더라도 청구이유를 추가할 수 있습니다.

  i) 특허권자가 삭제 이외의 방식으로 청구항을 정정한 경우
  ii) 제출한 증거와 명백히 대응되지 않는 무효심판 청구이유를 그 증거와 대응되도록 변경하는 경우

3.2 무효심판 청구 후 무효심판 청구인이 증거를 보충하여 제출할 수 있나요?

네.

무효심판 청구인은 무효심판 청구일로부터 1개월 내에 증거를 보충 제출할 수 있습니다. 증거를 보충 제출하는 경우, 무효심판 청구인은 보충 제출한 증거와 청구이유 간의 관계를 상기 1개월 기간 내에 구체적으로 설명해야 합니다. 보충 제출된 증거에 대해 설명하지 않은 경우, 보충 제출한 증거는 고려되지 않습니다.[42]

3.3 무효심판 청구일로부터 1개월이 경과한 후에도 무효심판 청구인이 새로운 증거를 제출할 수 있는 경우가 있나요?

네.

무효심판 청구일로부터 1개월이 도과한 상태라 하더라도 아래 중 어느 하나에 해당[43]하는 경우, 증거를 보충 제출할 수 있습니다.

  i) 특허권자가 제출한 반증에 대해 심판원이 지정하는 기간 동안

---

41 중국 특허심사지침(2017) 제4부 제3장 4.2.(2).
42 중국 특허심사지침(2017) 제4부 제3장 4.3.1.(1).
43 중국 특허심사지침(2017) 제4부 제3장 4.3.1.(2).

증거를 보충 제출하고 그 증거와 무효이유와의 관계를 설명하는 경우

ii) 구술심리 변론 종결 전에 기술 사전, 기술 매뉴얼, 기술 교과서 등 해당 기술영역의 공지상식에 속하는 증거 또는 공증문서나 원본 등의 완전성을 개선하는 데 이용되는 증거를 보충 제출하고 그 증거와 무효이유와의 관계를 설명하는 경우

3.4 특허권자가 삭제 이외의 방식으로 청구항을 정정한 경우, 무효심판 청구인이 새로운 증거를 제출할 수 있나요?

아니요.

개정 전 중국 특허심사지침에 따르면, 특허권자가 병합의 방식으로 청구항을 정정한 경우, 무효심판 청구인의 증거 보충제출이 허용되도록 규정되어 있어 심리가 불합리하게 지연될 수 있다는 점이 지적되어 왔습니다. 이와 관련하여 특허권자가 다른 청구항에 기재된 구성요소를 정정하려는 청구항에 부가하여 청구항을 정정하는 경우, 무효심판 청구인은 이미 제출한 증거를 재조합하는 방식을 통해 대응하면 되므로 새로운 증거의 제출을 허용할 필요가 없다는 논의가 제기되어 왔습니다. 2017년 개정된 중국 특허심사지침[44]은 상기 논의를 반영하여 무효심판 단계에서 특허권자가 삭제 이외의 방식으로 청구항을 정정한 경우, 무효심판 청구인에게 정정한 내용에 대한 청구이유 추가는 허용하되, 새로운 증거는 제출할 수 없도록 수정되었습니다.[45]

---

[44] 중국 특허심사지침(2017) 제4부 제3장 4.2.(2)(i).
[45] http://www.sipo.gov.cn/zcfg/zcjd/1020253.htm

3.5 무효심판 단계에서 특허권자는 언제 증거를 제출할 수 있나요?

특허권자는 무효심판이 청구된 후 심판원이 무효심판 청구서 및 관련 서류를 특허권자에게 전달하면서 지정한 의견서 제출기간 내[46]에 증거를 제출할 수 있습니다. 다만, 기술 사전, 기술 매뉴얼, 기술 교과서 등 해당 기술영역의 공지상식에 속하는 증거 또는 공증문서나 원본 등의 완전성을 개선하는 데 이용되는 증거는 구술심리 변론 종결 전까지 제출할 수 있습니다. 특허권자가 증거를 제출하거나 보충하는 경우, 상술한 기간 내에 그 증거에 대해 구체적으로 설명해야 합니다. 특허권자가 제출기간을 도과하여 증거를 제출하거나, 제출된 증거에 대해 구체적으로 설명하지 않은 경우, 보충 제출한 증거는 고려되지 않습니다.[47]

3.6 증거제출 기간을 연장할 수 있나요?

네.

무효심판의 당사자가 극복할 수 없는 어려움으로 인해 규정된 증거제출기간 내에 증거를 제출할 수 없는 경우, 당사자는 서면으로 기간연장을 신청할 수 있습니다. 이때 기간연장을 불허하는 것이 형평에 반하는 경우, 심판원은 제출기간의 연장을 허용할 수 있습니다.[48]

3.7 무효심판 심결에 대한 행정소송 중 새롭게 제출되는 증거는 심리대상에 속하나요?

무효심판 심결에 대한 행정소송 중 새롭게 제출되는 증거가 심리대

---

46 중국 특허법 실시세칙 제68조 제1항.
47 중국 특허심사지침(2017) 제4부 제3장 4.3.2.
48 중국 특허심사지침(2017) 제4부 제3장 4.3.3.

상에 속하는지 여부는 제출 당사자 및 사안에 따라 아래와 같이 다르게 판단됩니다.

1) 특허권자가 새로운 증거를 제출하는 경우[49]

그 증거가 심판원에 의해 무효로 판단된 특허권의 유효성 증명에 이용되는 경우, 법원은 일반적으로 그 증거를 심리해야 합니다.

2) 무효심판 청구인이 새로운 증거를 제출하는 경우[50]

그 증거가 특허권의 무효성 증명에 이용되는 경우, 법원은 일반적으로 그 증거를 심리하지 않습니다. 다만, 그 증거가 아래의 경우에 해당하면 법원은 그 증거를 심리해야 합니다.

i) 무효심판 중 이미 주장한 공지기술 또는 관용기술임을 증명하는 데 이용되는 경우

ii) 디자인 제품의 일반적인 소비자의 지식수준 및 인지능력을 증명하는 데 이용되는 경우

iii) 심판원에 의해 이미 인정된 증거의 증명력을 보강하는 데 이용되는 경우

iv) 특허권자가 새롭게 제출한 증거를 반박하는 데 이용되는 경우

---

49 最高人民法院关于审理专利授权确权行政案件若干问题的规定 제39조 제1항.

50 最高人民法院关于审理专利授权确权行政案件若干问题的规定 제39조 제2항.

4. 외국어 증거

4.1 무효심판의 증거로 외국어 증거를 제출할 수 있나요?

네.

다만, 외국어 증거 제출 시 그에 대한 중문 번역문을 함께 제출해야
합니다. 증거제출 기간 내에 중문 번역문을 제출하지 않으면 그 외국어
증거는 미제출 간주합니다. 상기 중문 번역문은 서면으로 제출해야 하
고, 서면이 아닌 경우 중문 번역문은 미제출 간주합니다. 당사자가 외
국어 증거의 일부에 대해서만 중문 번역문을 제출하는 경우, 외국어 증
거 중 중문 번역문이 제출되지 않은 나머지 부분은 증거로 사용할 수
없습니다. 다만, 당사자가 심판원의 요구에 따라 그 외국어 증거의 나
머지 부분에 대한 중문 번역문을 제출하는 경우, 그 외국어 증거 전체
를 증거로 사용할 수 있습니다.[51]

4.2 무효심판 단계에서 제출된 외국어 증거에 대해 이의가 있는 경우 어떻게 처리되나요?

일방 당사자가 제출한 중문 번역문에 대해 상대방 당사자가 이의를
제기하려는 경우, 그 상대방 당사자는 지정기간 내에 이의가 있는 부분
에 대한 중문 번역문을 제출해야 합니다. 이의가 있는 부분에 대한 중
문 번역문을 제출하지 않은 경우 이의가 없는 것으로 간주합니다. 제
출된 중문 번역문에 대해 이의가 제기되는 경우, 이의가 제기된 부분에
대해 양 당사자의 일치된 의견이 있으면 그 의견에 따른 중문 번역문을
기초로 판단하되, 양 당사자의 의견이 합의에 이르지 못한 경우, 필요

---

51 중국 특허심사지침(2017) 제4부 제8장 2.2.1.

에 따라 심판원은 그 부분에 대한 중문 번역을 위탁할 수 있습니다.[52]

5. 심 리

5.1 무효심판 청구서류의 송부

심판원은 무효심판 청구서류를 특허권자에게 송부하고, 1개월의 지정기간 내에 의견서를 제출하도록 요구합니다. 지정기간이 도과할 때까지 특허권자가 의견서를 제출하지 않는 경우, 특허권자는 송부된 서류와 관련된 사실, 이유 및 증거를 지득하고도 그에 대한 반대 의견을 제출하지 않은 것으로 간주합니다.[53]

5.2 무효심판청구 심리통지서는 무엇인가요?

무효심판청구 심리통지서(无效宣告请求审查通知书)는 심판원의 판단 등을 무효심판의 양 당사자에게 전달하기 위해 발송하는 통지서입니다. 무효심판청구 심리통지서는 아래 중 어느 하나에 해당[54]하는 경우 발행됩니다.

i) 당사자가 주장한 사실이나 제출한 증거가 불명확하거나 의문이 있는 경우

ii) 특허권자가 자진하여 청구항을 정정하였으나, 그 정정이 중국 특허법, 중국 특허법 실시세칙 및 심사지침의 관련 규정에 부합하

---

52 중국 특허심사지침(2017) 제4부 제8장 2.2.1.
53 중국 특허심사지침(2017) 제4부 제3장 4.4.1.
54 중국 특허심사지침(2017) 제4부 제3장 4.4.3.

지 않는 경우

iii) 당사자가 제시하지 않은 이유나 증거를 직권으로 인입할 필요가
있는 경우

iv) 기타 무효심판청구 심리통지서를 발행할 필요가 있는 경우

당사자는 무효심판청구 심리통지서를 수령한 날로부터 1개월 내에
답변서를 제출해야 합니다. 기간이 도과할 때까지 답변서를 제출하지
않은 경우, 그 당사자는 통지서 중의 사실, 이유 및 증거를 모두 지득하
고도 그에 대해 이의를 가지지 않은 것으로 간주합니다.

5.3 무효심판의 심리방식은 어떻게 결정되나요?

무효심판의 심리방식은 아래[55]와 같이 구체적인 상황에 따라 다르게
결정됩니다. 참고로, 심판원은 구술심리 통지서를 발행한 후 당사자로
인해 정해진 기일에 구술심리를 진행할 수 없는 경우, 바로 심결을 내
릴 수 있습니다.

1) 청구이유가 전부 타당하고, 증거가 충분한 경우

심판원은 무효심판 청구서류를 특허권자에게 송달한 후 지정기간
이 도과하였으며, 특허권자가 구술심리를 요청하지 않았고, 무효심판
청구인이 제출한 증거가 충분하고, 무효심판이 청구된 모든 청구항에
대한 청구이유가 타당한 경우, 특허권자의 의견서 제출 여부와 무관하
게 특허권의 전부를 무효로 하는 심결을 내릴 수 있습니다. 이때 무효
심판 청구인이 일부 특허권에 대해 무효를 청구한 경우, 심판원은 그
일부 특허권만 무효로 하는 심결을 내릴 수 있습니다. 특허권자가 의견
서를 제출한 경우, 그 의견서는 심결과 함께 청구인에게 송달됩니다.

---

55 중국 특허심사지침(2017) 제4부 제3장 4.4.4.(1) 내지 (4).

2) 무효심판 청구이유가 일부 타당한 경우

심판원은 무효심판 청구서류를 특허권자에게 송달한 후 지정기간이 도과하였으며, 무효심판 청구인이 제출한 청구이유가 일부 타당하여 일부 청구항을 무효로 할 수 있는 경우, 특허권자의 의견서 제출 여부와 무관하게 구술심리 통지서를 발행하고, 구술심리를 통해 무효심판을 종결합니다. 특허권자가 의견서를 제출한 경우, 그 의견서는 구술심리 통지서와 함께 무효심판 청구인에게 송달됩니다.

3) 의견서의 내용이 충분한 경우

심판원은 무효심판 청구서류를 특허권자에게 송달한 후, 특허권자가 지정기간 내에 의견서를 제출하였고, 그 의견서의 내용이 충분하여 특허권이 유효하다는 심결을 내리려는 경우, 사안에 따라 무효심판청구 심리통지서(또는 송달서류 통지서)를 발행하거나, 송달서류 통지서와 함께 구술심리 통지서를 발행하여 구술심리를 통해 무효심판을 종결할 수 있습니다.

4) 무효심판 청구이유가 타당하지 않고, 증거가 불충분한 경우

심판원은 무효심판 청구서류를 특허권자에게 송달한 후, 특허권자가 지정기간 내에 의견서를 제출하지 않았고, 무효심판 청구인이 제출한 증거가 불충분하며, 무효심판 청구이유가 타당하지 않아 특허권이 유효하다는 심결을 내리려는 경우, 사안에 따라 무효심판청구 심리통지서를 발행하여 서면심리를 진행하거나, 구술심리 통지서를 발행하여 구술심리를 통해 무효심판을 종결할 수 있습니다.

6. 구술심리

6.1 어떤 경우에 무효심판이 구술심리로 진행되나요?

심판원은 당사자의 청구 또는 사안의 필요에 따라 직권으로 무효심판을 구술심리로 진행할 것을 결정할 수 있습니다. 아래 중 어느 하나에 해당[56]하는 경우 무효심판의 당사자는 구술심리를 서면으로 신청할 수 있습니다.

i) 당사자 중 일방이 상대방과 대면하여 대질 및 변론할 것을 요구하는 경우

ii) 심판관 합의체와 대면하여 사실을 설명할 필요가 있는 경우

iii) 실물 시연(演示)이 필요한 경우

iv) 증언을 제출한 증인이 출정하여 증언할 필요가 있는 경우

심판원이 구술심리가 아직 진행되지 않은 무효심판에 대해 심결을 내리기 전에 당사자가 구술심리를 요청한 경우, 심판관 합의체는 구술심리에 동의해야 합니다. 심판관 합의체는 무효심판에 대해 이미 구술심리를 진행한 적이 있더라도, 필요한 경우 다시 구술심리를 진행할 수 있습니다.[57]

6.2 무효심판의 구술심리 통지서는 무엇인가요?

구술심리 통지서는 구술심리가 필요하다고 확정된 경우, 심판관 합의체가 무효심판의 당사자에게 구술심리의 시간 및 장소 등의 사항을

---

56 중국 특허심사지침(2017) 제4부 제4장 2.
57 중국 특허심사지침(2017) 제4부 제4장 2.

전달하는 통지서입니다. 당사자는 구술심리 통지서를 수령한 날로부터 7일 내에 심판원에 구술심리 통지서 수령확인을 제출해야 합니다. 무효심판 청구인이 기간이 만료될 때까지 수령확인을 제출하지 않고 구술심리에도 불참하는 경우, 심판원이 이미 진행한 심리를 통해 특허권의 전부 또는 일부 무효 심결을 내릴 수 있는 경우 외에는 그 무효심판은 취하간주됩니다. 특허권자가 구술심리에 불참하는 경우, 결석심리를 진행할 수 있습니다.[58]

7. 청구항의 정정

7.1 무효심판 중 청구항의 정정이 가능한가요?

네.

한국과 유사하게 중국도 무효심판 중 청구항에 대한 정정이 가능합니다. 이때 정정의 대상은 청구항으로 한정되고, 명세서나 도면은 정정 대상에서 제외됩니다. 구체적으로, 청구항 정정은 아래와 같이 제한됩니다.[59]

i) 주제명칭(청구항의 종결어)의 변경 불가

ii) 등록된 청구항에 비해 권리범위를 넓게 확장 불가

iii) 최초 명세서의 기재범위를 벗어나지 않도록 보정

iv) 등록된 청구범위에 기재되지 않은 구성요소의 추가 불가

위 정정범위 제한 중 iv)는 청구범위에 기재되지 않고 명세서에만

---

58 중국 특허심사지침(2017) 제4부 제4장 3.
59 중국 특허심사지침(2017) 제4부 제3장 4.6.1.

기재된 구성요소를 부가하여 청구항을 정정함으로 인해 무효심판이 지연되는 것을 방지하기 위한 취지로 해석됩니다.

7.2 정정의 대상이 청구항으로 한정되는 경우, 명세서의 보정범위 위반을 이유로 청구되는 무효심판에 대해 어떻게 대응해야 하나요?

무효심판 단계에서 정정의 대상은 청구항으로 제한되므로 명세서에 대한 보정이 보정범위를 위반했다는 이유로 무효심판이 청구될 경우, 특허권자의 방어권이 문제됩니다. 위와 같은 사안에 대해, 중국 심판원은 명세서에 대한 보정이 "외관상" 보정범위를 위반한 흠결이 있다 하더라도 그 보정이 청구항의 기술방안 및 그 청구항의 권리범위에 영향을 미치지 않는 경우, 그 흠결을 이유로 특허권을 무효로 할 수 없다[60]는 심결을 내린 바 있습니다. 이는 비록 법원의 판단이 아닌 심판원의 판단이기는 하나, 보정범위 위반의 흠결이 있는 명세서의 보정이 상술

---

60 전리복심위원회(专利复审委员会) 2007.4.28. 第WX9749号 审查决定.
명세서에 대한 보정이 무효사유에 해당하는지 여부를 판단하기 위해서는 우선 그 보정이 등록특허 청구항의 기술방안 및 그 권리범위에 영향을 미치는지를 확정해야 한다. 본 특허의 청구항 1은 감압/진공 정류 및 가열한 아닐린을 다이페닐라민 (Diphenylamine)으로 합성하는 방법에 관한 것으로, 그 분리정제 과정에 있어 채용한 것은 "감압/진공정류 및 가열" 방법으로 통상의 기술자에게 있어 상기 용어가 나타내는 방법은 i) 특정한 부압 상태하에서의 정류 및 ii) 점차 부압을 형성하는 중의 정류를 모두 포함한다. 상기 두 가지 방법이 얻을 수 있는 효과는 다소 다를 수 있으나 온도 등의 조건이 적합한 경우, 일반적으로 두 가지 방법 모두 물질의 정류분리라는 목적을 달성할 수 있다. 이 점에 비추어 보면, 특정한 상황하에서 분리하거나 점차 부압을 형성하면서 분리하는 것은 모두 청구항 1의 권리범위에 속하므로 그 기술방안에서 벗어나지 않음을 알 수 있다. 명세서의 구체적인 실시방안이 특정 부압 상태에서 점차 부압을 형성하는 것으로 바뀐 것은 통상의 기술자에게 최초 명세서의 기재 내용과 다른 내용을 제공하기는 하나, 그 보정은 청구항 1 자체의 기술방안에 영향을 미치지 않으므로 상기 흠결을 이유로 그 특허권을 무효로 할 수 없다.

한 요건을 만족함을 전제로 하여 명세서의 보정범위 위반을 이유로 청구된 무효심판에 대해 특허권자가 방어권을 행사할 여지가 있다는 점에 의의가 있다고 생각됩니다.

7.3 무효심판 단계에서 어떤 유형의 청구항 정정이 허용되나요?

무효심판 단계에서 청구항의 정정은 상술한 7.1의 정정범위를 만족한다는 전제하에 아래 유형 중 하나로 제한[61]됩니다. 아래 유형 중, iii)은 최근 개정된 2017년 심사지침의 내용이 반영된 것입니다.

i) 독립 청구항 또는 종속 청구항의 삭제
ii) 하나의 청구항에 병렬적으로 나열된 둘 이상의 기술방안 중 적어도 하나 이상의 기술방안의 삭제
iii) 다른 청구항에 기재된 하나 이상의 구성요소를 추가하여 권리범위를 축소
iv) 명백한 오기의 정정

참고로, 중국의 경우 "정정"이라는 용어 대신 출원단계와 마찬가지로 "보정(修改)"이라는 용어를 사용합니다.

7.4 청구항 정정의 시기적 요건은 어떻게 되나요?

청구항을 삭제하거나 청구항에 포함된 기술방안을 삭제하는 유형에 한하여 심판원이 무효심판에 대한 심결을 내리기 전까지 정정할 수 있습니다. 다만, 출원인은 아래 중 어느 하나에 해당하는 경우, 1개월의 의견서 제출기간[62] 내에 삭제 이외의 방식으로 청구항을 정정할 수 있

---

61 중국 특허심사지침(2017) 제4부 제3장 4.6.2.

습니다.[63]

 i) 무효심판 청구서를 수령한 경우

 ii) 무효심판 청구인이 무효심판의 청구이유 또는 증거를 보충하여
  제출한 경우

 iii) 무효심판 청구인이 제기하지 않은 이유나 증거를 심판원이 인입
  한 경우

7.5 무효심판 단계에서 청구항에 포함된 수치를 한정하는 유형의 정정이 허용되나요?

 청구항에 포함된 수치를 한정하는 것은 중국 특허심사지침이 한정적으로 제시하는 정정유형에 속하지 않으므로 그 허용 여부가 문제됩니다. 이러한 사안(아래의 〈수치한정의 정정이 허용된 실제 사안〉 참조)에 대해, 한국 대법원에 해당하는 중국 최고인민법원은 정정에서 한정된 수치가 최초 명세서에 기재되어 있고, 정정을 통해 특허권의 권리범위가 더 명확해지는 경우, 그 정정의 유형을 허용한다는 판결[64]을 내린 바 있

---

62 중국 특허심사지침(2017) 제4부 제3장 4.4.1.

63 중국 특허심사지침(2017) 제4부 제3장 4.6.3.

64 최고인민법원(最高人民法院) 2011.10.8. (2011)知行字第17号 裁定.
  본 안에 있어서, 정정 전 청구항 중의 1:10-30이라는 기술방안은 병렬적으로 나열된 기술방안의 전형적인 예에 속하지 않으나, 1:30이라는 구체적인 비율이 최초 명세서에 명확히 기재된 점 및 그 비율이 최적의 비율이라고 설명된 점에 비추어 보면, 통상의 기술자는 최초 명세서로부터 1:30의 비율을 포함한 청구항을 용이하게 도출할 수 있다. 또한 해당 청구항은 단 하나의 변수만을 가지므로 그 정정은 해당 특허권의 권리범위를 더 명확히 하며, 기타 다른 변수가 존재하는 상황에서의 정정이 야기할 수 있는 "권리범위의 불명확화" 등의 문제도 발생하지 않아 이를 허용함이 공평의 원칙에 더 부합한다. 1:30이라는 비율은 특허권자가 최초 명세서에 명확하게 최적의 비율이라고 기재한 바 있으므로 상기 정정은 최초 명세서 및 청구범위에 기재된 내용을 초과하지 않

습니다. 중국은 판례법 국가가 아니므로 상급법원의 판결에 의해 하급법원이 구속되지는 않으나, 수행하려는 정정이 상술한 요건을 만족하는 경우 위 판례를 근거로 수치를 한정하는 유형의 정정에 대한 적법성을 주장해 볼 수 있다고 생각됩니다.

〈수치한정의 정정이 허용된 실제 사안〉[65]

〈청구항 1〉 (정정 전)

복합제제에 있어서,

상기 복합제제는 중량비 조성이 1:10-30인 암로디핀(Amlodipine) 또는 암로디핀 생리학적으로 수용 가능한 염 및 이르베사르탄(Irbesartan)을 활성성분으로 구성되는 약학 조성물인 것을 특징으로 하는,

복합제제.

〈청구항 1〉(정정 후)

복합제제에 있어서,

상기 복합제제는 중량비 조성이 1:30인 암로디핀(Amlodipine) 또는 암로디핀 생리학적으로 수용 가능한 염 및 이르베사르탄(Irbesartan)을 활성성분으로 구성되는 약학 조성물인 것을 특징으로 하는,

복합제제.

7.6 일반 화합물을 특정 화합물로 한정하는 유형의 정정이 허용되나요?

일반 화합물을 특정 화합물로 정정하는 것은 중국 특허심사지침에

고 특허권의 권리범위를 확대하는 것도 아니어서 관련 법률이 정정에 대한 제한을 통해 방지하려는 상황에도 속하지 않는다. 또한 〈특허심사지침〉이 정정범위를 만족한다는 전제하에 일반적으로 정정 유형을 3가지로 제한하는 것은, 다른 유형의 청구항 정정을 절대적으로 배제하는 것은 아니다.

65 출원번호: CN03150996.7.

제시된 유형에 속하지 않아 그 허용여부가 문제됩니다. 이러한 사안(아래의 〈일반 화합물을 특정 화합물로 한정하는 정정이 허용된 실제 사안〉 참조)에 대해, 심판원은 상기 유형의 정정에 대해 정정 후의 특정 화합물이 명세서에 명확히 기재되어 있고 본 발명의 핵심에 해당하는 경우, 그 정정을 허용한다는 입장[66]입니다. 따라서, 수행하려는 정정이 상술한 요건을 만족하는 경우, 위 심결을 근거로 일반 화합물을 특정 화합물로 한정하는 유형의 정정에 대한 적법성을 주장해 볼 수 있다고 생각됩니다.

〈일반 화합물을 특정 화합물로 한정하는 정정이 허용된 실제 사안〉[67]
〈청구항 1〉(정정 전)
분화 및 항증식 활성을 갖는 벤즈아미드류 히스톤 디아세틸레이즈 억제제에 있어서,
상기 화합물의 일반 구조식은 하기와 같이 표시되는 것을 특징으로 하는,
분화 및 항증식 활성을 갖는 벤즈아미드류 히스톤 디아세틸레이즈 억제제.

---

66 전리복심위원회(专利复审委员会) 2014.12.10. 제24591호 审查决定.
　　청구항 1에 대한 정정은 〈특허심사지침〉에 규정된, 병렬적으로 나열된 기술방안의 삭제에 해당하지는 않으나, 정정 후의 특정 화합물은 명세서에 명확히 기재되어 있을 뿐 아니라 본 발명의 핵심에 해당한다. 상기 정정을 허용할 경우 발명창조를 장려하는 특허제도의 입법 취지에 부합하고, 해당 특허가 기술에 대해 실질적으로 공헌한 부분을 판단할 때 도움이 된다. 동시에, 정정 후의 특정 화합물은 명세서에서 특허의 핵심 내용으로서 공개되고, 그 특허의 권리범위에 속하므로, 그 정정을 허용하더라도 제3자가 예측할 수 없는 불이익을 야기하지 않는다. 따라서 상기 정정은 허용되어야 한다.
67 출원번호: CN03139760.3.

〈청구항 1〉(정정 후)

분화 및 항증식 활성을 갖는 벤즈아미드류 히스톤 디아세틸레이즈 억제제에 있어서,

상기 화합물의 구조식은 하기와 같이 표시되는 것을 특징으로 하는,

분화 및 항증식 활성을 갖는 벤즈아미드류 히스톤 디아세틸레이즈 억제제.

7.7 청구항의 정정과 관련하여 특허심사지침(2017)이 어떻게 개정되었나요?

개정 전의 2010년 중국 특허심사지침에 따르면, 정정방식은 청구항의 삭제, 병합 및 기술방안의 삭제만이 가능하였습니다. 이 중, 청구항의 병합은 둘 이상의 서로 종속 관계가 없으면서 동일한 독립 청구항을 인용하는 종속 청구항의 병합을 지칭하는데, 이러한 병합으로 인해 새로운 청구항이 형성되는 경우, 상기 새로운 청구항은 병합된 종속 청구항의 모든 구성요소를 포함하도록 요구되었습니다. 또한 독립 청구항에 대한 보정 없이는 그 독립 청구항을 인용하는 종속 청구항 병합도 허용하지 않았습니다. 즉, 개정 전 중국 특허심사지침에 따르면 청구항 정정 시 청구항 병합이 극히 제한적으로 인정되었습니다.

개정 후 2017년 중국 특허심사지침에 따르면, 상술한 청구항 병합에 관한 규정이 삭제되고, 다른 청구항에 기재된 하나 이상의 구성요소를 추가하여 청구항을 정정할 수 있게 되었습니다. 이는 다른 청구항에 기재된 구성요소의 추가를 허용하되, 명세서에만 기재된 구성요소의 추가는 불허함으로써 특허권자가 행사할 수 있는 방어권의 자유도를 높

이되, 명세서에만 기재된 내용은 공공의 영역에 속한다는 점을 신뢰하는 공공의 이익을 함께 고려한 개정이라고 볼 수 있습니다.[68]

7.8 무효심판이 법원에 계류 중일 때에도 청구항 정정이 가능한가요?

아니요.

중국 특허법 실시세칙에는 "무효심판의 심사과정" 중 특허권자는 그 청구범위를 정정할 수 있다[69]고 규정되어 있으나, 상기 "무효심판의 심사과정"은 무효심판이 법원에 계류 중일 때가 아니라 심판원에 의해 심리되고 있는 기간을 의미하는 것으로 봄이 타당[70]하다고 해석됩니다. 여기에서 무효심판이 법원에 계류 중이라는 것은 무효심판의 심결에 대해 불복하기 위해 제기한 행정소송 단계를 의미합니다.

8. 절차의 연장 및 중지

8.1 무효심판 단계에서 의견서 제출기간을 연장할 수 있나요?

아니요.

무효심판 계속 중에는 심판원이 지정하는 기간을 연장할 수 없습니다.[71]

---

68 http://www.sipo.gov.cn/zcfg/zcjd/1020253.htm
69 중국 특허법 실시세칙 제69조 제1항.
70 尹新天, 中国专利法详解(缩编版), 第2版, 知识产权出版社, 2012, p.371.
71 중국 특허법 실시세칙 제71조.

8.2 무효심판 단계에서 당사자 합의를 이유로 심리를 일시적으로 중지시킬 수 있나요?

네.

무효심판 단계에서 당사자는 상대방과 화해(和解)할 권리가 있습니다. 무효심판의 양 당사자가 심판원에 대해 화해의 의사표시를 하는 경우, 심판원은 양 당사자에게 화해에 필요한 기간을 부여하고, 양 당사자 중 어느 일방이 심리 재개를 요청하거나, 심판원이 지정한 기간이 만료될 때까지 무효심판 청구에 대한 심리 및 심결을 일시적으로 유예할 수 있습니다.[72] 참고로, 중국은 무효심판뿐 아니라 특허권 침해로 인한 분쟁에서도 우선 협상을 진행하되, 협상이 성립하지 않는 경우 행정적 또는 사법적 절차를 청구하도록 규정[73]할 정도로 당사자 간의 협상이나 화해를 적극 장려하는 태도를 보입니다.

9. 불 복

9.1 무효심판의 심리결과에 불복할 수 있나요?

네.

무효심판의 심리결과에 불복하는 경우, 무효심판의 심리결과 통지일로부터 3개월 이내에 북경시 제1 중급인민법원에 소를 제기할 수 있습니다. 또한 제1 중급인민법원의 판결에 불복하는 경우, 북경시 고급인민법원에 상소할 수 있습니다.

---

[72] 중국 특허심사지침(2017) 제4부 제3장 2.2.

[73] 중국 특허법 제60조.

9.2 무효심판의 심리결과에 대해 불복하기 위해 제기한 소송에서 상대방 당사자가 아니라 심판원이 피고가 되는 이유는 무엇인가요?

한국의 경우, 당사자계 심판에 대한 심결취소소송의 피고는 무효심판 청구인 또는 특허권자입니다. 반면 중국의 경우 무효심판의 결과에 대해 불복하여 소를 제기하면 심판원이 피고가 되고, 상대방 당사자는 제3자로 소송에 참가[74]하게 됩니다. 이 점은 다소 생소하게 보일 수 있으나, 무효심판에 불복하여 제기하는 소는 행정소송에 해당하고 소송물은 무효심판에 대한 심결이므로 그 심결을 내린 행정청(즉, 여기에서는 심판원)이 행정소송의 피고가 되는 것으로 해석됩니다. 이와 같이 외관상으로는 심판원은 피고가 되고 무효심판에서의 상대방 당사자는 제3자의 지위를 가지게 되나, 소송 중 증거제출 등 승소를 위해 필요한 적극적인 행위는 주로 제3자로 참가한 자에 의해 수행됩니다.

10. 인용심결의 효과

무효심판의 인용심결이 확정되면 무효라고 판단된 특허권은 처음부터 존재하지 않은 것으로 간주하는 소급효가 있으나, 특허권 무효심판의 인용심결이 확정되더라도 이미 집행한 특허권의 판결, 조정서, 이미 이행하거나 강제집행한 특허권 침해분쟁 처리결정 및 이미 이행한 특허실시허가계약 및 특허권 이전계약에 대해서는 소급력을 가지지 않습니다. 다만, 특허권자가 악의로 제3자에게 손해를 발생시킨 경우 이에 대해서는 배상해야 하고, 특허 침해 배상액, 특허 실시료, 특허권 이전비용을 반환하지 않는 것이 공평의 원칙에 명백히 위반되는 경우 그

---

[74] 중국 특허법 제46조 제2항.

전부 또는 일부를 반환해야 합니다.[75]

11. 실용신안권에 대한 무효심판

실용신안권에 대한 무효심판은 인용발명의 분야 및 수량이라는 두 가지 측면에서 특허권에 대한 무효심판 판단기준과 차이가 있습니다. 구체적인 내용은 아래와 같습니다.

1) 인용발명의 기술분야

특허 등록된 발명에 대한 진보성 판단 시 그 발명이 속하는 기술분야 및 유사(또는 관련) 기술분야를 함께 고려해야 합니다. 반면 실용신안 등록된 고안에 대한 진보성 판단 시 일반적으로 그 고안이 속하는 기술분야를 주로 고려[76]합니다. 따라서 등록된 고안과 유사한 기술분야에 속한 인용발명을 근거로 무효심판이 청구된 경우, 고안과 인용발명이 속한 기술분야가 서로 다름을 적극적으로 주장해 볼 수 있습니다. 다만, 통상의 기술자가 유사(또는 관련) 기술분야로부터 실용신안 등록된 고안에 관한 기술을 도출할 수 있다는 점이 인용발명에 명확히 시사되어 있는 경우, 그 유사(또는 관련) 기술분야를 고려하여 그 고안의 진보성을 판단할 수 있습니다.

2) 제시되는 인용발명의 수량

특허 등록된 발명에 대한 진보성 판단 시 적어도 하나 이상의 인용발명이 제시될 수 있습니다. 반면 실용신안 등록된 고안에 대한 진보

---

75 중국 특허법 제47조.
76 중국 특허심사지침(2017) 제4부 제6장 4.(1).

성 판단 시 일반적으로 하나 또는 두 개의 인용발명이 제시됩니다. 따라서 등록된 고안에 대해 세 개 이상의 인용발명이 제시되는 경우, 제시된 인용발명의 수량이 고안에 대한 진보성 판단기준에 부합하지 않는다는 점을 적극적으로 주장해 볼 수 있습니다.[77] 다만, 실용신안 등록된 고안이 인용발명을 "단순히 중첩"하여 완성된 경우, 다수의 인용발명에 기초하여 그 고안의 진보성을 판단할 수 있습니다.

---

[77] 중국 특허심사지침(2017) 제4부 제6장 4.(2).

제9장

PCT 국제특허출원

—

제1절

국제출원

—

1. 국내단계 진입

1.1 국제출원의 경우, 중국의 국내단계 진입기간은 한국과 동일한가요?

아니요.

중국은 우선일로부터 30개월 내에 번역문 등을 제출하여 국내단계에 진입해야 하고, 필요한 경우 번역문 제출기간을 2개월 연장할 수 있습니다.[1] 한국은 우선일로부터 31개월 내에 국내단계에 진입해야 하고 번역문 제출기간을 1개월 연장할 수 있다는 점에서 중국의 국내단계 진입기간과 일부 차이가 있습니다. 참고로, 중국 국내단계 진입 시 우선권 주장을 추가할 수 없고,[2] 우선권 주장의 취하는 가능하나, 우선권 주장을 취하하더라도 중국 국내단계 진입기간은 최우선일로부터 기산됩니다.[3]

---

1 중국 특허법 실시세칙 제103조.

2 중국 특허심사지침(2017) 제3부 제1장 5.2.1.

3 중국 특허심사지침(2017) 제3부 제1장 2.

1.2 중문 번역문 제출기간을 연장할 경우, 얼마의 비용이 발생하나요?

1000元[4]의 연장 비용이 발생합니다.

1.3 국제출원이 중국 국내단계에 진입하기 위해 어떤 절차가 필요한가요?

국제출원이 중국 국내단계에 진입하기 위해서는 아래의 절차[5] i) ~ vii)이 필요합니다.

1) 국내단계 진입일의 인정

아래의 절차 i) ~ iii)의 규정에 부합하면 출원번호를 부여하고, 국내단계 진입일을 부여하며, 국제출원이 중국 국내단계에 진입했음을 출원인에게 통지[6]합니다.

　i) 중문으로 중국 국내단계 진입에 대해 서면성명을 제출하고, 국제출원번호 및 청구항의 유형을 기재

　ii) 출원료, 공개 인쇄비 및 필요에 따른 번역문 제출기간 연장비용을 납부

　iii) 중문 이외의 언어(이하, 외국어)로 국제출원한 경우 최초 국제출원의 명세서 및 청구항에 대한 중문 번역문을 제출

이때 번역문과 원문이 명백히 일치하지 않는 경우 그 번역문은 중국 국내단계 진입일의 기초가 될 수 없습니다.[7]

---

4 http://www.sipo.gov.cn/docs/20180810160805493844.pdf
5 중국 특허법 실시세칙 제104조 제1항.
6 중국 특허법 실시세칙 제104조 제2항.
7 중국 특허심사지침(2017) 제3부 제1장 3.2.

2) 국내단계 진입 후의 보정

아래의 절차 iv) ~ vii)의 규정에 부합하지 않는 경우 지정기간 내에 보정하도록 통지하고, 지정기간 내에 보정하지 않으면 그 출원을 취하간주[8]합니다.

iv) 서면성명 중 발명의 명칭, 출원인의 성명 또는 명칭, 주소 및 발명자의 성명을 기재하되, 그 기재 내용은 국제사무국의 기록과 일치해야 하고, 국제출원 시 발명자를 기재하지 않은 경우 발명자를 기재

v) 외국어로 국제출원한 경우 중문 요약서를 제출하고, 도면 및 대표도[9]가 있는 경우 도면 및 대표도의 사본을 제출하며, 도면 중 문자가 있는 경우 그 문자를 대응되는 중문으로 치환하고, 중국어로 국제출원한 경우 국제공개문헌의 요약서 및 대표도 사본을 제출

vi) 국제단계에서 국제사무국에 출원인 변경신청을 한 경우, 변경 후의 청구인이 그 출원권을 향유함을 증명하는 자료를 제출

vii) 필요한 경우, 중국 특허법 실시세칙 제93조 제1항에 따른 출원비용의 납부

1.4 중국 국내단계 진입을 위해 제출한 번역문에 오기가 있는 경우 어떻게 처리하나요?

출원인은 제출한 명세서, 청구범위 또는 첨부도면의 문자부분에 대한 중문 번역문에 존재하는 오기를 발견한 경우, i) 국무원 전리행정부문이 특허출원의 공개나 실용신안출원의 공고에 대한 준비작업을 완료

---

8 중국 특허법 실시세칙 제104조 제3항.

9 중국 특허법은 "대표도"라는 용어 대신 "적요 첨부도면(摘要附图)"라는 용어를 사용함.

하기 전 또는 ii) 국무원 전리행정부문이 발행한 특허출원의 실질심사 단계 진입통지서를 수령한 날로부터 3개월 이내의 기간에 최초 제출한 국제출원 서류에 기초하여 번역문을 정정할 수 있습니다.[10] 심사관은 정정을 위해 제출한 번역문이 정확하다고 판단되면 정정된 번역문에 기초하여 심사를 진행하되, 정정된 번역문이 여전히 원문과 부합하지 않는 경우 출원인에게 원문과 부합하도록 번역문을 정정하라고 통지합니다.[11]

1.5 국제출원의 국내단계 진입일 인정요건 중 청구항의 "유형(类型)"은 무엇을 의미하나요?

국제출원의 국내단계 진입일 인정요건 중 청구항의 유형(类型)은 "특허" 또는 "실용신안"을 의미합니다. 중국을 지정국으로 지정한 국제출원이 중국 국내단계 진입을 신청할 때에는 "특허" 또는 "실용신안" 중 어느 하나를 선택해야 합니다. 양자를 모두 선택할 수는 없는데, 본 규정에 부합하지 않는 경우 심사관은 국제출원이 중국 국내단계에 진입할 수 없다는 통지서를 발행합니다.[12]

1.6 국제출원이 기간 내에 중국 국내단계로 진입하지 않으면 어떻게 되나요?

우선일로부터 32개월 내에 중국 국내단계로 진입하지 않았거나, 진입 절차가 중국 국내단계 진입규정에 부합하지 않는다고 판단되는 경우, 그 국제출원은 중국 내에서의 효력을 상실하고, 중국 특허법 실

---

10 중국 특허법 실시세칙 제113조 제1항.
11 중국 특허심사지침(2017) 제3부 제2장 5.7.
12 중국 특허심사지침(2017) 제3부 제1장 3.1.2.

시세칙 제6조에 따른 기간 도과에 대한 권리회복을 신청할 수 없습니다.[13] 다만, 출원인이 32개월의 중국 국내단계 진입 절차를 밟지 않은 것이 불가항력에 의한 것임을 증명하는 경우, 심사관은 장애사유가 해소된 날로부터 2개월 이내 및 기간 만료일로부터 2년 이내[14]에 국무원 전리행정부문에 권리회복을 청구할 수 있습니다.[15]

1.7 국제단계에서 선출원의 출원번호를 누락하거나 잘못 기재한 경우 어떻게 하나요?

국제단계에서 선출원의 출원번호를 누락한 경우, 국내단계 진입 성명서에 이를 기재해야 합니다. 상기 규정에 부합하지 않는 경우 심사관은 보정통지서를 발행하고, 기간 내에 보정하지 않거나 보정 후에도 규정에 부합하지 않는 경우 우선권주장을 미제출한 것으로 간주합니다.[16]

국제단계에서 제출한 우선권 서면성명에 오기가 있는 경우, 중국 국내단계 진입일로부터 2개월 내에 보정서를 제출할 수 있습니다. 출원인이 국제사무국에 선출원문서의 사본을 미제출한 경우, 보정서의 근거로 선출원문서의 사본을 함께 제출해야 합니다. 상기 규정에 부합하지 않는 경우, 우선권주장을 미제출한 것으로 간주합니다.[17]

---

13 중국 특허법 실시세칙 제105조 제1항, 제2항.
14 중국 특허법 실시세칙 제6조 제1항.
15 중국 특허심사지침(2017) 제3부 제1장 2.2.2.
16 중국 특허심사지침(2017) 제3부 제1장 5.2.1.
17 중국 특허심사지침(2017) 제3부 제1장 5.2.1.

1.8 국제단계에서 보정서를 제출한 경우, 중국 국내단계 진입 시 어떤 절차가 필요한가요?

국제단계에서 제출한 보정서에 기초하여 심사를 받으려는 경우, 중국 국내단계 진입을 위한 성명서에 보정된 명세서를 기초로 하여 심사받을 것을 기재하고 중국 국내단계 진입일로부터 2개월 내에 PCT 19조 또는 PCT 34조에 따른 국제단계 보정서의 번역문을 제출할 수 있습니다. 상기 기간 내에 국제단계 보정서의 번역문을 제출하지 않았거나, 성명서에 보정된 명세서가 심사 대상임을 기재하지 않은 경우, 국제단계에서 제출한 보정서는 고려되지 않습니다.[18][19] PCT 19조 또는 PCT 34조에 따른 보정의 번역문이 중국 특허법 또는 그 실시세칙에 부합하지 않는 경우, 심사관은 그 흠결을 보정하도록 출원인에게 통지합니다. 기간이 도과할 때까지 보정하지 않는 경우, 국제단계에서 제출한 보정을 고려하지 않는다는 통지서를 발행합니다.[20]

국제단계에서 PCT 19조에 따른 보정을 제출했으나 PCT 46조 규정에 부합하지 않아 국제사무국이 접수하지 않은 경우, 중국 국내단계 진입 시 PCT 19조에 따른 보정으로 제출할 수 없습니다.[21]

국제단계에서 PCT 34조에 따른 보정을 제출했으나, 심사관이 그 보정을 채택하지 않아 국제예비심사 보고서의 첨부서류로 전송되지 않은 경우, 중국 국내단계 진입 시 PCT 34조에 따른 보정으로 제출할 수 없습니다.[22]

---

18 중국 특허심사지침(2017) 제3부 제1장 3.1.6.
19 중국 특허법 실시세칙 제106조.
20 중국 특허심사지침(2017) 제3부 제1장 4.1.
21 중국 특허심사지침(2017) 제3부 제1장 4.1.
22 중국 특허심사지침(2017) 제3부 제1장 4.2.

2. 국제출원의 단일성

2.1 국제출원에 대한 단일성 판단은 어떤 절차를 포함하나요?

국제단계에서 국제조사기관 또는 국제예비심사기관이 국제출원에 대해 단일성이 없다고 심사하였음에도, 출원인이 이에 대한 비용을 미납하여 그 국제출원의 일부에 대해 국제출원에 대한 국제조사나 국제예비조사가 수행되지 않은 상태로 중국 국내단계로 진입하였고, 국내단계 진입 시 출원인이 상기 조사가 진행되지 않은 부분에 기초하여 심사를 청구할 경우, 국무원 전리행정부문은 국제조사기관 또는 국제예비심사기관의 단일성 판단이 타당하다고 판단되면, 출원인에게 지정기간 내에 단일성 회복 비용(900元[23])을 납부하도록 통지합니다.

2.2 국제출원의 단일성 회복 비용을 납부하지 않으면 어떻게 되나요?

출원인이 지정기간 내 단일성 회복 비용을 납부하지 않는 경우, 단일성이 없다고 판단되어 국제조사 또는 국제예비조사가 수행되지 않은 부분을 취하간주[24]합니다. 취하간주된 부분에 대해서는 분할출원도 인정되지 않습니다.[25]

3. 국제출원의 권리범위

등록특허의 권리범위가 국제출원의 원문에 기재된 범위를 초과하

---

23 专利收费、集成电路布图设计收费标准(2018.8.1).
24 중국 특허법 실시세칙 제115조 제2항.
25 중국 특허심사지침(2017) 제3장 제2부 5.5.

는 경우 그 권리범위는 국제출원의 원문에 기재된 범위를 기준으로 하고, 등록특허의 권리범위가 국제출원의 원문에 기재된 범위보다 작은 경우 그 권리범위는 등록특허의 권리범위를 기준으로 합니다.[26] 즉, 국제출원의 권리범위는 <u>원문과 번역문 중 권리범위가 작은 것</u>을 기준으로 삼습니다.

---

26 중국 특허법 실시세칙 제117조.

제2절
국제특허출원의 특례

—

1. 신규성의제의 특례

1.1 국제출원의 신규성의제의 적용사유는 통상적인 중국 국내출원과 차이가 있나요?

네.

국제출원의 경우, 출원발명이 출원인의 동의 없이 누설된 경우에 대해서는 신규성의제가 적용되지 않음[27]에 유의할 필요가 있습니다. 즉, 국제출원의 경우, i) 중국정부가 주최하거나 승인한 국제전람회에서 최초로 전시된 경우 및 ii) 규정된 학술회의 또는 기술회의에서 최초로 발표된 경우의 두 가지 경우에만 신규성의제가 적용됩니다.

1.2 국제출원의 경우, 신규성의제 주장 시 어떤 절차가 필요한가요?

국제출원에 대해 신규성의제를 주장하기 위해서는 국제출원 시 신

---

27 중국 특허법 실시세칙 제107조.

규성의제에 대한 성명을 제출해야 하고, 출원인은 그 국제출원이 중국 국내단계로 진입할 때 제출하는 서면성명에 신규성의제에 대해 설명해야 합니다. 이때 국제공개 팸플릿에는 상기 설명과 상응하는 기재가 있어야 하고, 상기 기재는 신규성의제와 관련된 공개일자, 공개장소, 공개유형, 및 전람회(또는 회의)의 명칭이 포함되어 있어야 합니다.[28] 또한 중국 국내단계 진입일로부터 2개월 내에 증명서류를 제출[29]해야 합니다. 설명을 누락하거나 기간 내에 증명서류를 제출하지 않은 경우, 그 출원에 대해서는 신규성의제가 적용되지 않습니다.[30]

1.3 중국 국내단계 진입을 위한 성명에 신규성의제에 대한 설명을 누락했는데 이를 보정할 수 있나요?

네.

국제공개 문서에 그 설명이 기재된 것을 전제로 하여, 국내단계 진입일로부터 2개월 내에 보정할 수 있습니다.[31]

2. 우선권주장의 특례

2.1 국제출원에 대해 어떻게 우선권을 주장하나요?

국제단계에서 제출한 하나 이상의 우선권 주장이 중국 국내단계 진입 시에도 유효한 경우, 중국 국내출원 시 우선권을 주장한 것으로 간

---

28 중국 특허심사지침(2017) 제3부 제1장 5.4.
29 중국 특허법 실시세칙 제107조.
30 중국 특허법 실시세칙 제107조.
31 중국 특허심사지침(2017) 제3부 제1장 5.4.

주[32]되므로 별도의 우선권 주장이 불필요합니다.

2.2 국제출원에 대해 우선권을 주장하는 경우, 중국 국내단계 진입 시 어떤 절차가 필요한가요?

출원인은 중국 국내단계 진입 성명서에 원수리관청의 명칭, 선출원일, 선출원의 출원번호를 명확히 기재해야 합니다. 상기 기재 내용은 국제공개 팸플릿의 기재 내용과 일치해야 합니다. 불일치하는 경우, 심사관은 국제공개 팸플릿에 기재된 내용을 기준으로 하거나, 직권으로 중국 국내단계 진입 성명서를 정정한 후 출원인에게 즉시 통지할 수 있습니다.[33]

2.3 국제출원에 대해 우선권을 주장하는 경우, 증명서류는 어떻게 제출하나요?

국제단계에서 이미 PCT 규정에 따라 선출원문서의 사본을 제출한 경우, 중국 국내단계 진입 시 그 사본을 다시 제출하지 않아도 됩니다. 반면 국제단계에서 선출원문서의 사본을 미제출한 경우, 국무원 전리행정부문은 필요하다고 판단되면 지정기간 내에 그 사본을 제출하도록 통지할 수 있습니다. 지정기간 내에 그 사본을 제출하지 않은 경우 우선권주장을 미제출한 것으로 간주합니다.[34]

---

32 중국 특허법 실시세칙 제110조 제1항.
33 중국 특허심사지침(2017) 제3부 제1장 5.2.1.
34 중국 특허법 실시세칙 제110조 제2항, 제3항.

2.4 국제출원의 우선권주장 비용은 언제 납부하나요?

출원인은 국제출원이 중국 국내단계에 진입한 날로부터 2개월 내에 우선권 비용을 납부해야 합니다. 상기 기간 내에 비용을 납부하지 않으면 우선권주장을 미제출한 것으로 간주합니다.[35] 국제출원의 우선권 비용은 매 우선권마다 80元[36]으로 통상적인 중국 국내출원의 우선권 비용과 동일합니다.

3. 화학발명에 대한 국제출원의 특례

3.1 유전자원에 의존하여 완성한 발명에 대해 어떠한 절차가 필요한가요?

국제출원한 발명이 유전자원에 의존하여 완성된 경우, 출원인은 그 국제출원이 중국 국내단계로 진입하기 위한 서면성명 중 이를 설명하고, 유전자원출처개시 등기표를 작성해야 합니다.[37]

3.2 생물재료 견본의 기탁 정보는 어떻게 작성하나요?

PCT 규정에 따라 생물재료 견본의 기탁에 대해 설명한 경우, 통상적인 중국출원의 출원서 및 명세서에 기탁 정보를 기재한 것으로 간주합니다. 이때 출원인은 중국 국내단계 진입 성명서에 생물재료 견본 기탁사항의 서류 및 그 서류 중의 구체적인 기재위치를 지정해야 합니다.[38]

---

35 중국 특허법 실시세칙 제110조 제2항.

36 专利收费、集成电路布图设计收费标准(2018.8.1).

37 중국 특허법 실시세칙 제109조.

3.3 생물재료의 기탁증명 및 생존증명은 언제 제출해야 하나요?

국제출원의 경우, 중국 국내단계 진입일로부터 4개월 내에 국무원 전리행정부문에 생물재료 견본의 기탁증명 및 생존증명을 제출할 수 있습니다.[39] 참고로, 통상적인 중국출원은 생물재료 발명에 대해 출원일 또는 출원일로부터 4개월 이내에 기탁기관이 발행한 기탁증명과 함께 그 생물재료의 생존증명을 더 제출하도록 요구합니다.

3.4 국제출원의 경우, 통상적인 국내출원과 기탁 정보 제출기간이 다른가요?

네.
기탁된 생물재료에 대한 기탁 정보는, 국제사무국이 국제공개 준비 작업을 완료하기 전에 국제사무국에 도달하기만 하면, 적시(及時)에 제출된 것으로 인정[40]됩니다. 여기에서 기탁 정보는 기탁기관의 명칭과 주소, 기탁일자, 기탁번호를 포함합니다.[41]

3.5 국제출원의 경우, 중국 국내단계 진입을 위한 성명에 생물재료 견본의 보존에 대한 설명을 보정할 수 있나요?

네.
국제단계에서 생물재료 견본의 기탁에 대해 설명하였으나, 중국 국 내단계 진입 성명서에 그 설명을 누락하거나 불명확하게 기재한 경우,

---

38 중국 특허법 실시세칙 제108조 제1항.
39 중국 특허법 실시세칙 제108조 제3항.
40 특허협력조약(PCT) 규칙 제13조의 2, 3(a).
41 중국 특허심사지침(2017) 제3부 제1장 5.5.2.

중국 국내단계 진입일로부터 4개월 내에 보정할 수 있습니다. 상기 기간 내에 보정하지 않은 경우, 그 생물재료를 기탁하지 않은 것으로 간주합니다.[42]

4. 비밀유지심사의 특례

전리국에 국제출원을 제출한 경우, 외국출원에 대한 비밀유지심사를 함께 청구한 것으로 간주[43]하므로 별도의 비밀유지심사를 청구하지 않아도 됩니다. 그 국제출원이 비밀유지심사가 불필요하다고 판단되는 경우, 심사관은 일반적인 국제단계 절차에 따라 처리합니다. 반면 비밀유지심사가 필요하다고 판단되는 경우, 등기본 및 조사보고서를 발송하지 않는다는 통지서를 출원일로부터 3개월 내에 발행하고, 출원인 및 국제사무국에 그 출원을 더 이상 국제출원으로 처리하지 않음을 통지하고, 국제단계를 종료합니다. 상기 통지를 받은 출원인은 그 발명을 외국에 출원할 수 없습니다.[44] 출원인이 국제사무국에 직접 국제출원을 제출하려는 경우, 그 전에 전리국에 비밀유지심사를 청구해야 합니다.[45]

---

42 중국 특허심사지침(2017) 제3부 제1장 5.5.1.
43 중국 특허심사지침(2017) 제5부 제5장 6.3.1.
44 중국 특허심사지침(2017) 제5부 제5장 6.3.2.
45 중국 특허심사지침(2017) 제5부 제5장 6.(1).

5. 출원공개의 특례

5.1 국제출원의 국내 공개시기는 한국과 동일한가요?

아니요.

대부분의 국제출원은 우선일로부터 18개월이 경과한 이후에 중국 국내단계로 진입하므로, 국제출원의 경우 국내공개에 대한 별도의 규정을 두고 있습니다. 전리국은 중국 국내단계로 진입한 국제출원이 방식심사를 통과한 것으로 판단되면 즉시 중국 국내공개를 위한 준비 작업에 착수하는데, 중국 국내공개의 준비 기간은 국내단계 진입일로부터 2개월 정도가 소요됩니다.[46] 이때 국제출원이 외국어로 제출된 경우에는 국내공개 시 중문 번역문을 공개합니다.[47]

5.2 국제출원의 보상금 청구권은 언제 발생하나요?

국제출원이 중문으로 국제공개된 경우, 국제공개일로부터 보상금 청구권이 발생하나, 국제출원이 외국어로 국제공개된 경우, 중국 국내단계에 진입한 후 공개된 날로부터 보상금 청구권이 발생합니다.[48]

6. 자진보정 기간의 특례

국제출원이 국내단계로 진입할 때, 출원인은 보호받고자 하는 유형으로 특허와 실용신안 중 어느 하나를 선택할 수 있습니다.

---

[46] 중국 특허심사지침(2017) 제3부 제1장 6.1.
[47] 중국 특허법 실시세칙 제114조 제1항.
[48] 중국 특허법 실시세칙 제114조 제2항.

특허를 선택하는 경우, 실질심사 청구 시 또는 실질심사단계 진입 통지서를 받은 날로부터 3개월 내에 자진보정을 제출할 수 있습니다.[49]

이와 달리 실용신안을 선택하는 경우, 중국 국내단계 진입일로부터 2개월 내에 자진보정을 제출할 수 있습니다.[50]

7. 심사청구 기간의 특례

국제출원이 중국을 지정하여 중국 국내단계로 진입한 경우, 우선일로부터 3년 이내에 실질심사를 청구해야 합니다.[51]

8. 분할출원 기간의 특례

국제출원이 2 이상의 발명을 포함하는 경우, 출원인은 중국 국내단계 진입일로부터 분할출원을 제출할 수 있습니다.[52]

---

49 중국 특허법 실시세칙 제112조 제2항, 제51조 제1항.

50 중국 특허법 실시세칙 제112조 제1항.

51 중국 특허심사지침(2017) 제3부 제1장 5.9.

52 중국 특허법 실시세칙 제115조 제1항.

● 부록 ●

중화인민공화국 전리법
중화인민공화국 전리법 실시세칙
2017 중국 특허심사지침 개정안 요약
특허출원서
유전자원출처개시 등기표
특허비용, 집적회로도 설계 비용 표준
출원번호

중화인민공화국 전리법

(中华人民共和国专利法)

제1장 총 칙

제1조 (전리법의 목적)

전리권자의 합법적 권익을 보호하고, 발명창조를 장려하며, 발명창조의 응용을 추진하고, 창조능력을 제고하고, 과학기술진보 및 경제사회발전을 촉진시키기 위해 본 법을 제정한다.

제2조 (발명창조의 정의)

① 본 법에서 발명창조는, 발명·실용신안 및 디자인을 지칭한다.

② "발명"이란, 물건·방법 또는 그 개량에 대해 제출한 새로운 기술방안을 지칭하는 것으로, 방법발명은 조작방법·제조방법·기술공정 등을 포함한다.

③ "실용신안"이란, 물건의 형상·구조 또는 그 결합에 대해 제출한, 실용하기에 적합한 새로운 기술방안을 지칭한다.

④ "디자인"이란, 물품의 형상·도안 또는 그 결합 및, 색채의 형상·도안과의 결합에 대해 만들어낸, 풍부한 미감을 가진 공업응용에 적합한 새로운 설계를 지칭한다.

제3조 (전리업무의 관리기관)

① 국무원 전리행정부문은 전국의 전리업무에 책임을 지고, 전리출원을 통일적으로 수리하고 심사하여, 법에 의거하여 전리권을 수여한다.

② 성(省)·자치구·직할시 인민정부 전리업무 관리부문은 본 행정구역 내의 전리관리 업무를 책임진다.

제4조 (비밀유지가 필요한 전리출원)

전리출원한 발명창조가 국가안전이나 중대한 이익과 관련되어 비밀유지가 필요한 경우, 국가 관련규정에 따라 처리한다.

제5조 (법률 등에 위반된 발명창조의 처리)

① 법률·사회공중도덕을 위반하거나, 공공의 이익을 해하는 발명창조에 대해서는 전리권을 수여하지 않는다.

② 법률·행정법규의 규정을 위반하여 유전자원을 획득하거나 이용하고, 그 유전자원에 의존하여 완성된 발명창조에 대해서는 전리권을 수여하지 않는다.

제6조 (직무발명창조에 대한 권리의 귀속)

① 본 단위의 임무를 집행하거나, 주로 본 단위의 물질기술조건을 이용하여 완성한 발명창조를 직무발명창조라 한다. 직무발명창조를 전리출원할 권리는 그 단위에 귀속되고, 출원이 비준된 후에는 그 단위가 전리권자가 된다.

② 비직무발명창조를 전리출원할 권리는 발명자 또는 설계자에게 귀속된다. 출원이 비준된 후에는 그 발명자 또는 설계자가 전리권자가 된다.

③ 본 단위의 물질기술조건을 이용하여 완성한 발명창조에 대해 단위가 발명자나 설계자와 계약을 체결한 경우, 전리출원할 권리 및 전리권의 귀속에 대한 약정이 있으면 그 약정에 따른다.

제7조 (비직무발명창조의 전리출원)

발명자 또는 설계자의 비직무발명창조 전리출원에 대해서는, 어떠한 단위나 개인도 제한할 수 없다.

제8조 (공동으로 완성한 발명창조의 권리 귀속)

둘 이상의 단위 또는 개인이 합작하여 완성한 발명창조나 하나의 단위 또는 개인이 기타 단위 또는 개인의 위탁을 받아 완성한 발명창조는, 별도의 협의가 있는 경우를 제외하고는 전리출원할 권리는 완성 또는 공동으로 완성한 단위 또는 개인에게 귀속되고, 출원이 비준된 후에는 출원한 단위 또는 개인이 전리권자가 된다.

제9조 (중복수권방지 및 선원주의)

① (중복수권방지) 동일한 발명창조는 하나의 전리권만을 수여받을 수 있다. 다만, 동일인이 동일자에 동일한 발명창조에 대해 실용신안전리를 출원하고, 발명전리도 출원한 경우, 먼저 획득한 실용신안전리권이 종료되기 전에 출원인이 그 실용신안전리권의 포기를 성명하는 경우 발명전리권을 수여할 수 있다.

② (선원주의) 둘 이상의 출원인이 동일한 발명창조에 대해 각각 전리출원하는 경우, 가장 먼저 출원한 자에게 전리권을 수여한다.

제10조 (전리권의 이전)

① 전리출원권 및 전리권은 양도할 수 있다.

② 중국의 단위 또는 개인이 외국인·외국기업 또는 외국 기타조직에 전리출원권 또는 전리권을 양도하는 경우, 관련 법률·행정법규의 규정에 따라 절차를 처리해야 한다.

③ 전리출원권 또는 전리권을 양도하는 경우, 당사자는 서면으로 계약을 체결하고, 국무원 전리행정부문에 등기해야 하며, 국무원 전리행정부문을 통해 공고한다. 전리출원권 또는 전리권의 양도는 등기일

로부터 효력이 발생한다.

제11조 (전리권의 실시)

① 발명 및 실용신안전리권이 수여된 후에는, 본 법에서 별도로 규정된 경우를 제외하면, 어떠한 단위나 개인도 전리권자의 허가 없이 그 전리를 실시할 수 없다. 즉, 생산경영을 목적으로 그 전리제품을 제조·사용·판매청약·판매·수입하거나, 그 전리방법을 사용하거나, 그 전리방법에 의해 직접적으로 획득된 제품을 사용·판매청약·판매·수입할 수 없다.

② 디자인전리권이 수여된 후에는, 어떠한 단위나 개인도 전리권자의 허가 없이 그 전리를 실시할 수 없다. 즉, 그 생산경영을 목적으로 그 디자인 물품을 제조·판매청약·판매·수입할 수 없다.

제12조 (전리권의 실시허가)

어떠한 단위나 개인이 타인의 전리를 실시하려는 경우, 전리권자와 실시허가 계약을 체결해야 하고, 전리권자에게 실시료를 지불해야 한다. 피허가인은 계약 규정 이외의 어떠한 단위나 개인에게 그 전리를 실시하도록 허가할 권리가 없다.

제13조 (임시 보호)

발명전리의 출원이 공개된 후, 출원인은 그 발명을 실시하는 단위 또는 개인에게 합당한 실시료 지급을 요구할 수 있다.

제14조 (전리권의 강제실시허가)

국유기업 사업단위의 발명전리가 국가이익 또는 공공이익에 중요한 의의가 있는 경우, 국무원 유관주관부문과 성·자치구·직할시 인민정부는 국무원에 보고하여 비준을 받고, 비준된 범위 내의 응용을 보급하고, 지정된 단위의 실시를 허가하고, 실시 단위가 국가 규정에 따라 전리권자에게 비용을 지급하도록 결정할 수 있다.

제15조 (공유인 전리권의 행사)

① 전리출원권 또는 전리권의 공유자가 권리행사에 대해 약정한 경우, 그 약정에 따른다. 약정이 없는 경우, 공유자는 단독으로 실시하거나 보통허가의 방식으로 타인이 그 전리를 실시하도록 허가할 수 있다. 타인이 그 전리를 실시하도록 허가한 경우, 취득한 실시료는 공유자 간에 분배해야 한다.

② 전항에 규정된 상황을 제외하면, 공유인 전리출원권 또는 전리권의 행사는 공유자 전원의 동의를 얻어야 한다.

제16조 (직무발명에 대한 보수 지급)

전리권을 수여받은 단위는 직무발명창조의 발명자 또는 설계자에게 장려금을 지급해야 하고, 발명창조전리를 실시한 후에는, 그 응용이 보급된 범위 및 취득한 경제수익에 기초하여 발명자 또는 설계자에게 합당한 보수를 지급한다.

제17조 (발명자의 성명권)

① 발명자 또는 설계자는 전리문서 중 자신이 발명자 또는 설계자임을 명시할 권리를 가진다.

② 전리권자는 그의 전리제품 또는 그 제품의 포장에 전리표지를 표명할 권리를 가진다.

제18조 (재외자의 전리출원)

중국에 상시 거소 또는 영업소가 없는 외국인·외국기업 또는 외국 기타 조직이 중국에서 전리출원하는 경우, 원칙적으로 본 법에 따라 처리한다.

제19조 (전리대리기구의 위탁 처리)

① 중국에 상시 거소 또는 영업소가 없는 외국인·외국기업 또는 외국 기타 조직이 중국에서 전리를 출원하고 기타 전리업무를 처리하는 경우, 법에 의거하여 설립한 전리대리기구에 위탁하여 처리해야 한다.

② 중국의 단위나 개인이 중국에 전리를 출원하고 기타 전리업무를 처리하는 경우, 법에 의거하여 설립한 전리대리기구에 위탁하여 처리할 수 있다.

③ 전리대리기구는 법률·행정법규를 준수해야 하고, 피대리인의 위탁에 따라 전리출원 또는 기타 전리업무를 처리하며, 피대리인의 발명창조 내용에 대해 전리출원이 이미 공개되거나 공고된 경우를 제외하고 비밀유지 책임을 진다. 전리대리기구의 구체적인 관리 방법은 국무원 규정에 따른다.

제20조 (외국출원에 대한 비밀유지심사)

① 어떠한 단위나 개인이 중국에서 완성한 발명 또는 실용신안을 외국에 전리출원하는 경우, 사전에 국무원 전리행정부문에 보고하여 비밀유지심사를 진행해야 한다. 비밀유지심사의 절차·기간 등은 국무원의 규정에 따라 집행한다.

② 중국의 단위 또는 개인은 중화인민공화국이 참가한 관련 국제조약에 근거하여 전리국제출원을 제출할 수 있다. 출원인이 전리국제출원을 제출하는 경우, 전항의 규정을 준수해야 한다.

③ 국무원 전리행정부문은 중화인민공화국이 참가한 관련 국제조약, 본법 및 국무원 관련규정에 의거하여 전리국제출원을 처리한다.

④ 본 조 제1항의 규정을 위반하여 외국에 전리출원한 발명 또는 실용신안에 대해 중국에 전리출원한 경우, 전리권을 수여하지 않는다.

제21조 (국무원 전리행정부문 등의 업무처리 원칙)

① 국무원 전리행정부문 및 그 전리복심위원회는 객관·공정·정확·적
시의 요구에 따라 법에 의거하여 관련된 전리의 출원 및 청구를 처리
해야 한다.

② 국무원 전리행정부문은 완정하고 정확하며 적시에 전리정보를 공개
하고, 기간을 정하여 전리공보를 발행해야 한다.

③ 전리출원을 공개하거나 공고하기 전에, 국무원 전리행정부문의 담당
자 및 관계자는 그 내용에 대해 비밀유지 책임을 진다.

제2장 전리권의 수여 조건

제22조 (발명 및 실용신안전리권의 수여 조건)

① 전리권을 수여하는 발명과 실용신안은 신규성·창조성 및 실용성을
구비해야 한다.

② "신규성"이란, 그 발명 또는 실용신안이 종래기술에 속하지 않고, 어
떠한 단위나 개인이 동일한 발명 또는 실용신안에 대해 출원일 이전
에 국무원 전리행정부문에 대해 출원을 제출하지 않고, 출원일 이후
에 공개되거나 공고된 전리출원 서류 또는 전리서류 중에 기재되지
않은 것을 의미한다.

③ "창조성"이란, 종래기술과 비교하여, 그 발명이 특출한 실질적 특징
및 현저한 진보를 구비하고, 그 실용신안이 실질적 특징 및 진보를
구비한 것을 의미한다.

④ "실용성"이란, 그 발명 또는 실용신안이 제조되거나 사용될 수 있고,
적극적인 효과를 가져오는 것을 의미한다.

⑤ 본 법에서 칭하는 "종래기술"이란, 출원일 이전에 국내외에서 공중에
게 지득된 기술을 의미한다.

제23조 (디자인전리권의 수여 조건)

① 전리권을 수여하는 디자인은, 공지디자인에 속하지 않아야 하고, 어떠한 단위나 개인이 동일한 디자인에 대해 출원일 이전에 국무원 전리행정부문에 대해 출원을 제출하지 않고, 출원일 이후에 공고된 전리서류 중에 기재되지 않아야 한다.

② 전리권을 수여하는 디자인은 공지디자인 또는 공지디자인 특징의 조합과 비교할 때, 명백한 구별이 있어야 한다.

③ 전리권을 수여하는 디자인은 타인이 출원일 이전에 이미 취득한 합법적인 권리와 충돌해서는 안 된다.

④ 본 법에서 칭하는 "공지디자인"이란, 출원일 이전에 국내외에서 공중에게 지득된 디자인을 의미한다.

제24조 (신규성의제)

전리출원한 발명창조가 출원일로부터 6개월 전에 아래 상황 중 하나에 해당하는 경우, 신규성을 상실하지 않는다.

1. 중국정부가 주관하거나 승인한 국제전람회에서 최초로 전시한 경우
2. 규정된 학술회의 또는 기술회의에서 최초로 발표한 경우
3. 타인이 출원인의 동의 없이 그 내용을 누설한 경우

제25조 (전리권을 수여하지 않는 객체)

① 아래의 각호에 대해서는 전리권을 수여하지 않는다.

1. 과학발견
2. 지력활동의 규칙 및 방법
3. 질병의 진단 및 치료방법
4. 동물 및 식물의 품종
5. 원자핵 변환방법을 이용하여 획득한 물질
6. 평면인쇄품의 도안·색채 또는 양자의 결합으로 만들어 낸 주로 표지작용을 하는 설계

② 전항의 제4호에 열거된 제품의 생산방법에 대해서는, 본 법 규정에 의거하여 전리권을 수여할 수 있다.

제3장 전리의 출원

제26조 (발명 또는 실용신안전리의 출원서류)

① 발명 또는 실용신안전리를 출원하는 경우 출원서, 명세서와 그 요약서 및 청구범위 등의 서류를 제출해야 한다.

② 출원서에는 발명 또는 실용신안의 명칭, 발명자의 성명, 출원인의 성명 또는 명칭, 주소 및 기타 사항을 명시해야 한다.

③ 명세서는 발명 또는 실용신안에 대해 명확하고 완정하게 설명해야 하고, 해당 기술분야의 통상의 기술자의 구현 가능 여부를 기준으로 하며, 필요에 따라 첨부 도면이 있어야 한다. 요약서는 발명 또는 실용신안의 기술요점을 간결하게 설명해야 한다.

④ 청구범위는 설명서에 의거하여 명확하고 간결하게 전리보호를 요구하는 범위를 한정해야 한다.

⑤ 유전자원에 의존하여 완성한 발명창조는, 출원인이 전리출원 서류에 그 유전자원의 직접출처 및 원시출처를 설명해야 하고, 출원인이 원시출처를 설명할 방법이 없는 경우 이유를 진술해야 한다.

제27조 (디자인전리의 출원서류)

① 디자인전리를 출원하는 경우 출원서, 그 디자인의 도면이나 사진 및 그 디자인에 대한 간단한 설명 등의 서류를 제출해야 한다.

② 출원인이 제출한 관련 도면 또는 사진은 전리보호를 요구하는 제품의 디자인을 명확하게 나타내야 한다.

제28조 (출원일의 인정)

　국무원 전리행정부문이 전리출원 서류를 받은 날을 출원일로 한다. 출원서류를 우편으로 발송한 경우, 발송의 소인일을 출원일로 한다.

제29조 (우선권주장의 요건)

① 출원인이 발명 또는 실용신안을 외국에 최초로 전리출원한 날로부터 12개월 이내 또는 디자인을 외국에 최초로 전리출원한 날로부터 6개월 이내에 중국에 동일한 주제에 대해 다시 전리출원을 제출하는 경우, 그 외국이 중국과 체결한 협의 또는 공동으로 참가하는 국제조약에 의거하거나 상호 승인한 우선권의 원칙에 의거하여 우선권을 향유할 수 있다.

② 출원인이 발명 또는 실용신안을 중국에 최초로 전리출원한 날로부터 12개월 이내에 국무원 전리행정부문에 동일한 주제에 대해 다시 전리출원을 제출하는 경우, 우선권을 향유할 수 있다.

제30조 (우선권주장의 절차)

　출원인이 우선권을 요구하는 경우 출원 시 서면성명을 제출하고 3개월 내에 최초로 제출한 전리출원 서류의 부본을 제출해야 하고, 서면성명을 제출하지 않거나 기간이 도과할 때까지 전리출원 서류의 부본을 제출하지 않는 경우 우선권을 요구하지 않은 것으로 간주한다.

제31조 (단일성)

① 한 건의 발명 또는 실용신안전리출원은 한 항의 발명 또는 실용신안에 한한다. 하나의 총괄적 발명사상에 속하는 둘 이상의 발명 또는 실용신안은 한 건의 출원으로 제출할 수 있다.

② 한 건의 디자인전리출원은 한 항의 디자인에 한한다. 동일한 물품의 두 항 이상의 유사한 디자인이거나 동일한 종류이고, 한 벌로 판매되거나 사용되는 물품이 두 항 이상의 디자인인 경우, 한 건의 출원으

로 제출할 수 있다.

제32조 (전리출원의 취하)

출원인은 전리권을 수여받기 전 언제든지 그 전리출원을 취하할 수 있다.

제33조 (보정범위)

출원인은 그 전리출원 서류에 대해 보정할 수 있으나, 발명 및 실용신안 전리출원 서류에 대한 보정은 원명세서 및 권리범위에 기재된 범위를 초과할 수 없고, 디자인전리출원 서류에 대한 보정은 원도면 또는 사진에 표시된 범위를 초과할 수 없다.

제4장 전리출원의 심사 및 비준

제34조 (출원공개)

국무원 전리행정부문은 발명전리출원을 접수한 후 초보심사를 거쳐 본법의 요구에 부합한다고 판단하는 경우, 출원일로부터 만 18개월이 될 때 즉시 공개한다. 국무원 전리행정부문은 출원인의 신청에 근거하여 그 출원을 조기에 공개할 수 있다.

제35조 (실질심사청구)

① 발명전리출원은 출원일로부터 3년 내에 국무원 전리행정부문이 출원인이 수시로 제출한 청구에 근거하여 그 출원에 대해 실질심사를 진행할 수 있고, 출원인이 정당한 이유 없이 기간이 도과할 때까지 실질심사를 청구하지 않은 경우, 그 출원은 취하간주된다.
② 국무원 전리행정부문이 필요하다고 판단하는 경우, 스스로 발명전리 출원에 대해 실질심사를 진행할 수 있다.

제36조 (참고자료의 제출)

① 발명전리의 출원인은 실질심사 청구 시 그 발명과 관련된 출원일 전 (공개된) 참고자료를 제출해야 한다.

② 발명전리를 이미 외국에 출원한 경우, 국무원 전리행정부문은 출원인이 지정기간 내에 그 국가가 그 출원의 심사를 위해 검색한 자료 또는 심사결과의 자료를 제출하도록 요구할 수 있고, 정당한 이유 없이 기간을 도과할 때까지 제출하지 않은 경우, 그 출원은 취하간주된다.

제37조 (심사의견통지)

국무원 전리행정부문은 발명전리출원에 대해 실질심사를 진행한 후, 본 법 규정에 부합하지 않는다고 판단하는 경우, 출원인에게 통지하고, 지정된 기간 내에 의견을 진술하거나 그 출원에 대해 보정할 것을 요구해야 하며, (출원인이) 정당한 이유 없이 기간이 도과할 때까지 답변하지 않는 경우, 그 출원은 취하간주된다.

제38조 (거절결정)

국무원 전리행정부문은, 출원인이 의견을 진술하거나 보정을 수행한 후에도 발명전리출원이 여전히 본 법 규정에 부합하지 않는다고 판단하는 경우, 그 발명전리출원을 거절해야 한다.

제39조 (발명전리권의 등기 및 공고)

발명전리출원은 실질심사를 거쳐 거절이유가 발견되지 않은 경우, 국무원 전리행정부문은 발명전리권을 수여하는 결정을 해야 하고, 발명전리증서를 발행함과 동시에 등기 및 공고한다. 발명전리권은 공고일로부터 효력이 발생한다.

제40조 (실용신안 및 디자인전리권의 등기 및 공고)

실용신안 및 디자인전리출원은 초보심사를 거쳐 거절이유가 발견되지 않은 경우, 국무원 전리행정부문이 실용신안전리권 또는 디자인전리권을 수여하는 결정을 해야 하고, 상응하는 전리증서를 발행함과 동시에 등기 및 공고한다. 실용신안전리권 및 디자인전리권은 공고일로부터 효력이 발생한다.

제41조 (거절결정불복심판)

① 국무원 전리행정부문은 전리복심위원회를 설립한다. 전리출원인이 국무원 전리행정부문의 거절결정에 대해 불복하는 경우, 통지를 수령한 날로부터 3개월 내에 전리복심위원회에 복심을 청구할 수 있다. 전리복심위원회는 복심 후 결정하여 전리출원인에게 통지한다.

② 전리출원인이 전리복심위원회의 복심결정에 불복하는 경우, 통지를 수령한 날로부터 3개월 내에 인민법원에 제소할 수 있다.

제5장 전리권의 기간·종료 및 무효

제42조 (전리권의 존속기간)

발명전리권의 기간은 20년, 실용실안전리권 및 디자인전리권의 기간은 10년으로 하며, 출원일로부터 기산한다.

제43조 (연차료)

전리권자는 전리권이 수여된 당해 년도부터 연차료를 납부해야 한다.

제44조 (전리권의 소멸)

① 아래 상황 중 하나에 해당하는 경우, 전리권은 기간 만료 전 종료된다.

1. 규정에 따른 연차료를 납부하지 않은 경우
2. 전리권자가 서면성명을 통해 그 전리권을 포기한 경우

② 전리권이 기간 만료 전 종료된 경우, 국무원 전리행정부문은 등기 및 공고한다.

제45조 (무효심판)

국무원 전리행정부문이 전리권 수여를 공고한 날로부터 어떠한 단위 또는 개인도 그 전리권의 수여가 본 법 관련 규정에 부합하지 않는다고 판단하는 경우, 전리복심위원회에 그 전리권의 무효를 청구할 수 있다.

제46조 (무효심판의 절차 및 불복 방법)

① 전리복심위원회는 전리권 무효심판의 청구에 대해 즉시 심사하고 결정하여 청구인 및 특허권자에게 통지해야 한다. 전리권 무효심판에 대한 결정은 국무원 전리행정부문이 등기 및 공고한다.

② 전리복심위원회가 선고한 전리권 무효 또는 전리권 유지의 결정에 불복하는 경우, 통지를 수령한 날로부터 3개월 내에 인민법원에 제소할 수 있다. 인민법원은 무효심판청구 절차의 상대방 당사자가 제3자로 소송에 참가하도록 통지해야 한다.

제47조 (무효심판의 효력)

① 무효가 선고된 전리권은 처음부터 존재하지 않은 것으로 간주한다.

② 전리권의 무효 결정은, 전리권이 무효되기 전 인민법원이 판결하고 이미 집행한 전리침해의 판결·조정서, 이미 이행했거나 강제집행한 전리침해 분쟁 처리 결정 및, 이미 이행한 전리실시허가 계약 및 전리권 양도 계약에 대해서는 소급력을 갖지 않는다. 다만, 전리권자가 악의로 타인에게 손해를 입힌 경우, 배상해야 한다.

③ 전항 규정에 의거하여 전리침해 배상금·전리실시료 양도비용을 반환하지 않는 것이 공평의 원칙에 명백히 반하는 경우, 전부 또는 일부를 반환해야 한다.

제6장 전리실시의 강제허가

제48조 (불실시 등을 이유로 하는 강제실시허가)

아래 상황 중 하나에 해당하는 경우, 국무원 전리행정부문은 실시조건을 구비한 단위 또는 개인의 신청에 근거하여 발명전리 또는 실용신안전리 실시를 강제로 허가할 수 있다.

1. 전리권자가 전리권이 수여된 날로부터 만 3년 및 전리출원을 제출한 날로부터 만 4년이 될 때까지 정당한 이유 없이 그 전리를 실시하지 않거나 충분히 실시하지 않는 경우
2. 전리권자의 전리권 행사가 법에 따른 독점(垄断)행위로 판단되고 그 행위를 제거하거나 감소시키기 위해 경쟁에 불리한 영향이 발생하는 경우

제49조 (국가안전 등을 이유로 하는 강제실시허가)

국가에 긴급상황 또는 비상사태가 발생한 경우, 또는 공공이익의 목적을 위해 국무원 전리행정부문은 발명전리 또는 실용신안전리 실시를 강제로 허가할 수 있다.

제50조 (공공건강 목적을 이유로 하는 강제실시허가)

공공건강 목적을 위해 국무원 전리행정부문은 전리권을 취득한 약품에 대해 그 약품의 제조 및 중화인민공화국이 참가한 관련 국제조약의 규정에 부합하는 국가 또는 지역에의 수출을 강제로 허가할 수 있다.

제51조 (크로스 라이선스를 이유로 하는 강제실시허가)

① 취득한 한 항의 전리권의 발명 또는 실용신안이 이미 등록된 전리권의 발명 또는 실용신안에 비해 현저한 경제적 이익의 중대한 기술적 진보를 구비하고, 그 실시가 선등록 발명 또는 실용신안의 실시를 수반하는 경우, 국무원 전리행정부문은 전리권자의 신청에 근거하여,

선등록 발명 또는 실용신안의 실시를 강제로 허가할 수 있다.

② 전항 규정에 의거하여 실시를 강제로 허가한 경우, 국무원 전리행정
부문은 선등록 전리권자의 신청에 근거하여 후등록 발명 또는 실용
신안의 실시를 강제로 허가할 수 있다.

제52조 (반도체 기술에 대한 강제실시허가)

강제허가와 관련된 발명창조가 반도체 기술인 경우, 그 실시는 공공이
익의 목적 및 본 법 제48조 제2호에 규정된 상황에 한한다.

제53조 (강제실시허가에 고려되는 지역적 범위)

본 법 제48조 제2호 및 제50조 규정이 부여하는 강제허가 외에는, 강제
허가의 실시는 주로 국내시장의 공급을 위한 것이어야 한다.

제54조 (불실시 등을 이유로 하는 강제실시허가의 전제조건)

본 법 제48조 제1호 및 제51조 규정에 의거하여 강제허가를 신청하는
단위 또는 개인은 증거를 제공해야 하며, 합리적인 조건으로 전리권자에
게 그 전리의 실시허가를 청구했으나, 합리적인 시간 내에 허가를 받지 못
했음을 증명해야 한다.

제55조 (강제실시허가의 발생 및 소멸)

① 국무원 전리행정부문이 강제실시허가 결정을 내리는 경우, 즉시 전
리권자에게 통지하고 등기 및 공고해야 한다.

② 강제실시허가 결정은, 강제허가의 이유에 근거하여 실시의 범위 및
시간을 규정해야 한다. 강제실시허가의 이유가 해소되어 재발하지
않는 경우, 국무원 전리행정부문은 전리권자의 청구에 근거하여 심
사를 거쳐 강제실시허가를 종료하는 결정을 내려야 한다.

제56조 (강제실시허가를 취득한 자의 권리제한)

강제실시허가를 취득한 단위 또는 개인은 독점 실시권을 향유할 수 없고, 타인에게 실시를 허가할 권리가 없다.

제57조 (강제실시허가의 실시료)

강제실시허가를 취득한 단위 또는 개인은 전리권자에게 합리적인 실시료를 지급하거나, 중화인민공화국이 참가한 관련 국제조약의 규정에 의거하여 실시료 문제를 처리해야 한다. 실시료를 지급하는 경우, 그 액수는 쌍방이 협상하여 정하고, 쌍방의 협의가 성립하지 않는 경우 국무원 전리행정부문이 재결(裁決)한다.

제58조 (강제실시허가 등에 대한 불복)

전리권자가 국무원 전리행정부문의 실시에 대한 강제허가 결정에 불복하거나, 전리권자 및 강제허가를 취득한 단위 또는 개인이 국무원 전리행정부문의 강제허가의 실시료에 대한 재결(裁決)에 대해 불복하는 경우, 통지를 수령한 날로부터 3개월 내에 인민법원에 제소할 수 있다.

제7장 전리권의 보호

제59조 (전리권의 보호범위)

① 발명 또는 실용신안전리권의 보호범위는 그 청구범위의 내용을 기준으로 하고, 명세서 및 첨부도면은 청구범위 내용 해석에 이용될 수 있다.

② 디자인전리권의 보호범위는 도면 또는 사진 중 그 물품의 디자인을 기준으로 하고, 간단한 설명은 도면 또는 사진이 나타내는 그 물품의 디자인 해석에 이용될 수 있다.

제60조 (전리권침해 분쟁의 처리)

전리권자의 허가 없이 그 전리를 실시하여 그 전리권을 침해하고, 분쟁이 발생한 경우, 당사자의 협상에 의해 해결한다. 협상을 원하지 않거나 협상이 성립하지 않는 경우, 전리권자 또는 이해관계인은 인민법원에 제소하거나, 전리업무 관리부문에 처리를 요청할 수 있다. 전리업무 관리부문이 처리하는 경우, 침해가 성립한다고 판단되면 침해자에게 즉시 침해행위의 중지를 명할 수 있다. 당사자가 불복하는 경우, 처리통지를 수령한 날로부터 15일 이내에 〈중화인민공화국 행정소송법〉에 의거하여 인민법원에 제소할 수 있다. 침해자가 기간이 도과할 때까지 제소하지 않고 침해행위를 중지하지도 않는 경우, 전리업무 관리부문은 인민법원에 강제집행을 신청할 수 있다. 처리를 진행하는 전리업무 관리부문은 당사자의 청구에 따라 전리권 침해에 대한 배상액수에 대해 조정을 진행할 수 있고, 조정이 성립하지 않는 경우, 당사자는 〈중화인민공화국 소송법〉에 의거하여 인민법원에 제소할 수 있다.

제61조 (증명책임의 전환 및 전리권 평가보고서의 작성)

① 전리침해 분쟁이 신제품 제조방법에 관한 발명전리인 경우, 동일한 제품을 제조하는 단위 또는 개인은 그 제품의 제조방법이 전리방법과 다르다는 증명을 제공해야 한다.

② 전리침해 분쟁이 실용신안 또는 디자인전리에 관련된 경우, 인민법원 또는 전리업무 관리부문은 전리권자 또는 이해관계인에게 국무원 전리행정부문이 관련 실용신안 또는 디자인에 대해 검색, 분석 및 평가한 후 작성한 전리권 평가보고서를 제출하도록 요청할 수 있고, 그 평가보고서를 전리침해 분쟁에 대한 심리 및 처리의 증거로 삼을 수 있다.

제62조 (공지기술의 항변)

전리침해 분쟁 중, 피소된 침해자 자신이 실시하는 기술 또는 디자인이 종래기술 또는 공지디자인에 속한다는 것을 증명하는 증거가 있는 경우, 전리권의 침해를 구성하지 않는다.

제63조 (부당이득 몰수 및 벌금 부과)

모조전리의 경우, 법에 따라 부담하는 민사책임 외에, 전리업무 관리부문은 시정명령과 함께 공고하고, 위법하게 취득한 이득을 몰수하며, 위법하게 취득한 이득의 4배 이하의 벌금을 함께 부과할 수 있다. 위법하게 취득한 이익이 없는 경우, 20만元 이하의 벌금에 처할 수 있고, 침해죄를 구성하는 경우, 법에 의해 형사책임을 추궁할 수 있다.

제64조 (위법행위 혐의의 조사)

① 전리업무 관리부문은 이미 취득한 증거에 근거하여 모조전리 행위의 혐의에 대해 심사하는 경우, 관련 당사자에게 질의하고, 위법행위의 혐의와 관련된 상황을 조사하고, 당사자의 위법행위의 혐의가 있는 장소에 대해 현장검사를 실시할 수 있으며, 위법행위 혐의와 관련된 계약서·영수증·장부 및 기타 관련 자료를 열람하고 복제할 수 있고, 위법행위 혐의에 관한 제품을 검사하고, 모조전리임을 증명하는 증거가 있는 제품을 차압하거나 압류할 수 있다.

② 전리업무 관리부문이 법에 의거하여 전항에 규정된 직권을 행사하는 경우, 당사자는 협조 및 협력해야 하고, 거절하거나 방해해서는 안 된다.

제65조 (배상액의 산정)

① 전리권 침해의 배상액은 전리권자가 침해로 인한 실제 손실에 따라 확정하고, 실제손실을 확정하기 어려운 경우, 침해자가 침해로 인해 획득한 이익에 따라 확정할 수 있다. 전리권자의 손실 또는 침해자가 획득한 이익을 확정하기 어려운 경우, 그 전리허가 실시료의 배수(倍數)를 참고하여 합리적으로 확정한다. 배상액은 전리권자가 침해행

위를 제지하기 위해 지불한 합리적인 지출을 포함해야 한다.

② 전리권자의 손실, 침해자가 획득한 이익 및 전리허가 실시료를 모두 확정하기 어려운 경우, 인민법원은 전리권의 유형, 침해행위의 성질과 경위 등의 요소에 근거하여, 일만 元 이상 백만 元 이하의 배상액 지급을 확정할 수 있다.

제66조 (정지명령의 신청)

① 전리권자 또는 이해관계인은 타인이 전리권을 침해하는 행위를 실시 중이거나 곧 실시하려고 함을 증명할 수 있는 증거가 있고, 즉시 제지하지 않으면 그의 합법권익이 돌이킬 수 없는 손해를 입게 되는 경우, 제소 전 관련 행위의 정지명령이라는 조치를 취하도록 인민법원에 신청할 수 있다.

② 신청인은 (정지명령을) 신청 시 담보를 제공해야 하고, 담보를 제공하지 않는 경우, 그 신청을 기각한다.

③ 인민법원은 신청을 접수한 때로부터 48시간 내에 재정(裁定)해야 하고, 특수한 상황이 있어 연장이 필요한 경우 48시간을 연장할 수 있다. 관련 행위에 대한 정지명령을 재정한 경우, 즉시 집행해야 한다. 당사자가 재정에 불복하는 경우, 복의(复议)를 한 번 신청할 수 있으나 복의기간 동안에는 재정의 집행이 중지되지 않는다.

④ 인민법원이 관련 행위의 정지명령이라는 조치를 취한 날로부터 15일 내에 신청인이 제소하지 않는 경우, 인민법원은 그 조치를 해제해야 한다.

⑤ 신청에 잘못이 있는 경우, 신청인은 피신청인이 관련 행위의 정지로 인해 입은 손실을 배상해야 한다.

제67조 (증거보전)

① 전리침해 행위를 제지하기 위한 증거가 멸실되거나 이후 취득이 어려워지는 상황인 경우, 전리권자 또는 이해관계인은 제소 전 인민법

원에 대해 증거보전을 신청할 수 있다.

② 인민법원이 보전 조치를 취하는 경우 신청인에게 담보 제공을 명할 수 있고, 신청인이 담보를 제공하지 않는 경우 신청을 기각한다.

③ 인민법원은 신청을 수령한 때로부터 48시간 내에 재정하여야 하고, 보전 조치를 취하라는 재정을 한 경우, 즉시 집행해야 한다.

④ 인민법원이 보전 조치를 취한 날로부터 15일 내에 신청인이 제소하지 않는 경우, 인민법원은 그 조치를 해제해야 한다.

제68조 (전리권 침해에 대한 소송시효)

① 전리권 침해의 소송시효는 2년이고, 전리권자 또는 이해관계인이 침해행위를 지득했거나 지득했어야 하는 날로부터 기산한다.

② 발명전리출원이 공개 후부터 전리권이 수여되기 전까지 그 발명을 실시한 것에 대해 실시료를 지급하지 않은 경우, 전리권자가 실시료 지급을 요구하는 소송시효는 2년이고, 전리권자가 타인의 발명 실시를 지득했거나 지득했어야 하는 날로부터 기산하되, 전리권자가 전리권 수여 전에 지득했거나 지득했어야 하는 경우, 전리권 수여일로부터 기산한다.

제69조 (전리권의 효력이 미치지 않는 범위)

아래 상황 중 하나에 해당하는 경우, 전리권 침해로 보지 않는다.

1. 전리제품 또는 전리방법에 따라 직접 획득한 제품을 전리권자 또는 그 허가를 받은 단위나 개인이 판매한 후, 그 제품을 사용·판매청약·판매 또는 수입하는 경우

2. 전리출원일 전부터 이미 동일한 제품을 제조하고 동일한 방법을 사용해 왔거나, 또는 제조·사용에 필요한 준비를 완료하고, 원래의 범위 내에서만 계속해서 제조·사용하는 경우

3. 중국 영토, 영해, 영공을 일시적으로 통과하는 외국의 운송수단에 있어서, 그 운송수단이 속한 국가가 중국과 체결한 협약 또는 공동

으로 참가하는 국제조약에 따르거나 호혜 원칙에 따라, 그 운송수
단 자체에 필요하고, 그 장치 및 설비 중에 관련 전리를 사용하는
경우

4. 과학연구 및 실험만을 목적으로 관련 전리를 사용하는 경우

5. 행정심사비준에 필요한 정보를 제공하기 위해, 전리약품 또는 전
리 의료기계를 제조·사용·수입하는 경우 및 그것을 위해 전리약
품 또는 전리 의료기계를 제조·수입하는 경우

제70조 (선의 실시자에 대한 배상책임 면제)

생산경영 목적을 위한 사용·판매청약 또는 판매한 것이 전리권자의 허
가 없이 제조·판매된 전리침해제품임을 모르고, 그 제품의 합법적 출처를
증명할 수 있는 경우, 배상 책임을 지지 않는다.

제71조 (비밀유지심사 위반에 대한 제재)

본 법 제20조 규정에 위반하여 외국에 전리출원하고, 국가 비밀을 누설
한 경우 그 소재 단위 또는 상급 주관기관이 행정처분을 내리고, 범죄에 해
당하는 경우 법에 의한 형사책임을 추궁할 수 있다.

제72조 (비직무발명창조의 권익 보호)

발명자 또는 설계자의 비직무발명창조의 전리출원권 및 본 법에 규정
된 기타 권익을 침탈한 경우, 소재 단위 또는 상급 주관기관이 행정처분을
내린다.

제73조 (전리업무 관리부문의 업무범위)

① 전리업무 관리부문은 사회에 전리제품을 추천하는 등의 경영 활동
에 참여해서는 안 된다.

② 전리업무 관리부문이 전항 규정을 위반한 경우, 그 상급기관 또는 감
찰기관이 시정명령을 내리고, 영향을 제거하며, 위법하게 얻은 수익

은 몰수하고, 상황의 정도가 심한 경우, 직접적인 책임을 지는 담당자 및 기타 직접적인 책임을 지는 직원에 대해 법에 의해 행정처분을 내린다.

제74조 (국가기관 직원의 전리관리 업무)

전리관리 업무에 종사하는 국가기관 직원 및 기타 관련 국가기관 직원이 직무태만, 직권남용, 불법행위 또는 범죄를 저지르는 경우, 법에 따라 형사책임을 추궁하고, 범죄에 해당하지 않는 경우, 법에 따라 행정처분을 내린다.

제8장 부 칙

제75조 (전리출원 등에 대한 비용)

국무원 전리행정부문에 전리를 출원하고 기타 수속을 처리하는 경우, 규정에 따른 비용을 납부해야 한다.

제76조 (시행일)

본 법은 1985년 4월 1일부터 시행한다.

중화인민공화국 전리법 실시세칙

(中华人民共和国专利法实施细则)

제1장 총 칙

제1조 (전리법 실시세칙의 제정)

〈중화인민공화국 전리법〉(이하 전리법이라 함)에 근거하여 본 세칙을 제정한다.

제2조 (전리법 및 그 실시세칙의 절차 처리)

전리법 및 본 세칙이 규정하는 각종 절차는 서면형식 또는 국무원 전리행정부문이 규정하는 기타 형식에 의해 처리되어야 한다.

제3조 (중문주의)

① 전리법 및 본 세칙에 의거하여 제출하는 각종 서류는 중문을 사용해야 하고 국가가 통일적으로 규정한 과학기술용어가 있으면 규범어휘를 채용해야 한다. 외국인명, 지명 및 과학기술용어에 통일된 중문 번역표기가 없는 경우 원문을 명시한다.

② 전리법 및 본 세칙의 규정에 따라 제출하는 각종 증서 및 증명서류가 외국어 서류인 경우 국무원 전리행정부문은 필요에 따라 당사자에게 지정기간 내에 중문 번역문을 송달할 것을 요구할 수 있고, 기간

이 도과할 때까지 송달하지 않은 경우 그 증서 및 증명서류를 제출하지 않은 것으로 간주한다.

제4조 (서류제출의 효력발생 시기)

① 국무원 전리행정부문에 각종 서류를 우편으로 발송하는 경우 발송 소인일을 제출일로 하고, 소인일이 불명확하고 당사자가 (소인일을) 증명할 수 있는 경우 외에는 국무원 전리행정부문이 수령한 날을 제출일로 한다.

② 국무원 전리행정부문의 각종 서류는 우편 발송, 직접 제출 또는 기타 방식을 통해 당사자에게 송달할 수 있다. 당사자가 전리대리기구에 위탁한 경우 전리대리기구에 서류를 전달하고, 전리대리기구를 위탁하지 않은 경우 출원서에 지명된 연락자에게 전달한다.

③ 국무원 전리행정부문이 각종 서류를 우편으로 발송하는 경우, 서류가 발송된 날로부터 만 15일이 되는 날을 당사자가 서류를 수령한 날로 추정한다.

④ 국무원 전리행정부문의 규정에 근거하여 직접 전달해야 하는 서류는 교부일을 송달일로 한다.

⑤ 서류 송달 주소가 불명확하여 우편 발송할 방법이 없는 경우, 공고의 방식을 통해 당사자에게 송달할 수 있다. 공고일로부터 만 1개월이 되면 그 서류는 이미 송달된 것으로 간주한다.

제5조 (기간의 계산)

전리법 및 본 세칙이 규정하는 각종 기간의 첫 번째 날은 기간에 산입하지 않는다. 기간이 연(年) 또는 월(月)로 계산되는 경우 마지막 월의 상응하는 일(日)을 기간의 만료일로 하고, 그 월에 상응하는 일이 없는 경우 그 월의 마지막 날을 기간 만료일로 한다. 기간 만료일이 법정 공휴일인 경우, 공휴일 이후의 첫 번째 근무일을 기간 만료일로 한다.

제6조 (권리의 회복)

① 당사자가 불가항력적인 사유로 인해 전리법이나 본 세칙에 규정된 기간 또는 국무원 전리행정부문이 지정한 기간을 도과하여 그 권리를 상실한 경우, 장애가 해소된 날로부터 2개월 이내 및 기간 만료일로부터 2년 이내에 국무원 전리행정부문에 권리회복을 청구할 수 있다.

② 전항의 규정 외에 당사자가 기타 정당한 이유로 전리법이나 본 세칙에 규정된 기간 또는 국무원 전리행정부문이 지정한 기간을 도과하여 그 권리를 상실한 경우, 국무원 전리행정부문의 통지를 수령한 날로부터 2개월 내에 국무원 전리행정부문에 권리회복을 청구할 수 있다.

③ 당사자가 본 조 제1항 또는 제2항의 규정에 의거하여 권리회복을 청구하는 경우, 권리회복청구서를 제출하고 이유를 설명해야 하며, 필요에 따라 관련 증명서류를 첨부해야 하고, 권리상실 전에 처리했어야 할 절차를 처리해야 한다. 본 조 제2항의 규정에 따라 권리를 회복하는 경우, 권리회복 청구비를 납부해야 한다.

④ 당사자가 국무원 전리행정부문이 지정한 기간의 연장을 신청하는 경우, 기간 만료 전 국무원 전리행정부문에 이유를 설명하고 관련절차를 처리해야 한다.

⑤ 본 조 제1항 및 제2항에 규정은 전리법 제24조, 제29조, 제42조, 제68조 규정의 기간에는 적용하지 않는다.

제7조 (비밀유지가 필요한 출원)

① 전리출원이 국방이익과 관련되어 비밀유지를 필요로 하는 경우, 국방 전리기구가 수리하고 심사를 진행한다. 국무원 전리행정부문이 수리한 전리출원이 국방이익과 관련되어 비밀유지를 필요로 하는 경우, 즉시 국방 전리기구에 이송하여 심사를 진행해야 한다. 국방 전리기구의 심사를 거쳐 거절이유를 발견하지 못한 경우, 국무원 전리행정부문은 국방전리권 수여를 결정한다.

② 국무원 전리행정부문은 수리한 발명 또는 실용신안전리출원이 국방

이익 이외의 국가안전 또는 중대한 이익과 관련되어 비밀유지가 필요하다고 판단하는 경우, 즉시 비밀유지 전리출원에 따라 처리할 것을 결정하고 출원인에게 통지해야 한다. 비밀유지 전리출원에 대한 심사, 복심 및 비밀유지 전리권에 대한 무효선고의 특수절차는 국무원 전리행정부문의 규정에 따른다.

제8조 (비밀유지심사 청구)

① 전리법 제20조가 지칭하는 "중국에서 완성된 발명 또는 실용신안"이란, 기술방안의 실질적 내용이 중국 경내에서 완성된 발명 또는 실용신안을 의미한다.

② 어떠한 단위 또는 개인도 중국에서 완성한 발명 또는 실용신안을 외국에 전리출원하는 경우, 아래의 방식 중 하나에 따라 국무원 전리행정부문이 비밀유지심사를 진행하도록 청구해야 한다.

1. 직접 외국에 전리출원하거나 관련 외국기구에 전리국제출원을 제출하는 경우, 사전에 국무원 전리행정부문에 (비밀유지심사를) 청구하고, 그 기술방안을 상세히 설명해야 한다.

2. 국무원 전리행정부문에 전리출원한 후 외국에 전리출원하거나 관련 외국기구에 전리국제출원을 제출하려는 경우, 외국에 전리출원하거나 관련 외국기구에 전리국제출원을 제출하기 전에 국무원 전리행정부문에 (비밀유지심사를) 청구해야 한다.

③ 국무원 전리행정부문에 전리국제출원을 제출하는 경우, 비밀유지심사를 청구한 것으로 간주한다.

제9조 (비밀유지심사가 청구된 출원의 취급)

① 국무원 전리행정부문이 본 세칙 제8조 규정에 따른 청구를 접수한 후 심사를 거쳐 그 발명 또는 실용신안이 국가안전 또는 중대한 이익과 관련되어 비밀유지가 필요하다고 판단하는 경우, 즉시 출원인에게 비밀유지심사를 통지해야 한다. 출원인은 (비밀유지심사를) 청구한

날로부터 4개월 내에 비밀유지심사 통지를 받지 못한 경우, 그 발명 또는 실용신안을 외국에 전리출원하거나 관련 외국기구에 전리국제출원을 제출할 수 있다.

② 국무원 전리행정부문이 전항 규정에 따라 비밀유지심사를 통지한 경우, 즉시 비밀유지의 필요성을 심사하여 출원인에게 통지해야 한다. 출원인은 (비밀유지심사를) 청구한 날로부터 6개월 내에 비밀유지가 필요하다는 결정을 받지 못한 경우, 그 발명 또는 실용신안을 외국에 전리출원하거나 관련 외국기구에 전리국제출원을 제출할 수 있다.

제10조 (법률에 위반된 발명창조)

전리법 제5조가 지칭하는 "법률에 위반된 발명창조"는, 그 실시만이 법률에 의해 금지되는 발명창조는 포함하지 않는다.

제11조 (출원일 및 우선일)

① 전리법 제28조 및 제42조 규정에 따른 상황을 제외하면, 전리법에서 지칭하는 "출원일"은 우선권을 주장한 경우 우선권일을 의미한다.

② 본 세칙에서 지칭하는 "출원일"은, 별도의 규정이 없는 경우, 전리법 제28조에 규정된 출원일을 지칭한다.

제12조 (직무발명창조)

① 전리법 제6조가 지칭하는 "본 단위의 임무를 집행하여 완성한 직무발명창조"는 아래 중 어느 하나를 의미한다.

1. 본직 업무 중 만들어 낸 발명창조

2. 본 단위가 교부한 본직 업무 외의 임무를 이행하여 만들어 낸 발명창조

3. 단위를 은퇴·전임한 후 또는 노동·인사관계가 종료한 후 1년 이내에 만들어 낸 것으로, 원(原)단위가 담당하는 본직 업무 또는 원

(原)단위가 분배한 임무와 관련된 발명창조

② 전리법 제6조가 칭하는 "본 단위"는 임시 업무 단위를 포함한다. 전리법 제6조가 지칭하는 "본 단위의 물질기술조건"은 본 단위의 자금·설비·부품·원재료 또는 대외적으로 공개하지 않는 기술자원 등을 의미한다.

제13조 (발명자 및 설계자)

전리법이 지칭하는 발명자 또는 설계자는, 발명창조의 실질적 특징에 창조적인 공헌을 한 자를 의미한다. 발명창조의 완성 과정 중 업무 조직만을 책임진 자, 물질기술조건의 이용을 위해 편의를 제공한 자 또는 기타 보조업무에 종사한 자는 발명자 또는 설계자가 아니다.

제14조 (전리권의 기타 이전 방법)

① 전리법 제10조에 규정된 전리권의 양도 이외의 기타 사유로 인해 전리권이 이전되는 경우, 당사자는 관련 증명서류 또는 법률문서에 기초하여 국무원 전리행정부문에 대해 전리권 이전 절차를 처리해야 한다.

② 전리권자가 타인과 체결한 전리실시허가 계약은, 계약의 효력이 발생한 날로부터 3개월 내에 국무원 전리행정부문에 등록(备案)해야 한다.

③ 전리권에 질권을 설정하려는 경우, 질권설정자 및 질권자는 공동으로 국무원 전리행정부문에 질권등기를 처리해야 한다.

제2장 전리의 출원

제15조 (전리출원 서류)

① 서면형식으로 전리출원하는 경우, 국무원 전리행정부문에 출원서류를 2부 제출해야 한다.

② 국무원 전리행정부문이 규정하는 기타 형식으로 전리출원하는 경우, 규정된 요구사항에 부합해야 한다.

③ 출원인이 전리대리기구에 위탁하여 국무원 전리행정부문에 전리를 출원하고 기타 전리업무를 처리하는 경우, 위탁서를 함께 제출하고 위탁 권한을 상세히 기재해야 한다.

④ 출원인이 2인 이상이고 전리대리기구에 위탁하지 않은 경우, 출원서에 별도의 성명이 있는 경우 외에는 출원서 중 지명된 제1 출원인을 대표인으로 한다.

제16조 (전리출원서)

발명·실용신안 또는 디자인전리출원의 출원서는 아래 사항을 명확히 기재해야 한다.

1. 발명·실용신안 또는 디자인의 명칭

2. 출원인이 중국의 단위 또는 개인인 경우, 그 명칭 또는 성명·주소·우편번호·조직기구코드 또는 거주민신분증번호, 출원인이 외국인·외국기업(또는 외국 기타조직)인 경우, 그 성명(또는 명칭)·국적 (또는 등록된 국가나 지역)

3. 발명자 또는 설계자의 성명

4. 출원인이 전리대리기구에 위탁하는 경우, 위탁기구의 명칭·기구코드 및 그 기구가 지정하는 전리대리인의 성명·자격증번호·전화번호

5. 우선권을 요구하는 경우, 출원인이 최초로 제출한 전리출원(이하 선출원이라 함)의 출원일·출원번호 및 원수리기구의 명칭

6. 출원인 또는 전리대리기구의 서명 또는 날인

7. 출원서류 목록

8. 첨부서류 목록

9. 기타 명확한 기재가 필요한 관련 사항

제17조 (전리출원명세서)

① 발명이나 실용신안 전리출원의 명세서에는 발명이나 실용신안 명칭을 명확히 기재해야 하고, 그 명칭은 출원서 중의 명칭과 일치해야 한다. 명세서는 아래 내용을 포함해야 한다.

　1. 기술분야: 보호를 요구하는 기술방안이 속한 기술분야를 명확히 기재

　2. 배경기술: 발명 또는 실용신안의 이해·검색·심사에 유용한 배경기술을 명확히 기재하되, 가능한 경우 배경기술을 반영하는 문서를 인용

　3. 발명의 내용: 발명 또는 실용신안이 해결하고자 하는 기술문제 및 그 기술문제를 해결하기 위해 채용하는 기술방안을 명확히 기재하고, 종래기술과 대조하여 발명 또는 실용신안의 유익한 효과를 명확히 기재

　4. 첨부도면의 설명: 명세서에 첨부도면이 있는 경우, 각각의 첨부도면에 대해 간단히 설명

　5. 구체적인 실시방법: 출원인이 판단하는 발명 또는 실용신안의 최적의 방식을 상세하고 명확하게 기재하고, 필요 시 예를 들어 설명하고 첨부도면이 있는 경우 첨부도면과 대조

② 발명 또는 실용신안전리 출원인은 전항에 규정된 방식 및 순서에 따라 명세서를 작성하고, 명세서의 각 부분의 서두에 표제를 명확히 기재해야 한다. 다만, 그 발명 또는 실용신안의 성질이 기타 방식 또는 순서를 이용하여 작성하는 것이 명세서의 분량을 줄일 수 있고 타인이 정확하게 그 발명 또는 실용신안을 이해할 수 있는 경우는 예외이다.

③ 발명 또는 실용신안 명세서는 규범적 용어를 사용해야 하고, 표현이 명확해야 하며, "예를 들어, 청구항…에 기술된…" 류의 인용어를 사용해서는 안 되고, 상업성 선전용어를 사용해서도 안 된다.

④ 발명전리출원이 하나 또는 복수의 뉴클레오티드 또는 염기서열을 포함하는 경우, 명세서는 국무원 전리행정부문의 규정에 부합하는

서열목록표를 포함해야 한다. 출원인은 그 서열목록표를 명세서의 단독부분으로 하여 제출해야 하고, 국무원 전리행정부문의 규정에 따라 그 서열목록표를 컴퓨터가 판독 가능한 형식의 부본으로 제출해야 한다.

⑤ 실용신안전리출원의 명세서는 보호를 요구하는 제품의 형상·구조 또는 그 결합을 나타내는 첨부도면이 있어야 한다.

제18조 (첨부도면)

① 발명 또는 실용신안의 첨부도면은 "도1, 도2, …"의 순서에 따라 번호를 매겨야 한다.

② 발명 또는 실용신안 명세서의 문자부분에 언급되지 않은 첨부도면의 내용이 첨부도면에 있어서는 안 되고, 첨부도면에 언급되지 않은 내용은 명세서의 문자부분에 있어서는 안 된다. 출원서류에서 동일한 구성요소를 나타내는 첨부도면의 내용은 일치해야 한다.

③ 첨부도면은 반드시 필요한 용어 외에는 기타 설명을 포함해서는 안된다.

제19조 (청구범위)

① 청구범위에는 발명 또는 실용신안의 기술특징을 기재해야 한다.

② 청구범위에 복수의 청구항이 있는 경우, 아라비아 숫자로 번호를 표시해야 한다.

③ 청구범위에 사용된 과학기술용어는 명세서에 사용된 과학기술용어와 일치해야 하고, 화학식 또는 수학식을 포함할 수 있으나 삽화는 포함할 수 없다. 반드시 필요한 경우를 제외하면, "명세서의…부분에 설명된 바와 같이" 또는 "도면에… 도시된 바와 같이"의 용어는 사용할 수 없다.

④ 청구항의 기술특징은 명세서 첨부도면 중의 상응하는 표기를 인용할 수 있고 그 표기는 상응하는 기술특징 뒤의 괄호 안에 위치하여

청구항의 권리범위를 용이하게 해야 한다. 첨부도면의 표기는 청구항을 제한하는 것으로 해석되어서는 안 된다.

제20조 (독립 청구항 및 종속 청구항)

① 청구범위는 독립 청구항이 있어야 하고 종속 청구항이 있을 수 있다.

② 독립 청구항은 전체적으로 발명 또는 실용신안의 기술방안을 반영해야 하고, 기술문제를 해결하기 위한 필수기술특징을 기재해야 한다.

③ 종속 청구항은 부가된 기술특징을 이용해야 하고 인용된 청구항에 대해 진일보한 한정을 해야 한다.

제21조 (독립 청구항의 기재방법)

① 발명 또는 실용신안의 독립 청구항은 전제부분 및 특징부분을 포함해야 하고, 이하의 규정에 따라 작성해야 한다.

    1. 전제부분: 보호를 요구하는 발명이나 실용신안 기술방안의 주제 명칭(즉, 청구대상) 및 발명이나 실용신안의 주제와 가장 근접한 종래기술이 공유하는 필수기술특징을 명확히 기재

    2. 특징부분: "그것의 특징은…" 또는 유사한 용어를 사용하여 발명이나 실용신안이 가장 근접한 종래기술의 기술특징과 구별되도록 명확히 기재하고, 이러한 특징 및 전제부분에 명확히 기재된 특징을 종합하여 발명이나 실용신안이 요구하는 보호범위를 한정

② 발명 또는 실용신안의 성질이 전항의 방식을 이용하여 표현하기에 부적합한 경우 독립 청구항은 기타 방식을 이용하여 작성할 수 있다.

③ 한 항의 발명 또는 실용신안은 하나의 독립 청구항만을 가져야 하고, 동일한 발명 또는 실용신안의 종속 청구항의 앞에 기재되어야 한다.

제22조 (종속 청구항의 기재방법)

① 발명 또는 실용신안의 종속 청구항은 인용부분 및 한정부분을 포함

해야 하고 이하의 규정에 따라 작성해야 한다.

1. 인용부분: 인용하는 청구항의 번호 및 그 주제명칭을 명확히 기재

2. 한정부분: 발명 또는 실용신안이 부가하는 기술특징을 명확히 기재

② 종속 청구항은 앞서 기재된 청구항만을 인용할 수 있다. 둘 이상의 청구항을 인용하는 다항 종속 청구항은 선택의 방식에 의해서만 앞서 기재된 청구항을 인용할 수 있고, 다른 다항 종속 청구항의 기초가 될 수 없다.

제23조 (요약서의 기재방법)

① 요약서는 발명 또는 실용신안 전리출원이 공개하는 내용의 개요를 명확히 기재해야 한다. 즉, 발명 또는 실용신안의 명칭 및 기술분야를 명확히 기재하고, 해결하고자 하는 기술문제, 그 문제를 해결하는 기술방안의 요점 및 주요 용도를 명확히 반영해야 한다.

② 요약서는 발명을 가장 잘 설명할 수 있는 화학식을 포함할 수 있고, 첨부도면이 있는 전리출원은 그 발명 또는 실용신안 기술특징을 가장 잘 설명할 수 있는 하나의 첨부도면을 제공해야 한다. 첨부도면의 크기 및 선명도는 그 도면을 4cm X 6cm로 축소했을 때에도 여전히 도면 중의 각종 사항을 선명하게 분별할 수 있어야 한다. 요약서의 문자부분은 300자를 초과해서는 안 된다. 요약서에는 상업적 선전용어를 사용해서는 안 된다.

제24조 (생물재료에 관한 발명)

전리출원의 발명이 새로운 생물재료에 관한 것이고 그 생물재료가 공중이 입수하지 못하는 것이며 그 생물재료에 대한 설명이 해당 기술분야의 통상의 기술자가 그 발명을 실시할 정도로 충분하지 않은 경우, 전리법 및 본 세칙의 관련 규정에 부합해야 하는 것 외에도 출원인은 이하의 절차를 처리해야 한다.

1. 출원일 전 또는 늦어도 출원일(우선권이 있는 경우, 우선권일)에 그 생

물재료의 견본을 국무원 전리행정부문이 승인한 기탁기관에 기탁하고 출원 시 또는 늦어도 출원일로부터 4개월 내에 기탁기관이 발급한 기탁증명 및 생존증명을 제출한다. 기간이 도과할 때까지 증명을 제출하지 않은 경우, 그 견본은 기탁하지 않은 것으로 간주한다.

2. 출원서류 중 그 생물재료특징과 관련된 자료를 제출한다.

3. 생물재료와 관련된 견본을 기탁한 전리출원은 출원서 및 명세서에 그 생물재료의 분류명명(라틴어 명칭을 기재), 그 생물재료견본을 기탁한 기관명칭·주소·기탁일자·기탁번호를 명확히 기재해야 한다. 출원 시 명확히 기재하지 않은 경우, 출원일로부터 4개월 내에 보정할 수 있고, 기간이 도과할 때까지 보정하지 않은 경우 기탁하지 않은 것으로 간주한다.

제25조 (생물재료의 기탁)

발명전리 출원인이 본 세칙 제24조의 규정에 따라 생물재료견본을 기탁하고 발명전리출원이 공개된 후, 어떠한 단위 또는 개인이 그 전리출원에 관련된 생물재료를 실험목적으로 사용하고자 하는 경우, 국무원 전리행정부문에 신청하고 아래 사항을 명확히 기재해야 한다.

1. 신청자의 성명(또는 명칭) 및 주소
2. 기타 다른 사람에게 그 생물재료를 제공하지 않겠다는 보증
3. 전리권 수여 전 실험목적으로만 사용하겠다는 보증

제26조 (유전자원에 의존하여 완성한 발명)

① 전리법이 지칭하는 "유전자원"은, 인체·동물·식물 또는 미생물 등으로부터 취득한, 유전기능단위를 함유하고 실제적이거나 잠재적인 가치를 구비한 재료를 의미한다. 전리법이 지칭하는 "유전자원에 의존하여 완성한 발명창조"는, 유전자원의 유전기능을 이용하여 완성한 발명창조를 의미한다.

② 유전자원에 의존하여 완성한 발명창조에 대한 전리출원인 경우, 출원인은 출원서에 이를 설명하고 국무원 전리행정부문이 제정한 양식을 작성해야 한다.

제27조 (첨부도면)

① 출원인이 색채에 대한 보호를 요구하는 경우 채색 도면 또는 사진을 제출해야 한다.

② 출원인은 보호가 필요한 각각의 디자인 물품에 대해 관련 도면 또는 사진을 제출해야 한다.

제28조 (디자인출원명세서)

① 디자인의 간단한 설명은 디자인 물품의 명칭·용도, 디자인의 설계요점을 명확히 기재해야 하고, 설계요점을 가장 잘 표현하는 사진이나 도면을 지정해야 한다. 투시도를 생략하거나 색채 보호를 청구하는 경우 간단한 설명에 명확히 기재해야 한다.

② 동일한 물품에 대해 다항의 유사한 디자인을 한 건의 디자인전리출원으로 제출하는 경우, 간단한 설명에 그중 한 항을 기본설계로 지정해야 한다.

③ 간단한 설명에는 상업적 선전용어를 사용해서는 안 되고 물품의 성능 설명에 이용되어서도 안 된다.

제29조 (디자인 견본 등의 제출)

국무원 전리행정부문이 필요하다고 판단하는 경우 디자인전리출원인이 디자인을 사용한 물품의 견본이나 모형을 제출하도록 요구할 수 있다. 견본 또는 모형의 체적은 30cm X 30cm X 30cm를 초과할 수 없고 중량은 15kg을 초과할 수 없다. 쉽게 부패·손상되거나 위험한 물품은 견본 또는 모형으로 제출해서는 안 된다.

제30조 (신규성의제의 절차)

① 전리법 제24조 제1호가 지칭하는 "중국정부가 승인한 국제전람회"
는, 국제전람회 조약이 규정하는 국제전람국에 등록되거나 그 인가
를 받은 국제전람회를 의미한다.

② 전리법 제24조 제2호가 지칭하는 "학술회의 또는 기술회의"는, 국무
원 관련 주관부문 또는 전국적 학술단체가 조직하여 개최하는 학술
회의 또는 기술회의를 의미한다.

③ 전리출원한 발명창조가 전리법 제24조 제1호 또는 제2호의 유형에
해당하는 경우, 출원인은 전리출원 시 이를 성명하고, 출원일로부터
2개월 내에 관련 국제전람회나 학술회의(또는 기술회의) 조직단위가
발급한 관련 발명창조의 전시(또는 발표) 및 전시일시(또는 발표일시)에
대한 증명서류를 제출해야 한다.

④ 전리출원의 발명창조가 전리법 제24조 제3호의 유형에 해당하는 경
우, 국무원 전리행정부문은 필요에 따라 출원인이 지정기간 내에 증
명서류를 제출하도록 요구할 수 있다.

⑤ 출원인이 본 조 제3항의 규정에 따른 성명이나 증명서류를 제출하지
않거나 본 조 제4항의 규정에 따른 지정기간 내에 증명서류를 제출하
지 않는 경우, 그 출원에 전리법 제24조의 규정을 적용하지 않는다.

제31조 (조약우선권 주장의 절차)

① 출원인이 전리법 제30조에 규정된 조약우선권을 주장하는 경우, 출
원인이 제출한 선출원서류 부본은 원수리기구의 증명을 거쳐야 한
다. 국무원 전리행정부문과 그 수리기구가 체결한 협정에 따라 국무
원 전리행정부문이 전자교환 등의 경로로 선출원서류 부본을 획득
한 경우, 출원인이 그 수리기구가 증명한 선출원서류 부본을 제출한
것으로 간주한다. 국내우선권을 주장하고 출원인이 출원서에 선출
원의 출원일 및 출원번호를 명확히 기재한 경우, 선출원서류 부본을
제출한 것으로 간주한다.

② 우선권을 주장하였으나 출원서에 선출원의 출원일, 출원번호 및 원수리기구명칭 중 하나 또는 둘의 내용을 누락하거나 잘못 기재한 경우, 국무원 전리행정부문은 출원인에게 지정기간 내에 보정하도록 통지해야 한다. 기간이 도과할 때까지 통지하지 않은 경우 우선권을 주장하지 않은 것으로 간주한다.

③ 우선권을 주장한 출원인의 성명이나 명칭이 선출원서류 부본에 기재된 출원인의 성명이나 명칭과 일치하지 않는 경우 우선권 양도 증명자료를 제출해야 하고, 그 증명자료를 제출하지 않는 경우 우선권을 주장하지 않은 것으로 간주한다.

④ 디자인전리출원의 출원인이 조약우선권을 주장하고 그 선출원이 디자인의 간단한 설명을 포함하지 않으며 출원인이 본 세칙 제28조 규정에 따라 제출한 간단한 설명이 선출원 서류의 도면이나 사진이 나타내는 범위를 초과하지 않는 경우, 그 우선권 향유에 영향을 주지 않는다.

제32조 (국내우선권 주장의 절차)

① 출원인은 전리신청 시 하나 또는 복수의 우선권을 주장할 수 있다. 복수의 우선권을 주장하는 경우 그 출원의 우선권 기간은 최초의 우선권일로부터 기산한다.

② 출원인이 국내우선권을 주장하고 선출원이 발명전리출원인 경우, 동일한 주제에 대해 발명 또는 실용신안전리출원을 제출할 수 있다. 선출원일이 실용신안전리출원인 경우, 동일한 주제에 대해 실용신안 또는 발명전리출원을 제출할 수 있다. 다만, 후출원 제출 시 선출원의 주제가 아래 중 어느 하나에 해당하는 경우, 국내우선권 주장의 기초로 할 수 없다.

1. 이미 조약우선권 또는 국내우선권을 주장한 경우

2. 이미 전리권이 수여된 경우

3. 분할출원에 해당하는 경우

③ 출원인이 국내우선권을 주장하는 경우, 그 선출원은 후출원이 제출
된 날로부터 취하간주된다.

제33조 (재외자의 전리출원 서류)

중국에 상시 거소나 영업소가 없는 출원인이 전리출원하거나 외국우선
권을 주장하는 경우, 국무원 전리행정부문은 필요에 따라 아래 서류의 제
출을 요구할 수 있다.

1. 출원인이 개인인 경우, 그의 국적증명
2. 출원인이 기업 또는 기타조직인 경우, 그것의 등록된 국가 또는 지
   역의 증명서류
3. 출원인이 속한 국가가, 중국단위 및 개인이 그 국가의 국민과 동등
   한 조건으로 그 국가에서 전리권·우선권 및 기타 전리 관련 권리
   를 향유할 수 있다고 승인한 증명서류

제34조 (발명창조의 단일성)

전리법 제31조 제1항 규정에 따라 한 건의 전리출원으로 제출할 수 있
는 총괄적 발명사상에 속하는 둘 이상의 발명 또는 실용신안은, 기술적으
로 상호 관련되어야 하고, 하나 또는 다수의 서로 동일하거나 상응하는 특
정기술특징을 포함해야 한다. 그중 "특정기술특징"이란, 각 항 발명 또는
실용신안이 전체로서 종래기술에 대해 공헌하도록 하는 기술특징을 의미
한다.

제35조 (디자인의 단일성)

① 전리법 제31조 제2항 규정에 따라 동일한 물품에 대한 다항의 유사
한 디자인을 한 건의 출원으로 제출하는 경우, 그 물품의 기타디자인
은 간단한 설명에 지정된 기본디자인과 유사해야 한다. 한 건의 디자
인전리출원에 속한 유사디자인은 10항을 초과할 수 없다.
② 전리법 제31조 제2항에서 "동일한 종류이고, 한 벌로 판매되거나 사

용되는 물품의 둘 이상의 디자인"이 지칭하는 것은, 각각의 물품이 분류표 중 동일한 대분류에 속하고, 습관적으로 동시에 판매되거나 사용되며, 각각의 물품의 디자인이 서로 동일한 디자인사상을 구비한 것을 의미한다.

③ 두 항 이상의 디자인을 한 건의 전리출원으로 하는 경우, 각 항 디자인의 순서번호를 각각의 디자인 물품의 각 도면 또는 사진의 명칭 앞에 표시해야 한다.

제36조 (전리출원의 취하)

① 출원인이 전리출원을 취하하는 경우, 국무원 전리행정부문에 성명을 제출하고 발명창조의 명칭, 출원번호 및 출원일을 명확히 기재해야 한다.

② 전리출원의 취하 성명이 국무원 전리행정부문이 공개할 전리출원서류의 인쇄준비 업무를 마친 후 제출된 경우 출원서류를 공개한다. 다만, 출원전리의 취하 성명은 이후 출판되는 전리공보상에 공고된다.

제3장 전리출원의 심사 및 비준

제37조 (심사관의 회피)

방식심사, 실질심사, 복심 및 무효심판의 심사나 심리를 실시하는 자가 아래 중 하나에 해당하는 경우, 스스로 회피해야 하고 당사자 또는 기타 이해관계인은 그 회피를 요구할 수 있다.

1. 당사자 또는 그 대리인의 가까운 친속인 경우
2. 전리출원 또는 전리권과 이해관계가 있는 경우
3. 당사자 또는 그 대리인과 기타 관계가 있어 공정한 심사 및 심리에 영향을 줄 수 있는 경우
4. 전리복심위원회 구성원이 원출원의 심사에 참여한 적이 있는 경우

제38조 (출원서류의 접수)

국무원 전리심사부문은 발명 또는 실용신안 전리출원의 출원서, 명세서 (실용신안은 반드시 첨부도면을 포함해야 함) 및 청구범위를 접수하거나, 디자인 전리출원의 출원서, 디자인의 도면(또는 사진) 및 간단한 설명을 접수한 후, 출원일을 명확히 하고 출원번호를 부여하여 출원인에게 통지해야 한다.

제39조 (출원서류의 반려)

전리출원서류가 아래 중 하나에 해당하는 경우, 국무원 전리행정부문은 수리하지 않고 출원인에게 통지한다.

　　1. 발명 또는 실용신안 전리출원이 출원서·명세서(실용신안에 첨부도면이 없는 경우) 또는 청구범위를 포함하지 않거나, 디자인 전리출원이 출원서·도면(또는 사진)·간단한 설명을 포함하지 않는 경우

　　2. 중문을 사용하지 않은 경우

　　3. 본 세칙 제121조 제1항 규정(흑색 글씨체 또는 첨부도면)에 부합하지 않는 경우

　　4. 출원서에 출원인의 성명(또는 명칭)이나 주소가 없는 경우

　　5. 전리법 제18조 또는 제19조 제1항(재외자의 전리출원)의 규정에 명백히 부합하지 않는 경우

　　6. 전리출원 유형(발명·실용신안 또는 디자인)이 불명확하거나 확정하기 어려운 경우

제40조 (첨부도면의 보완)

명세서에 첨부도면에 대한 설명이 있으나 첨부도면의 전부 또는 일부가 없는 경우, 출원인은 국무원 전리행정부문이 지정한 기간 내에 첨부도면을 보충하거나, 첨부도면에 대한 설명을 취소하는 성명을 해야 한다. 출원인이 첨부도면을 보충제출한 경우 국무원 전리행정부문에 제출하거나 우편으로 첨부도면을 발송한 날을 출원일로 하고, 첨부도면에 대한 설명을 취소하는 경우 출원일을 보류한다.

제41조 (동일출원의 경합)

① 둘 이상의 출원인이 동일자(동일한 출원일을 지칭하는 것으로, 우선권이 있는 경우 우선권일을 의미함)에 각각 동일한 발명창조에 대해 전리출원을 한 경우, 국무원 전리행정부문의 통지를 수령한 후 스스로 협상하여 출원일을 확정해야 한다.

② 동일인이 동일자(출원일을 지칭함)에 동일한 발명창조에 대해 실용신안전리를 출원하고 발명창조전리도 출원한 경우, 출원 시 동일한 발명창조에 대해 이미 별도의 전리를 출원했음을 각각 설명해야 한다. 설명하지 않은 경우, 전리법 제9조 제1항에 따른 동일한 발명창조에 대해 하나의 전리권만을 수여한다는 규정에 따라 처리한다.

③ 국무원 전리행정부문이 실용·신안전리권 수여를 공고할 때, 출원인이 이미 본 조 제2항의 규정에 따라 동시에 발명전리를 출원했다는 설명을 공고해야 한다.

④ 발명전리출원이 심사를 거쳐 거절이유가 발견되지 않으면, 국무원 전리행정부문은 출원인에게 통지하여 지정기간 내에 실용신안전리의 포기를 성명하도록 통지해야 한다. 출원인이 포기를 성명하는 경우, 국무원 전리행정부문은 발명전리권을 수여하는 결정을 내리고, 발명전리권 수여 시 출원인이 실용신안전리권을 포기했다는 성명을 함께 공고해야 한다. 출원인이 포기에 동의하지 않는 경우, 국무원 전리행정부문은 그 발명전리출원을 거절해야 하고, 출원인이 기간이 도과할 때까지 답변하지 않는 경우 그 발명전리출원을 취하간주 한다.

⑤ 실용신안전리권은 발명전리권의 수여가 공고된 날부터 종료한다.

제42조 (분할출원의 제출)

① 전리출원이 둘 이상의 발명·실용신안 또는 디자인을 포함하는 경우, 출원인은 본 세칙 제54조 제1항에 규정된 기간이 만료되기 전에 국무원 전리행정부문에 분할출원을 제출할 수 있다. 다만, 전리출원이

이미 거절결정·취하 또는 취하간주된 경우, 분할출원을 제출할 수
없다.

② 국무원 전리행정부문은 하나의 전리출원이 전리법 제31조 및 본 세
칙 제34조(또는 제35조) 규정에 부합하지 않는다고 판단하는 경우 출
원인에게 지정기간 내에 그 출원에 대해 보정할 것을 통지해야 하고,
출원인이 기간이 도과될 때까지 답변하지 않는 경우 그 출원을 취하
간주한다.

③ 분할출원은 원출원의 유형(발명·실용신안 또는 디자인)을 변경할 수
없다.

제43조 (분할출원의 효과)

① 본 세칙 제42조 규정에 따라 분할출원을 제출한 경우 원출원일을 유
지할 수 있고, (원출원이) 우선권을 향유하는 경우 우선권일을 유지할
수 있다. 다만, 원출원에 기재된 범위를 초과할 수 없다.

② 분할출원은 전리법 및 본 세칙의 규정에 따라 관련절차를 처리해야
한다.

③ 분할출원의 출원서에는 원출원의 출원번호 및 출원일을 명확히 기
재해야 한다. 분할출원 제출 시 출원인은 원출원서류 부본을 제출해
야 하고, 원출원이 우선권을 향유하는 경우 원출원의 우선권서류 부
본을 제출해야 한다.

제44조 (방식심사)

① 전리법 제34조 및 제40조가 지칭하는 "방식심사"란, 전리출원이 전리
법 제26조 또는 제27조가 규정하는 서류 및 기타 필요한 서류의 구비
여부, 구비된 서류가 규정된 형식에 부합하는지 여부 및 아래 사항들
을 심사하는 것을 의미한다.

1. 발명전리출원이 전리법 제5조·제25조에 규정된 상황에 명백히 해
당하는지 여부, 전리법 제18조·제19조 제1항·제20조 제1항 또는

본 세칙 제16조·제26조 제2항의 규정에 부합하지 않는지 여부, 전리법 제2조 제2항·제26조 제5항·제31조 제1항·제33조 또는 본 세칙 제17조 내지 제21조 규정에 명백히 부합하지 않는지 여부

2. 실용신안전리출원이 전리법 제5조·제25조에 규정된 상황에 명백히 해당하는지 여부, 전리법 제18조·제19조 제1항·제20조 제1항 또는 본 세칙 제16조 내지 제19, 제21조 내지 제23조의 규정에 부합하지 않는지 여부, 전리법 제2조 제3항·제22조 제2항(및 제4항)·제26조 제3항(및 제4항)·제31조 제1항·제33조 또는 본 세칙 제20조·제43조 제1항의 규정에 명백히 부합하지 않는지 여부, 전리법 제9조 규정에 따라 전리권을 취득할 수 없는지 여부

3. 디자인전리출원이 전리법 제5조·제25조 제1항 제6호 규정의 상황에 명백히 해당하는지 여부, 전리법 제18조·제19조 제1항 또는 본 세칙 제16조·제27조·제28조의 규정에 부합하지 않는지 여부, 전리법 제2조 제4항·제23조 제1항·제27조 제2항·제31조 제2항·제33조 또는 본 세칙 제43조 제1항의 규정에 명백히 부합하지 않는지 여부, 전리법 제9조 규정에 따라 전리권을 취득할 수 없는지 여부

4. 출원서류가 본 세칙 제2조·제3조 제1항의 규정에 부합하는지 여부

② 국무원 전리행정부문은 심사의견을 출원인에게 통지하여 지정기간 내에 의견을 진술하거나 보정하도록 요구해야 하고, 출원인이 기간이 도과할 때까지 보정하지 않은 경우 그 출원은 취하간주한다. 출원인이 의견을 진술하거나 보정한 후에도 국무원 전리행정부문이 전항에 열거된 각 항의 규정에 여전히 부합하지 않는다고 판단하는 경우 거절결정해야 한다.

제45조 (기타 서류의 미제출 간주)

① 출원서류 외에 출원인이 국무원 전리행정부문에 제출한 전리출원과 관련된 기타 서류가 아래 중 어느 하나에 해당하는 경우, 미제출한 것으로 간주한다.

1. 규정된 양식을 사용하지 않았거나 규정에 부합하지 않게 작성한 경우
2. 규정에 따른 증명자료를 제출하지 않은 경우

② 국무원 전리행정부문은 미제출한 것으로 간주한다는 심사의견을 출원인에게 통지해야 한다.

제46조 (조기공개)

출원인이 그 발명전리출원에 대해 조기공개를 신청하는 경우, 국무원 전리행정부문에 성명해야 한다. 국무원 전리행정부문은 그 신청에 대해 방식심사를 진행한 후 거절이유가 없는 경우 즉시 출원을 공개해야 한다.

제47조 (디자인 물품의 분류)

출원인이 디자인을 사용하는 물품 및 그것이 속한 유형을 명확히 기재하는 경우, 국무원 전리행정부문이 공개한 디자인 물품 분류표를 사용해야 한다. 디자인을 사용하는 물품이 속한 유형을 명확히 기재하지 않거나 기재한 유형이 불확실한 경우, 국무원 전리행정부문은 보충하거나 보정할 수 있다.

제48조 (이의신청)

발명전리출원이 공개된 날부터 전리권 수여가 공고되는 날까지 누구든지 전리법 규정에 부합하지 않는 전리출원에 대해 국무원 전리행정부문에 이의를 제기하고 그 이유를 설명할 수 있다.

제49조 (참고자료의 보충 제출)

발명전리출원인이 정당한 이유로 인해 전리법 제36조가 규정하는 검색자료 또는 심사결과자료를 제출할 수 없는 경우, 국무원 전리행정부문에 성명하고 관련 자료를 입수한 후 보충제출해야 한다.

제50조 (직권심사)

국무원 전리행정부문은 전리법 제35조 제2항(직권심사)에 규정에 따라 스스로 전리출원을 심사할 때 출원인에게 통지해야 한다.

제51조 (보정범위)

① 발명전리 출원인은 실질심사 청구 시 및 국무원 전리행정부문이 발행한 발명전리출원이 실질심사단계에 진입한다는 통지서를 수령한 날로부터 3개월 내에 발명전리출원에 대해 주동보정을 수행할 수 있다.

② 실용신안 또는 디자인전리 출원인은 출원일로부터 2개월 내에 실용신안 또는 디자인전리출원에 대해 주동보정을 수행할 수 있다.

③ 출원인이 국무원 전리행정부문이 발행한 심사의견통지서를 수령한 후 전리출원서류를 보정하는 경우 통지서가 지적한 흠결에 대해 보정해야 한다.

④ 국무원 전리행정부문은 전리출원서류 중의 문자나 부호에 명백한 오기를 스스로 보정할 수 있다. 국무원 전리행정부문이 보정한 경우, 출원인에게 통지해야 한다.

제52조 (보정방법)

발명 또는 실용신안전리출원의 명세서 또는 청구범위의 보정부분은 개별 문자를 보정하거나 삭제·추가하는 경우 외에는 규정된 양식에 따라 페이지를 교체해야 한다. 디자인전리출원의 도면 또는 사진의 보정은 규정에 따라 페이지를 교체해야 한다.

제53조 (거절이유)

전리법 제38조의 규정에 따라 실질심사를 거쳐 거절해야 하는 발명전리출원은 아래와 같다.

1. 출원이 전리법 제5조, 제25조 규정에 해당하거나, 전리법 제9조 규정에 따라 전리권을 획득할 수 없는 경우

2. 출원이 전리법 제2조 제2항·제20조 제1항·제22조·제26조 제3항 (내지 제5항)·제31조 제1항 또는 본 세칙 제20조 제2항의 규정에 부합하지 않는 경우

3. 출원의 보정이 전리법 제33조 규정에 부합하지 않거나, 분할출원이 본 세칙 제43조 제1항의 규정에 부합하지 않는 경우

제54조 (전리권의 등기)

① 출원인은 국무원 전리행정부문이 발행한 전리권 수여의 통지를 수령한 날로부터 2개월 내에 등기절차를 처리해야 한다. 출원인이 기간에 따라 등기절차를 처리하는 경우 국무원 전리행정부문은 전리권을 수여하고 전리증서를 발급하고 공고해야 한다.

② 기간이 도과할 때까지 등기절차를 처리하지 않는 경우, 전리권을 취득할 권리를 포기한 것으로 간주한다.

제55조 (전리권의 수여)

비밀유지 전리출원이 심사를 거쳐 거절이유가 발견되지 않은 경우, 국무원 전리행정부문은 비밀유지 전리권을 수여하는 결정을 내리고 비밀유지 전리증서를 발급하고 비밀유지 전리권의 관련사항을 등기해야 한다.

제56조 (평가보고서의 작성)

① 실용신안권 또는 디자인전리권을 수여하는 결정을 공고한 후, 전리법 제60조가 규정하는 전리권 또는 이해관계인은 국무원 전리행정부문에 전리권 평가보고서 작성을 청구할 수 있다.

② 전리권 평가보고서를 청구하는 경우, 전리권 평가보고 청구서를 제출하고 전리번호를 명확히 기재해야 한다. 각각의 청구는 한 항의 전리권에 한한다.

③ 전리권 평가보고 청구서가 규정에 부합하지 않는 경우 국무원 전리행정부문은 청구인이 지정기간 내에 보정하도록 통지하고, 청구인이

기간이 도과할 때까지 보정하지 않는 경우 청구를 제출하지 않은 것으로 간주한다.

제57조 (평가보고서의 제공)

국무원 전리행정부문은 전리권 평가보고 청구서를 수령한 날로부터 2개월 내에 전리권 평가보고를 작성해야 한다. 동일한 한 항의 실용신안 또는 디자인전리권에 대해 전리권 평가보고를 청구하는 다수의 청구인이 있는 경우, 국무원 전리행정부문은 한 부의 전리권 평가보고서만을 작성한다. 어떠한 단위 또는 개인도 그 전리권 평가보고서를 열람하거나 복제할 수 있다.

제58조 (전리공고의 정정)

국무원 전리행정부문은 전리공고나 전리 단행본 중 오기가 있음을 발견한 경우 즉시 경정하고 경정에 대해 공고해야 한다.

제4장 전리출원의 복심 및 전리권의 무효심판

제59조 (전리복심위원회의 구성)

전리복심위원회는 국무원 전리행정부문이 지정하는 기술전문가 및 법률전문가로 구성하고, 주임위원은 국무원 전리행정부문 책임자가 겸임한다.

제60조 (복심청구 절차)

① 전리법 제41조의 규정에 따라 전리복심위원회에 복심을 청구하는 경우, 복심청구서를 제출하여 이유를 설명해야 하고, 필요한 경우 관련 증거를 첨부해야 한다.

② 복심청구가 전리법 제19조 제1항 또는 제41조 제1항 규정에 부합하지 않는 경우, 전리복심위원회는 (그 복심청구를) 불수리하며 서면으로

복심청구인에게 통지하고 이유를 설명한다.

③ 복심청구서가 규정된 양식에 부합하지 않는 경우 복심청구인은 전리
복심위원회가 지정하는 기간 내에 보정해야 하고, 기간이 도과할 때
까지 보정하지 않는 경우 그 복심청구는 미제출한 것으로 간주한다.

제61조 (복심 중의 보정)

① 청구인이 복심청구를 제출 시 또는 전리복심위원회의 복심통지서에
대한 답변서를 작성 시 전리출원서류를 보정할 수 있다. 다만, 보정은
거절결정서 또는 복심통지서가 지적한 흠결을 해소하는 데 한한다.

② 보정된 전리출원서류는 2부를 제출해야 한다.

제62조 (전치심사)

전리복심위원회는 수리한 복심청구서를 국무원 전리행정부문의 원심
사부문에 전달하여 심사하도록 한다. 원심사부문이 복심청구인의 청구에
따라 원결정을 철회하는 경우, 전리복심위원회는 그에 기초하여 복심결정
을 내리고 복심청구인에게 통지해야 한다.

제63조 (복심결정)

① 전리복심위원회가 복심을 진행한 후, 복심청구가 전리법 및 본 세칙
의 관련규정에 부합하지 않는다고 판단하는 경우, 복심청구인에게
통지하여 지정기간 내에 의견을 진술하도록 해야 한다. 기간이 도과
할 때까지 답변하지 않는 경우, 그 복심청구는 취하간주된다. 전리복
심위원회는 의견을 진술하거나 보정한 후에도 (그 출원이) 여전히 전
리법 및 본 세칙의 관련규정에 부합하지 않는다고 판단하는 경우 원
거절결정을 유지하는 복심결정을 내려야 한다.

② 전리복심위원회가 복심을 진행한 후 원거절결정이 전리법 및 본 세
칙의 관련규정에 부합하지 않는다고 판단하거나 보정을 통해 전리
출원서류가 원거절결정이 지적한 흠결을 해소했다고 판단하는 경

우, 원거절결정을 취소하고 원심사부문이 심사절차를 계속하도록 해
야 한다.

제64조 (복심청구의 취하)

① 복심청구인은 전리복심위원회가 결정을 내리기 전 그 복심청구를
취하할 수 있다.

② 복심청구인이 전리복심위원회가 결정을 내리기 전 그 복심청구를
취하하는 경우, 복심절차가 종료된다.

제65조 (무효심판의 청구)

① 전리법 제45조 규정에 따라 전리권의 무효 또는 부분무효를 청구하
는 경우, 전리복심위원회에 전리권 무효심판 청구서 및 필요한 증거
를 2부 제출해야 한다. 무효심판 청구서는 제출한 모든 증거와 결합
하여 무효심판 청구 이유를 구체적으로 설명하고 각 항의 이유가 의
거하는 증거를 명확히 지정해야 한다.

② 전항이 지칭하는 "무효심판 청구 이유"란, 전리가 수여된 발명창조
가 전리법 제2조·제20조 제1항·제22조·제23조·제26조 제3항(및 제4
항)·제27조 제2항·제33조 또는 본 세칙 제20조 제2항·제43조 제1항
의 규정에 부합하지 않거나, 전리법 제5조·제25조의 규정에 해당하
거나, 전리법 제9조 규정에 따라 전리권을 취득할 수 없는 사유를 의
미한다.

제66조 (무효심판 청구의 불수리 요건)

① 전리권 무효심판 청구가 전리법 제19조 제1항 또는 본 세칙 제65조
규정에 부합하지 않는 경우, 전리복심위원회는 수리하지 않는다.

② 전리복심위원회가 무효심판청구에 대해 결정을 내린 후 동일한 이
유 및 증거로 다시 무효심판이 청구되는 경우 전리복심위원회는 수
리하지 않는다.

③ 전리법 제23조 제3항의 규정을 이유로 디자인전리권의 무효심판을 청구하였으나 권리충돌의 증거를 제출하지 않은 경우 전리복심위원회는 수리하지 않는다.

④ 전리권 무효심판 청구서가 규정된 격식에 부합하지 않는 경우, 무효심판 청구인은 전리복심위원회가 지정하는 기간 내에 보정해야 한다. 기간이 도과할 때까지 보정하지 않는 경우, 그 무효심판 청구는 미제출한 것으로 간주한다.

제67조 (무효심판 청구이유 및 증거의 추가)

전리복심위원회가 무효심판 청구를 수리한 후, 청구인은 무효심판 청구일로부터 1개월 내에 이유를 추가하거나 증거를 보충할 수 있다. 기간을 도과하여 이유를 추가하거나 증거를 보충한 경우, 전리복심위원회는 고려하지 않는다.

제68조 (무효심판에 대한 의견서 및 답변서)

① 전리복심위원회는 전리권무효심판 청구서 및 관련 서류의 부본을 전리권자에게 전달하고, 지정기간 내에 의견을 진술하도록 요구해야 한다.

② 전리권자 및 무효심판 청구인은 지정기간 내에 전리복심위원회가 발행하여 전달한 서류통지서 또는 무효심판 청구 심리통지서에 대해 답변해야 한다. 기간이 도과할 때까지 답변하지 않는 경우, 전리복심위원회의 심리에 영향을 미치지 않는다.

제69조 (무효심판 중의 보정)

① 무효심판 청구의 심사과정 중 발명 또는 실용신안전리의 전리권자는 그 청구범위를 보정할 수 있으나, 원전리의 보호범위를 초과할 수 없다.

② 발명 또는 실용신안전리의 전리권자는 전리명세서 및 첨부도면을

보정할 수 없고, 디자인전리의 전리권자는 도면, 사진 및 간단한 설명을 보정할 수 없다.

제70조 (무효심판의 구술심리)

① 전리복심위원회는 당사자의 청구 또는 안건 경위의 필요에 따라 무효심판 청구에 대해 구술심리 진행을 결정할 수 있다.

② 전리복심위원회가 무효심판 청구에 대해 구술심리 진행을 결정한 경우, 당사자에게 구술심리 통지서를 발행하고 구술심리가 열리는 시점 및 장소를 고지해야 한다. 당사자는 통지서가 지정한 기간 내에 답변서를 제출해야 한다.

③ 무효심판 청구인이 전리복심위원회가 발행한 구술심리 통지서에 대해 지정기간 내에 답변서를 제출하지 않고 구술심리에도 참가하지 않는 경우 그 무효심판 청구를 취하한 것으로 간주한다. 전리권자가 구술심리에 참가하지 않는 경우 결석심리를 진행할 수 있다.

제71조 (무효심판의 기간연장 불허)

무효심판 청구 심사 과정 중 전리복심위원회가 지정하는 기간은 연장할 수 없다.

제72조 (무효심판의 취하)

① 전리복심위원회가 무효심판의 청구에 대해 심결을 내리기 전 무효심판 청구인은 그 청구를 취하할 수 있다.

② 전리복심위원회가 심결을 내리기 전 무효심판 청구인이 그 청구를 취하하거나 그 무효심판 청구가 취하간주되는 경우, 무효심판청구 심리과정이 종료된다. 다만, 전리복심위원회가 이미 진행한 심리작업에 의거하여 전리권 무효 또는 부분무효의 심결을 내릴 수 있는 경우, 심리절차는 종료되지 않는다.

제5장 전리실시의 강제허가

제73조 (불충분 실시를 이유로 하는 강제실시허가)

①전리법 제48조 제1호가 지칭하는 "전리의 불충분한 실시"란, 전리권 자 및 실시권자가 그 전리를 실시하는 방식 또는 규모가 국내의 전리 제품 또는 전리방법의 수요를 만족시키지 못하는 것을 의미한다.

②전리법 제50조가 지칭하는 "전리권을 취득한 약품"이란, 공공 건강문 제 해결에 필요한 의약영역의 임의의 전리제품이나 전리방법에 따 라 직접 획득한 제품을 의미하고, 전리권을 취득한 그 제품의 제조에 필요한 활성성분 및 그 제품의 사용에 필요한 진단용품을 포함한다.

제74조 (강제실시허가의 절차)

①강제허가를 청구하는 경우, 국무원 전리행정부문에 강제허가 청구서 를 제출하고 이유를 설명하고 관련 증명서류를 첨부해야 한다.

②국무원 전리행정부문은 강제허가 청구서의 부본을 전리권자에게 전 달해야 하고, 전리권자는 국무원 전리행정부문이 지정한 기간 내에 의견을 진술해야 한다. 기간이 도과할 때까지 의견을 진술하지 않는 경우, 국무원 전리행정부문의 결정에 영향을 주지 않는다.

③국무원 전리행정부문은 강제허가 청구를 기각하는 결정이나 강제허 가를 부여하는 결정을 하기 전에 청구인 및 전리권자에게 내리려는 모의결정 및 그 이유를 통지해야 한다.

④국무원 전리행정부문이 전리법 제50조의 규정에 따라 내리는 강제 허가 부여 결정은, 중국이 체결했거나 참가한 관련 국제조약의 공공 건강문제를 해결하기 위해 부여하는 강제허가 규정과도 부합해야 한다. 다만 중국이 보류하는 경우는 예외로 한다.

제75조 (강제실시허가 실시료의 재결)

전리법 제57조의 규정에 따라 국무원 전리행정부문이 실시료 액수를 재결(裁決)하도록 청구하는 경우, 당사자는 재결청구서를 제출하고 쌍방의 협의가 성립하지 않았다는 증명서류를 첨부해야 한다. 국무원 전리행정부문은 청구서를 수령한 날로부터 3개월 내에 재결하고 당사자에게 통지해야 한다.

제6장 직무발명창조에 대한 발명자 또는 설계자의 장려 및 보수

제76조 (직무발명에 대한 장려 및 보수)

① 전리권을 수여받는 단위는 발명자·설계자와 약정하거나, 그 단위가 법에 따라 제정한 규장제도에 전리법 제16조 규정의 장려·보수의 방식 및 액수를 규정할 수 있다.

② 기업, 사업단위가 발명자 또는 설계자에게 지급하는 장려·보수는 국가의 관련 재무·회계 제도의 규정에 따라 처리한다.

제77조 (직무발명의 장려금)

① 전리권을 수여받는 단위가 발명자·설계자와 약정하지 않고, 그 단위가 법에 따라 제정한 규장제도에 전리법 제16조 규정의 장려의 방식 및 액수를 규정하지도 않은 경우, 전리권 공고일로부터 3개월 내에 발명자 또는 설계자에게 장려금을 지급해야 한다. 한 항의 발명전리의 장려금은 최저 3000元보다 적어서는 안 되고, 한 항의 실용신안 또는 디자인 전리의 장려금은 최저 1000元보다 적어서는 안 된다.

② 발명자 또는 설계자의 건의가 그가 소속된 단위에 의해 채택되어 발명창조를 완성하여 전리권을 수여받는 단위는 장려금을 충분히 지급해야 한다.

제78조 (직무발명의 보수)

전리권을 수여받는 단위가 발명자·설계자와 약정하지 않고, 그 단위가 법에 따라 제정한 규장제도에 전리법 제16조 규정의 보수의 방식 및 액수를 규정하지도 않은 경우, 전리권이 유효한 기간 내에 발명창조전리를 실시한 후 매년 그 발명 또는 실용신안전리의 실시에 따른 영업이윤 중 최소 2% 또는 그 디자인전리의 영업이윤 중 최소 0.2%를 발명자·설계자에게 보수로 지급하거나, 상술한 비율에 따른 일회성 보수를 발명자·설계자에게 지급해야 한다. 전리권을 수여받는 단위가 기타 단위 또는 개인에게 그 전리실시를 허가하는 경우 획득된 실시료 중 최소 10%를 발명자·설계자에게 보수로 지급해야 한다.

제7장 전리권의 보호

제79조 (전리업무 관리부문)

전리법 및 본 세칙이 지칭하는 "전리업무 관리부문(管理专利工作的部门)"이란, 성(省)·자치구·직할시 인민정보 및 전리관리업무량이 많고 실제 처리능력을 갖춘 시(市) 인민정부가 설립한 전리업무 관리부문을 의미한다.

제80조 (국무원 전리행정부문의 업무지도)

국무원 전리행정부문은 전리업무 관리부문의 전리권 침해 분쟁 처리·도용전리 행위의 심리 및 처리·전리분쟁의 조정에 대해 업무지도를 진행해야 한다.

제81조 (전리업무 관리부문의 관할)

① 당사자가 전리권 침해 분쟁의 처리나 전리분쟁의 조정을 신청하는 경우, 피청구인 소재지 또는 침해행위지의 전리업무 관리부문이 관할한다.

② 둘 이상의 전리업무 관리부문이 모두 전리권 침해 분쟁의 관할권을 가지는 경우, 당사자는 그 중 하나의 전리업무 관리부문에 청구할 수

있다. 당사자가 관할권을 가진 둘 이상의 전리업무 관리부문에 신청하는 경우, 가장 먼저 수리한 전리업무 관리부문이 관할한다.

③ 전리업무 관리부문의 관할권에 다툼이 있는 경우, 공동의 상급 인민정부의 전리업무 관리부문이 관할을 지정한다. 공동의 상급 인민정부 전리업무 관리부문이 없는 경우, 국무원 전리행정부문이 관할을 지정한다.

제82조 (전리업무 관리부문의 처리 중지)

① 전리권 침해 분쟁의 처리 과정 중 피청구인이 무효심판을 청구하고 전리복심위원회가 그 청구를 수리하는 경우, 전리업무 관리부문은 처리를 중지하도록 청구할 수 있다.

② 전리업무 관리부문은 피청구인이 제출한 중지이유가 명백히 성립하지 않는다고 판단하는 경우, 처리를 중지하지 않을 수 있다.

제83조 (전리표시)

① 전리권자가 전리법 제17조의 규정에 따라 그 전리제품 또는 그 제품의 포장에 전리표시를 하는 경우, 국무원 전리행정부문이 규정한 방식에 따라 표시해야 한다.

② 전리표시가 전항 규정에 부합하지 않는 경우, 전리업무 관리부문이 개정을 명한다.

제84조 (모조전리 행위)

① 아래 행위는 전리법 제63조가 규정하는 모조전리의 행위에 해당한다.

1. 전리권을 받지 않은 제품 또는 그 제품의 포장에 전리표지를 표시하거나, 전리권이 무효되거나 종료된 후 계속하여 제품 또는 그 제품의 포장에 전리표지를 표시하거나, 허가 없이 제품 또는 제품포장에 타인의 전리번호를 표시하는 경우

2. 제1호에서 서술한 제품을 판매하는 경우

3. 제품설명서 등의 자료에 전리권을 받지 않은 기술(또는 디자인)을 전리기술(또는 전리디자인)이라 칭하거나, 전리출원을 전리라고 칭하거나, 허가 없이 타인의 전리번호를 사용하여 공중이 관련된 기술(또는 디자인)을 전리기술(또는 전리디자인)로 오인하도록 하는 경우

4. 전리증서·전리서류 또는 전리출원서류를 위조하거나 변조하는 경우

5. 기타 공중을 혼동하게 하거나, 전리권을 받지 않은 기술(또는 디자인)을 전리기술(또는 전리디자인)로 오인하도록 하는 행위

② 전리권이 종료되기 전 법에 따른 전리제품 또는, 전리방법에 따라 직접 획득한 제품이나 그 포장에 전리번호를 표시하고 전리권이 종료된 후 그 제품을 판매청약하거나 판매하는 경우 모조전리행위에 해당하지 않는다.

③ 모조전리품임을 모르고 판매하였고 그 제품의 합법적 출처를 증명할 수 있는 경우, 전리업무 관리부문은 판매정지를 명하되 벌금 처벌은 면제한다.

제85조(전리업무 관리부문의 업무)

① 전리법 제60조 규정 이외에 전리업무 관리부문은 당사자가 청구하는 아래의 전리 분쟁의 조정을 진행할 수 있다.

1. 전리출원권 및 전리권 귀속 분쟁

2. 발명자, 설계자 자격 분쟁

3. 직무발명창조의 발명자, 설계자의 장려 및 보수 분쟁

4. 발명전리출원 공개 후 전리권 수여 전까지 발명을 사용하였으나 적당한 비용을 미지급한 분쟁

5. 기타 전리 분쟁

② 전항 제4호에 열거된 분쟁에 대해 당사자가 전리업무 관리부문에 조정을 청구하는 경우, 전리권이 수여된 후 그 청구를 제출해야 한다.

제86조 (국무원 전리행정부문의 절차 중지)

① 당사자가 전리출원권 또는 전리권의 귀속으로 인해 발생한 분쟁에 대해 이미 전리업무 관리부문에 조정을 청구하거나 인민법원에 기소한 경우, 국무원 전리행정부문이 관련절차를 중지하도록 요청할 수 있다.

② 전항 규정에 따라 관련절차를 중지하는 경우, 국무원 전리행정부문에 청구서를 제출하고 전리업무 관리부문이나 인민법원이 명확히 기재한 출원번호(또는 전리번호)와 관련된 수리서류 부본을 첨부해야 한다.

③ 전리업무 관리부문이 작성하는 조정서 또는 인민법원이 작성하는 판결의 효력이 발생한 후, 당사자는 국무원 전리행정부문에 관련절차를 회복하는 수속을 처리해야 한다. 중지를 청구한 날로부터 1년 내에 관련 전리출원권이나 전리권의 귀속 분쟁을 해결할 수 없고 관련절차의 중지가 지속적으로 필요한 경우 청구인은 그 기간 내에 중지의 연장을 신청해야 한다. 기간이 도과할 때까지 연장을 신청하지 않는 경우, 국무원 전리행정부문은 관련절차를 스스로 회복한다.

제87조 (재정에 따른 절차 중지)

인민법원이 민사사건의 심리 중 전리출원권 또는 전리권에 대해 보전조치를 취하는 재정(裁定)을 내리는 경우, 국무원 전리행정부문은 출원번호 또는 전리번호를 명확히 기재한 재정서 및 협조집행통지서를 접수한 날 보전될 전리출원권 또는 전리권의 관련절차를 중지해야 한다. 보전기간이 도과하고 인민법원이 보전조치의 계속에 관해 재정하지 않는 경우, 국무원 전리행정부문은 관련절차를 스스로 회복한다.

제88조 (관련절차의 중지)

본 세칙 제86조 및 제87조 규정에 근거한 국무원 전리행정부문의 "관련절차의 중지"란, 전리출원의 방식심사, 실질심사, 복심절차, 전리권 수여절차 및 전리권 무효절차를 일시적으로 정지하거나, 전리권이나 전리출원권의 포기·변경·이전의 절차, 전리권 질권 절차 및 전리권 기간만료 전의 종료절차 등을 일시적으로 정지하는 것을 의미한다.

제8장 전리등기 및 전리공보

제89조 (전리등기)

국무원 전리행정부문은 전리등기부를 설치하고, 아래의 전리출원 및 전리권과 관련된 사항을 등기한다.

1. 전리권의 수여
2. 전리출원권, 전리권의 이전
3. 전리권의 질권, 보전 및 그 해제
4. 전리실시허가 계약의 등록(備案)
5. 전리권의 무효
6. 전리권의 종료
7. 전리권의 회복
8. 전리실시의 강제허가
9. 전리권자의 성명(또는 명칭), 국적 및 주소의 변경

제90조 (전리공보)

국무원 전리행정부문은 정기적으로 전리공보를 발행하고, 아래 내용을 공개하거나 공고한다.

1. 발명전리출원의 서지사항 및 명세서 요약서
2. 발명전리출원의 실질심사청구 및 국무원 전리행정부문이 발명전리출원에 대해 스스로 실질심사를 진행하기로 한 결정
3. 발명전리출원이 공개된 후의 거절·취하·취하간주·포기간주·회복 및 이전

4. 전리권의 수여 및 그 전리권의 서지사항

5. 발명 또는 실용신안전리의 명세서 요약서, 디자인전리의 1부의 도면 또는 사진

6. 국방전리·비밀유지 전리의 비밀해제

7. 전리권의 무효

8. 전리권의 종료 및 회복

9. 전리권의 이전

10. 전리실시허가 계약의 등록(备案)

11. 전리권의 질권설정·보전 및 그 해제

12. 전리실시의 강제허가 부여

13. 전리권자의 성명(또는 명칭), 주소의 변경

14. 서류의 공시송달

15. 국무원 전리행정부문이 내린 경정

16. 기타 관련 사항

제91조 (단행본 열람)

국무원 전리행정부문은 전리공보, 발명전리출원 단행본 및 발명전리·실용신안전리·디자인전리 단행본을 제공해야 하고, 공중이 무료로 열람하도록 제공한다.

제92조 (전리문서 교환)

국무원 전리행정부문은 호혜원칙에 따라 기타국가·지역의 전리기관 또는 지역적 전리조직과의 전리문서 교환을 책임진다.

제9장 비 용

제93조 (전리출원 비용)

① 국무원 전리행정부문에 전리를 출원하고 기타 수속을 처리할 때 아래의 비용을 납부해야 한다.

1. 출원 비용, 출원 부가비용, 공보인쇄 비용, 우선권주장 비용
2. 발명전리출원 실질심사 비용, 복심 비용
3. 전리등기 비용, 공고인쇄 비용, 연차료
4. 권리회복청구 비용, 기간연장청구 비용
5. 서지사항변경 비용, 전리권 평가보고서 청구 비용, 무효심판청구 비용

② 전항에 열거된 각종 비용의 납부기준은 국무원 가격관리부문, 재정부문이 국무원 전리행정부문과 회동하여 규정한다.

제94조 (비용 납부방법)

① 전리법 및 본 세칙이 규정하는 각종 비용은, 국무원 전리행정부문에 직접 납부하거나, 우체국이나 은행을 통해 송금하거나, 국무원 전리행정부문이 규정하는 기타 방식으로 납부할 수 있다.

② 우체국이나 은행을 통해 송금하는 경우, 국무원 전리행정부문이 송금하는 환어음상에 정확한 출원번호(또는 전리번호) 및 납부비용 명칭을 명확히 기재해야 한다. 본 규정에 부합하지 않는 경우 비용납부 절차를 처리하지 않은 것으로 간주한다.

③ 국무원 전리행정부문에 직접 비용을 납부하는 경우, 납부당일을 납부일로 한다. 우체국 환 지불방식으로 비용을 납부하는 경우, 우체국 환을 송금한 소인일을 납부일로 한다. 은행환 지불방식으로 비용을 납부하는 경우, 은행환을 실제로 송금한 날을 납부일로 한다.

④ 전리비용을 과납, 오납, 중복납부한 경우, 당사자는 비용 납부일로부터 3년 내에 국무원 전리행정부문에 환급을 청구할 수 있고 국무원

전리행정부문은 (그 금액을) 환급해야 한다.

제95조 (출원 부가비용의 결과)

① 출원인은 출원일로부터 2개월 이내 또는 수리통지서를 수령한 날로부터 15일 이내에 출원 비용, 공보인쇄 비용 및 필요한 출원 부가비용을 납부할 수 있다. 기간이 도과할 때까지 미납하거나 부족하게 납부하는 경우, 그 출원을 취하간주한다.

② 출원인이 우선권을 주장하는 경우, 출원 비용의 납부와 동시에 우선권주장 비용을 납부해야 한다. 기간이 도과할 때까지 미납하거나 부족하게 납부하는 경우 우선권주장을 하지 않은 것으로 간주한다.

제96조 (실질심사 및 복심의 청구비용)

당사자가 실질심사청구 또는 복심을 청구하는 경우, 전리법 및 본 세칙이 규정하는 관련 기간 내에 비용을 납부해야 한다. 기간이 도과할 때까지 미납하거나 부족하게 납부하는 경우 그 청구를 제출하지 않은 것으로 간주한다.

제97조 (등기수속 비용)

출원인이 등기수속을 처리할 때, 전리등기 비용, 공고인쇄 비용 및 전리권이 수여된 당해 연도 연차료를 납부해야 한다. 기간이 도과할 때까지 미납하거나 부족하게 납부하는 경우, 등기수속을 처리하지 않은 것으로 간주한다.

제98조 (연차료)

전리권이 수여된 당해 연도 이후의 연차료는 전년도 기간이 만료되기 전에 납부해야 한다. 전리권자가 미납하거나 부족하게 납부하는 경우, 국무원 전리행정부문은 전리권자에게 통지하여 연차료 납부기간이 만료된 날로부터 6개월 내에 보충 납부함과 동시에 연체료를 납부하도록 해야 한다. 연체료의 금액은 규정된 비용 납부기간이 1개월 초과될 때마다 당해 년도 연차료 전액의 5%를 가산하여 추가 수납한다. 기간이 도과할 때까지 미납하는 경우, 전리권은 연차료 납부기간이 만료되는 날로부터 종료한다.

제99조 (비용 미납의 결과)

① 권리회복 비용은 본 세칙이 규정하는 관련 기간 내에 납부해야 한다. 기간이 도과할 때까지 미납하거나 부족하게 납부하는 경우, 청구를 제출하지 않은 것으로 간주한다.

② 기간연장청구 비용은 상응하는 기간이 만료되는 날 전까지 납부해야 한다. 기간이 도과할 때까지 미납하거나 부족하게 납부하는 경우, 청구를 제출하지 않은 것으로 간주한다.

③ 서지사항변경 비용, 전리권 평가보고서 청구 비용, 무효심판청구 비용은 청구를 제출한 날로부터 1개월 내에 납부해야 한다. 기간이 도과할 때까지 미납하거나 부족하게 납부하는 경우, 청구를 제출하지 않은 것으로 간주한다.

제100조 (비용 감액 청구)

출원인이나 전리권자가 본 세칙 규정에 따라 각종 비용을 납부하기 곤란한 경우, 규정에 따라 국무원 전리행정부문에 납부 비용의 감액이나 지연납부 청구를 제출할 수 있다. 납부 비용의 감액이나 지연납부 방법은 국무원 재정부문이 국무원 가격관리부문, 국무원 전리행정부문과 회동하여 규정한다.

제10장 국제출원의 특례규정

제101조 (전리국제출원)

① 국무원 전리행정부문은 전리법 제20조 규정에 근거하여 전리협력조

약에 따라 제출한 전리국제출원을 수리한다.

② 전리협력조약에 따라 제출하고 중국을 지정한 전리국제출원(이하 국
제출원이라 함)이 국무원 전리행정부문이 처리하는 단계(이하 중국 국내
단계 진입이라 함)에 진입하는 조건 및 절차는 본 장 규정을 적용한다.
본 장에 규정이 없는 경우, 전리법 및 본 세칙의 기타 각 장의 관련
규정을 적용한다.

제102조 (국제출원일의 확정)

전리협력조약에 따라 국제출원일을 확정하고 중국을 지정한 국제출원
은 국무원 전리행정부문에 전리출원을 제출한 것으로 간주하고, 그 국제
출원일은 전리법 제28조에서 칭하는 출원일로 간주한다.

제103조 (중국 국내단계 진입 기간)

국제출원의 출원인은 전리협력조약 제2조가 지칭하는 우선권일(본 장에
서는 우선권일이라 함)로부터 30개월 내에 국무원 전리행정부문에 대해 중국
국내단계 진입을 위한 절차를 처리해야 한다. 출원인이 기간이 도과할 때
까지 절차를 처리하지 않는 경우, 기간연장 비용을 납부한 후 우선권일로
부터 32개월 내에 중국 국내단계 진입의 절차를 처리할 수 있다.

제104조 (중국 국내단계 진입 절차)

① 출원인이 본 세칙 제103조의 규정에 따라 중국 국내단계 진입의 절
차를 처리하는 경우, 아래 요건에 부합해야 한다.

1. 중문으로 중국 국내단계 진입의 서면성명을 제출하고, 국제출원
번호 및 획득하려는 전리권의 유형(類型, 특허 또는 실용신안)을 명확
히 기재

2. 본 세칙 제93조 제1항에 규정된 출원 비용, 공보인쇄 비용, 필요에
따라 본 세칙 제103조가 규정한 기간연장 비용을 납부

3. 국제출원이 외국어로 제출된 경우, 원국제출원의 명세서 및 청구

범위의 중문 번역문을 제출

4. 중국 국내단계 진입을 위한 서면성명에 발명창조의 명칭, 출원인
   의 성명(또는 명칭), 주소 및 발명자의 성명을 명확히 기재하고, 상
   술한 내용은 세계지식산권조직 국제국(이하, 국제국이라 함)의 기록
   과 일치해야 함. 국제출원에 발명자를 명확히 기재하지 않은 경
   우, 상술한 성명에 발명자의 성명을 명확히 기재

5. 국제출원이 외국어로 제출된 경우, 요약서의 중문 번역문을 제
   출. 첨부도면과 대표도가 있는 경우, 첨부도면 부본 및 대표도의
   부본을 제출. 첨부도면에 문자가 있는 경우, 그것을 대응되는 중
   문 문자로 치환. 국제출원이 중문으로 제출된 경우, 국제공개서
   류 중의 요약서 및 대표도 부본을 제출

6. 국제단계에서 국제국에 이미 출원인 변경 절차를 처리한 경우, 변
   경 후의 출원인이 출원권을 향유함을 증명하는 자료

7. 필요한 경우 본 세칙 제93조 제1항에 규정된 출원 부가비용을 납부

② 본 조 제1항 제1호 내지 제3호의 요건에 부합하는 경우, 국무원 전리
행정부문은 출원번호를 부여하고, 국제출원이 중국 국내단계에 진
입한 날(이하 진입일이라 함)을 명확히 하며, 출원인에게 그 국제출원이
이미 중국 국내단계에 진입했음을 통지한다.

③ 국제출원이 이미 중국 국내단계에 진입했으나 본 조 제1항 제4호 내
지 제7호 요건에 부합하지 않는 경우, 국무원 전리행정부문은 출원
인이 지정기간 내에 보정하도록 통지하고 기간이 도과할 때까지 보
정하지 않는 경우 그 출원을 취하간주한다.

제105조 (국제출원의 종료)

① 국제출원이 아래 중 하나의 상황에 해당하는 경우 중국에서의 효력
이 종료된다.

1. 국제단계에서 국제출원이 취하(또는 취하간주)되거나 국제출원이
   중국에 대한 지정이 취하되는 경우

2. 출원인이 우선권일로부터 32개월 내에 본 세칙 제103조에 규정된 중국 국내단계 진입의 절차를 처리하지 않는 경우

3. 출원인이 중국 국내단계 진입의 절차를 처리하였으나, 우선권일로부터 32개월 내에 본 세칙 제104조 제1호 내지 제3호 요건에 여전히 부합하지 않는 경우

② 전항 제1호 규정에 따라 국제출원이 중국 내에서의 효력이 중지되는 경우 본 세칙 제6조 규정을 적용하지 않고, 전항 제2호, 제3호의 규정에 따라 국제출원이 중국 내에서의 효력이 중지되는 경우 본 세칙 제6조 제2항의 규정을 적용하지 않는다.

제106조 (국제출원의 보정)

국제출원이 국제단계에서 보정되었고, 출원인이 보정된 출원서류에 기초하여 심사를 진행하도록 요청하는 경우, 진입일로부터 2개월 내에 보정된 부분의 중문 번역문을 제출해야 한다. 그 기간 내에 중문 번역문을 제출하지 않는 경우, 국무원 전리행정부문은 출원인이 국제단계에서 제출한 보정을 고려하지 않는다.

제107조 (국제출원의 신규성의제)

국제출원과 관련된 발명창조가 전리법 제24조 제1호 또는 제2호의 상황 중 하나에 해당하고 국제출원 시 성명을 한 경우, 출원인은 중국 국내단계 진입의 서면성명에 설명하고 진입일로부터 2개월 내에 본 세칙 제30조 제3항에 규정된 관련 증명서류를 제출해야 한다. 설명하지 않거나 기간이 도과할 때까지 증명서류를 제출하지 않는 경우, 그 출원은 전리법 제24조의 규정을 적용하지 않는다.

제108조 (생물재료견본의 기탁이 필요한 국제출원)

① 출원인이 전리협력조약의 규정에 따라 생물재료견본의 기탁에 대해 설명한 경우, 본 세칙 제24조 제3호의 요건을 이미 만족한 것으로 간

주한다. 출원인은 중국 국내단계 진입 성명에 생물재료견본 기탁사
항의 서류 및 그 서류 중의 구체적인 기재 위치를 지명해야 한다.

② 출원인이 원시제출한 국제출원의 명세서에 이미 생물재료견본 기탁
사항에 대해 기재되었으나 중국 국내단계 진입을 위한 성명에 지명
하지 않은 경우, 진입일로부터 4개월 내에 보정해야 한다. 기간이 도
과할 때까지 보정하지 않은 경우 그 생물재료는 기탁하지 않은 것으
로 간주한다.

③ 출원인이 진입일로부터 4개월 내에 국무원 전리행정부문에 생물재
료견본 기탁증명 및 생존증명을 제출하는 경우, 본 세칙 제24조 제1
호에 규정된 기간 내에 제출한 것으로 간주한다.

제109조 (유전자원에 의존하여 완성한 국제출원)

국제출원과 관련된 발명창조가 유전자원에 의존하여 완성된 경우, 출원
인은 국제출원이 중국 국내단계에 진입하기 위한 성명에 설명하고 국무원
전리행정부문이 제정한 양식에 기입해야 한다.

제110조 (국제출원의 우선권주장)

① 출원인이 국제단계에서 하나 또는 다수의 우선권을 주장하고, 중국
국내단계 진입 시 그 우선권주장이 계속하여 유효한 경우, 전리법 제
30조의 규정에 따라 이미 서면성명을 제출한 것으로 간주한다.

② 출원인은 진입일로부터 2개월 내에 우선권주장 비용을 납부해야 하
고, 기간이 도과할 때까지 미납하거나 부족하게 납부하는 경우 그 우
선권을 주장하지 않은 것으로 간주한다.

③ 출원인이 국제단계에서 이미 전리협력조약의 규정에 따라 선출원서
류 부본을 제출한 경우, 중국 국내단계 진입절차 처리 시 국무원 전
리행정부문에 선출원서류 부본을 제출할 필요가 없다. 출원인이 국
제단계에서 선출원서류 부본을 제출하지 않아 국무원 전리행정부문
이 필요하다고 판단하는 경우, 출원인에게 지정기간 내에 보충 제출

하도록 통지할 수 있다. 출원인이 기간이 도과할 때까지 보충 제출하지 않는 경우, 그 우선권을 주장하지 않은 것으로 간주한다.

제111조 (국제출원의 조기심사)

우선권일로부터 30개월 기간이 만료되기 전 국무원 전리행정부문이 사전에 국제출원을 처리하고 심사하도록 요청한 경우, 출원인은 중국 국내단계 진입절차 처리 외에도 전리협력조약 제23조 제2항에 규정된 청구를 제출해야 한다. 국제국이 아직 국무원 전리행정부문에 국제출원을 전송하지 않은 경우 출원인은 확인된 국제출원 부본을 제출해야 한다.

제112조 (중국 국내단계 진입 후 보정)

① 출원인이 국제출원에 대해 실용신안전리권 획득을 요구한 경우, 진입일로부터 2개월 내에 전리출원서류에 대해 자진보정을 제출할 수 있다.

② 출원인이 국제출원에 대해 발명전리권 획득을 요구한 경우, 본 세칙 제51조 제1항의 규정을 적용한다.

제113조 (번역문의 정정)

① 출원인이 제출한 명세서, 청구범위 또는 첨부도면의 문자부분에 대한 중문 번역문에 존재하는 오기를 발견한 경우, 아래에 규정된 기간 내에 원시국제출원 서류에 근거하여 정정할 수 있다.

　　1. 국무원 전리행정부문이 발명전리출원의 공개 또는 실용신안전리권의 공고에 대한 준비작업을 완료하기 전

　　2. 국무원 전리행정부문이 발행한 발명전리출원의 실질심사단계 진입통지서를 수령한 날로부터 3개월 이내

② 출원인이 번역문의 오기를 정정하는 경우, 서면청구를 제출하고 규정된 번역문 정정 비용을 납부해야 한다.

③ 출원인이 국무원 전리행정부문의 통지서에 따라 번역문의 정정을

요청하는 경우 지정기간 내에 본 조 제2항에 규정된 절차를 처리해야 하고, 기간이 도과할 때까지 규정된 절차를 처리하지 않는 경우 그 출원을 취하간주한다.

제114조 (국제출원의 공개)

① 발명전리권의 획득을 요구한 국제출원에 대해 국무원 전리행정부문이 방식심사를 거쳐 전리법 및 본 세칙의 관련 규정에 부합한다고 판단하는 경우 전리공보를 통해 공개하고 국제출원이 중문 이외의 문자로 제출된 경우 출원서류의 중문 번역문을 공개해야 한다.

② 발명전리권의 획득을 요구한 국제출원을 국제국이 중문으로 국제공개한 경우, 국제공개일로부터 전리법 제13조 규정을 적용한다. 국제국이 중문 이외의 문자로 (국제출원을) 국제공개한 경우, 국무원 전리행정부문이 공개한 날로부터 전리법 제13조 규정을 적용한다.

③ 국제출원에 대해서는 전리법 제21조 및 제22조가 지칭하는 공개는 본 조 제1항 규정의 공개를 의미한다.

제115조 (국제출원의 분할출원)

① 국제출원이 둘 이상의 발명이나 실용신안을 포함하는 경우, 출원인은 진입일로부터 본 세칙 제42조 제1항의 규정에 따라 분할출원을 제출할 수 있다.

② 국제단계에서, 국제조사단위 또는 국제방식심사단위가 국제출원에 대해 전리협력조약이 규정한 단일성 요건에 부합하지 않는다고 판단하였음에도 출원인이 규정에 따른 부가비용을 납부하지 않아 국제출원의 일부가 국제조사나 국제방식심사를 거치지 않았고, 중국 국내단계 진입 시 출원인이 상술한 일부를 심사기초로 삼을 것을 요청하였고, 국무원 전리행정부문이 국제조사단위 또는 국제방식심사단위의 단일성 판단이 정확하다고 판단하는 경우, 출원인에게 지정기간 내에 단일성 회복비용을 납부하도록 통지해야 한다. 기간이 도

과할 때까지 미납하거나 부족하게 납부하는 경우, 국제출원 중 검색이나 국제방식심사를 거치지 않은 부분은 취하간주한다.

제116조 (국제출원일의 재심사)

국제출원이 국제단계에서 관련 국제단위에 의해 국제출원일의 부여가 거절되거나, 취하간주가 선포(宣布)되는 경우, 출원인은 통지를 수령한 날로부터 2개월 내에 국제국이 국제출원 서류 중 임의의 서류 부본을 국무원 전리행정부문에 전송하도록 청구하여 그 기간 내에 국무원 전리행정부문이 본 세칙 제103조 규정의 절차를 처리하도록 청구할 수 있고, 국무원 전리행정부문은 국제국이 서류를 전송한 후 국제단위가 작성한 결정의 정확성에 대하여 다시 심사를 진행해야 한다.

제117조 (국제출원의 권리범위)

국제출원에 기초하여 수여받은 전리권이, 번역문의 오기로 인해 전리법 제59조 규정에 따라 확정한 보호범위가 국제출원의 원문이 표현하는 범위를 초과하는 경우, 원문에 의거하여 제한된 보호범위를 기준으로 한다. 보호범위가 국제출원의 원문이 표현하는 범위보다 작은 경우 등록 시의 보호범위를 기준으로 한다.

제11장 부 칙

제118조 (전리서류의 열람)

① 누구든지 국무원 전리행정부문의 동의를 얻어 이미 공개되거나 공고된 전리출원의 문서 및 전리등록부를 열람하거나 복제할 수 있고, 국무원 전리행정부문이 전리등기부 부본을 발급하도록 요청할 수 있다.

② 이미 취하간주, 거절되었거나, 자진하여 취하한 전리출원의 문서는

전리출원이 실효된 날로부터 2년 이후부터 보존하지 않는다.

③ 이미 포기, 전부무효 또는 종료된 전리권의 문서는 전리권이 실효된 날로부터 3년 이후부터 보존하지 않는다.

제119조 (국무원 전리행정부문에 대한 절차)

① 국무원 전리행정부문에 대한 출원서류의 제출이나 각종 절차의 처리는 출원인, 전리권자, 기타 이해관계인 또는 기타 대표인이 서명하거나 날인해야 하고, 전리대리기구에 위탁한 경우 전리대리기구가 날인해야 한다.

② 발명자 성명, 전리출원인(및 전리권자)의 성명(또는 명칭)·국적·주소 및 전리대리기구의 명칭·주소·대리인 성명의 변경을 청구하는 경우, 국무원 전리행정부문에 서지사항 변경 절차를 처리하고 변경이유의 증명자료를 첨부해야 한다.

제120조 (전리서류의 발송)

① 국무원 전리행정부문에 대한 출원 또는 전리권과 관련된 서류의 우편 발송은 등기우편을 사용해야 하고 소포를 사용할 수 없다.

② 전리출원서류를 최초로 제출할 때를 제외하면, 국무원 전리행정부문에 각종 서류를 제출하고 각종 절차를 처리하는 경우, 출원번호(또는 전리번호), 발명창조 명칭 및 출원인(또는 전리권자)의 성명(또는 명칭)을 표시해야 한다.

③ 한 건의 우편은 동일 출원의 서류만을 포함해야 한다.

제121조 (전리서류의 작성)

① 각종 출원서류는 타자로 입력되거나 인쇄되어야 하고, 흑색의 글자로 질서정연하고 명확해야 하며 수정되어서는 안 된다. 첨부도면은 제도 도구를 이용하여 흑색 잉크로 작성되어야 하고 선이 명확해야 하며 수정해서는 안 된다.

② 출원서, 명세서, 청구범위, 첨부도면 및 요약서는 각각 아라비아 숫자를 이용하여 순서대로 번호를 매겨야 한다.

③ 출원서류의 문자부분은 가로로 작성하여야 한다. 지면은 단면사용에 한한다.

제122조 (전리심사지침의 제정)

국무원 전리행정부문은 전리법 및 본 세칙에 근거하여 전리심사지침을 제정한다.

제123조 (시행일)

본 세칙은 2001년 7월 1일부터 시행한다. 1992년 12월 12일 국무원이 개정을 비준하고, 1992년 12월 21일 중국 전리국이 발표한 〈중화인민공화국 전리법 실시세칙〉은 (본 세칙의 시행과) 동시에 폐기한다.

2017 중국 특허심사지침 개정안 요약

1. 개정취지

최근 중국에서는 Business Model(이하 BM이라 함) 발명 등 새로운 형태의 창조성과를 어떻게 지식재산권으로 보호할 것인지에 대한 연구가 논의되었습니다. 또한 새로운 업무 형태 및 새로운 영역의 창조성과에 대한 지식재산권 보호의 강화도 함께 논의되었습니다. 이에 따라 인터넷, 전자 상거래, 빅데이터 등 영역의 지식재산권 보호 규정에 대한 연구가 강화되고, 관련 법률법규의 개선을 추진하였습니다.

최근 인터넷 기술의 발전은 경제사회의 각 분야와 융합되어 각각의 분야에서 BM 발명을 촉진하였고, 이에 따라 BM 발명에 포함된 기술방안에 대한 보호의 필요성이 대두되었습니다. 그 밖에 특허심사실무 중 발명 주체들이 실험 데이터의 보충 제출이 명확하게 규정된 심사원칙, 특허등록 이후 특허서류에 대한 정정 방법의 확대, 심사과정 정보에 대한 공개내용 확대 등의 방면에 대해 제출한 요구사항이 합리적이라고 판단하였습니다. 이에 따라 심사지침에 이러한 요구사항을 적극적으로 반영하고, 심사기준을 명확히 하며, 법에 의거한 행정절차를 강화하고, 정부의 공공 서비스 수준을 제고하기 위해 중국 특허심사지침을 개정하게 되었습니다. 개정된 중국 특허심사지침은 2017년 4월 1일부터 적용되며, 개정된 내용은 아래와 같습니다.

2. 개정내용[1]

2.1 BM 발명

BM 발명이 상업규칙 및 방법에 관한 내용과 함께 기술특징도 포함하는 경우 그 발명이 불특허 대상에 해당하지 않도록 개정되었습니다. 상세한 내용은 본서 제3장 제2절 1.2.1에 기재되어 있습니다.

2.2 컴퓨터 프로그램에 관한 발명

"컴퓨터 프로그램 자체"와 "컴퓨터 프로그램에 관한 발명"을 명확히 구분하고, 기록매체 청구항을 허용하도록 개정되었습니다. 상세한 내용은 본서 제2장 제1절 3.1-3.2 및 제3장 제2절 1.2.2에 기재되어 있습니다.

2.3 화학발명의 경우, 충분공개를 주장하기 위한 실험 데이터의 추가

충분공개를 주장하기 위해 실험 데이터를 추가 제출한 경우, 통상의 기술자가 명세서로부터 용이하게 입수할 수 있다면 심사관이 그 실험 데이터를 고려하도록 개정되었습니다. 상세한 내용은 본서 제6장 제2절 3.2.1에 기재되어 있습니다.

2.4 무효심판 중 정정방식의 확대 및 청구이유의 추가

특허권자가 삭제 이외의 방식으로 청구항을 정정할 수 있고, 무효심판 청구인의 청구이유 추가는 특허권자가 정정한 청구항에 한하도록 개정되었습니다. 상세한 내용은 본서 제8장 제3절 3.4에 기재되어 있습니다.

---

1 http://www.sipo.gov.cn/zcfg/zcjd/1020253.htm

2.5 기타

특허출원 서류에 대한 공중의 열람·복제 범위의 확대 및 침해소송 중 전리국의 절차 중지에 관한 내용이 개정되었습니다.

특허출원서
(专利请求书)

请按照"注意事项"正确填写本表各栏

⑦ 发明 名称				①申请号
				②分案提交日
⑧ 发 明 人	发明人1		□ 不公布姓名	③申请日
	发明人2		□ 不公布姓名	④费减审批
	发明人3		□ 不公布姓名	⑤向外申请审批
⑨第一发明人国籍或地区		居民身份证件号码		⑥挂号号码
⑩ 申 请 人	申 请 人 (1)	姓名或名称		申请人类型
		居民身份证件号码或统一社会信用代码 /组织机构代码 □ 请求费减且已完成费减资格备案		电子邮箱
		国籍或注册国家(地区)	经常居所地或营业所所在地	
		邮政编码	电话	
		省、自治区、直辖市		
		市县		
		城区(乡)、街道、门牌号		

		姓名或名称		申请人类型	
⑩ 申 请 人	申 请 人 (2)	居民身份证件号码或统一社会信用代码 /组织机构代码 □ 请求费减且已完成费减资格备案		电子邮箱	
		国籍或注册国家(地区)		经常居所地或营业所所在地	
		邮政编码	电话		
		省、自治区、直辖市			
		市县			
		城区(乡)、街道、门牌号			
	申 请 人 (3)	姓名或名称		申请人类型	
		居民身份证件号码或统一社会信用代码 /组织机构代码 □ 请求费减且已完成费减资格备案		电子邮箱	
		国籍或注册国家(地区)		经常居所地或营业所所在地	
		邮政编码	电话		
		省、自治区、直辖市			
		市县			
		城区(乡)、街道、门牌号			
⑪ 联 系 人	姓 名		电话		电子邮箱
	邮政编码				
	省、自治区、直辖市				
	市县				
	城区(乡)、街道、门牌号				

⑫ 代表人为非第一署名申请人时声明　　特声明第＿＿署名申请人为代表人

⑬ 专 利 代 理 机 构	□ 声明已经与申请人签订了专利代理委托书且本表中的信息与委托书中相应信息一致				
	名称			机构代码	
	代 理 人 (1)	姓 名		代 理 人 (2)	姓 名
		执业证号			执业证号
		电 话			电 话

⑭ 分案 申请	原申请号		针对的分 案申请号	原申请日 　年　月　日

⑮ 生物 材料 样品	保藏单位代码	地址	是否 存活	□是 □否
	保藏日期　年　月　日	保藏编号	分类命名	

⑯ 序 列 表	□ 本专利申请涉及核苷酸或氨基酸序列表			⑰ 遗传 资源	□ 本专利申请涉及的发明创造是依赖于遗传资源完成的
⑱ 要 求 优 先 权 声 明	原受理机构名称	在先申请日	在先申请号	⑲ 不丧失 新颖性 宽限期 声明	□ 已在中国政府主办或承认的国际展览会上首次展出 □ 已在规定的学术会议或技术会议上首次发表 □ 他人未经申请人同意而泄露其内容
				⑳ 保密 请求	□ 本专利申请可能涉及国家重大利益，请求按保密申请处理 □ 已提交保密证明材料
㉑ □ 声明本申请人对同样的发明创造在申请本发明专利的同日申请了实用新型专利				㉒ 提前 公布	□ 请求早日公布该专利申请

㉓ 摘要附图	指定说明书附图中的图 _____ 为摘要附图

<table>
<tr><td>

㉔ 申请文件清单
1. 请求书　　　　　　　　份　　页
2. 说明书摘要　　　　　　份　　页
3. 权利要求书　　　　　　份　　页
4. 说明书　　　　　　　　份　　页
5. 说明书附图　　　　　　份　　页
6. 核苷酸或氨基酸序列表　份　　页
7. 计算机可读形式的序列表　份
　　权利要求的项数　　项

</td><td>

㉕ 附加文件清单
□ 实质审查请求书　　　　　　份　共　页
□ 实质审查参考资料　　　　　份　共　页
□ 优先权转让证明　　　　　　份　共　页
□ 优先权转让证明中文题录　　份　共　页
□ 保密证明材料　　　　　　　份　共　页
□ 专利代理委托书　　　　　　份　共　页
□ 总委托书备案编号(_____)
□ 在先申请文件副本　　　　　份　共　页
□ 在先申请文件副本中文题录　　份　共　页
□ 生物材料样品保藏及存活证明　份　共　页
□ 生物材料样品保藏及存活证明中文题录
　　　　　　　　　　　　　　份　共　页
□ 向外国申请专利保密审查请求书
　　　　　　　　　　　　　　份　共　页
□ 其他证明文件(注明文件名称)
　　　　　　　　　　　　　　份　共　页

</td></tr>
<tr><td>

㉖ 全体申请人或专利代理机构签字或者盖章

　　　　　　　年　　月　　日

</td><td>

㉗ 国家知识产权局审核意见

　　　　　　　年　　月　　日

</td></tr>
</table>

376

① 申请号	출원번호
② 分案提交日	분할출원 제출일
③ 申请日	출원일
④ 费减审批	감액 비준
⑤ 向外申请审批	외국출원 비준
⑥ 挂号号码	접수번호
⑦ 发明名称	발명의 명칭
⑧ 发明人	발명자
－ 不公布姓名	－ 성명 비공개
⑨ 第一发明人国籍或地区	제1 발명자의 국적 또는 지역
－ 居民身份证件号码	－ 신분증 번호
⑩ 申请人	출원인
－ 姓名或名称	－ 성명 또는 명칭
－ 申请人类型	－ 출원인 종류
－ 居民身份证件号码或统一社会信用代码/组织机构代码	－ 신분증서 번호 또는 사회신용 번호/조직기구 번호
－ 请求费减且已完成费减资格备案	－ 감액 청구 및 감액 자격 수리 완료
－ 电子邮箱	－ 전자우편
－ 国籍或这侧国家(地区)	－ 국적 또는 등록국가(지역)
－ 经常居所地或营业所所在地	－ 상설 거소지 또는 영업소 소재지
－ 邮政编码	－ 우편번호
－ 电话	－ 전화
－ 省、自治区、直辖市	－ 성, 자치구, 직할시
－ 市县	－ 시와 현
－ 域区(乡)、街道、门牌号	－ 연락자
－ 居民身份证件号码	－ 신분증 번호
⑪ 联系人	연락자
⑫ 代表人为非第一署名申请人时声明	제1 서명 출원인이 비대표자인 경우
－ 特声明第＿＿署名申请人为代表人	－ 제＿＿ 서명출원인을 대표자로 성명함
⑬ 专利代理机构	특허대리기관
－ 声明已经与申请人签订了专利代理委托书且本表中的信息与委托书中相应信息一致	－ 출원인과 특허대리위탁을 체결하고, 본 신청서의 정보가 위탁서 정보와 일치함
－ 名称	－ 명칭
－ 机构代码	－ 대리기구 번호
－ 代理人	－ 대리인
－ 姓名	－ 성명
－ 执业证号	－ 자격증 번호

	− 电话	− 전화번호
⑭	分案申请	분할출원
	− 原申请号	− 원출원 번호
	− 针对的分案申请号	− 목적하는 분할출원 번호
	− 原申请日	− 출원일
⑮	生物材料样品	생물재료견본
	− 保藏单位代码	− 기탁기관 번호
	− 地址	− 주소
	− 是否存活　是/否	− 생존여부 예/아니오
	− 保藏日期	− 기탁일자
	− 保藏编号	− 기탁번호
	− 分类命名	− 분류명명
⑯	序列表	서열목록표
	− 本专利申请涉及核苷酸或氨基酸序列表	− 본 발명은 뉴클레오티드 또는 아미노산에 관한 것임
⑰	遗传资源	유전자원
	− 本发明申请涉及的发明创造是依赖于遗传资源完成的	− 본 출원의 발명은 유전자원에 의존하여 완성된 것임
⑱	要求优先权声明	우선권주장 성명
	− 受理机构名称	− 수리기관 명칭
	− 在先申请日	− 선출원일
	− 在先申请号	− 선출원번호
⑲	不丧失新颖性宽限期声明	신규성 의제 성명
	− 已在中国政府主办或承认的国际展览会上首次展出	− 중국정부가 주관하거나 승인한 국제전시회에서 최초로 전시됨
	− 已在规定的学术会议或技术会议上首次发表	− 규정된 학술회의 또는 기술회의에 최초로 발표됨
	− 他人未经申请人同意而泄露其内容	− 타인이 출원인의 동의 없이 내용을 공지함
⑳	保密申请	비밀유지 출원
	− 本专利申请可能涉及国家重大利益, 请求按保密申请处理	− 본 출원은 국가의 중대한 이익에 관련될 수 있어 비밀유지 출원에 따라 처리할 것을 요청함
	− 已提交保密证明材料	− 이미 비밀유지 증명자료를 제출함
㉑	声明本申请人对同样的发明创造在申请本发明专利的同日申请了实用新型专利	본 출원인은 동일한 발명에 대해 본 특허출원과 동일한 실용신안출원을 제출함
㉒	提前公布	조기공개
	− 请求早日公布该专利申请	− 특허출원에 대해 조기공개를 요청함

㉓ 摘要附图   대표도

　－ 指定说明书附图中的图　为摘要附图 　　　－ 명세서 도면 중 도__를 대표도로 지정함

㉔ 申请文件清单   출원서류 목록

　－ 请求书 　　　　　　　　　　　　　　　　－ 출원서

　－ 说明书摘要 　　　　　　　　　　　　　　－ 요약서

　－ 权利要求书 　　　　　　　　　　　　　　－ 청구범위

　－ 说明书 　　　　　　　　　　　　　　　　－ 명세서

　－ 说明书附图 　　　　　　　　　　　　　　－ 도면

　－ 核苷酸或氨基酸序列表 　　　　　　　　　－ 뉴클레오티드 또는 아미노산 서열목록표

　－ 计算机可读形式的序列表 　　　　　　　　－ 컴퓨터 판독 가능한 형태의 서열목록표

㉕ 附加文件清单   부가서류 목록

　－ 实质审查请求书 　　　　　　　　　　　　－ 실질심사 청구서

　－ 实质审查参考资料 　　　　　　　　　　　－ 실질심사 참고자료

　－ 优先权转让证明 　　　　　　　　　　　　－ 우선권 이전 증명

　－ 优先权转让证明中文题录 　　　　　　　　－ 우선권 이전 증명 중문 명칭

　－ 保密证明材料 　　　　　　　　　　　　　－ 비밀유지 증명 자료

　－ 专利代理委托书 　　　　　　　　　　　　－ 특허대리 위탁서

　－ 在先申请文件副本 　　　　　　　　　　　－ 선출원 서류 사본

　－ 在先申请文件副本中文题录 　　　　　　　－ 선출원 서류 사본 중문 명칭

　－ 生物材料样品保藏及存活证明 　　　　　　－ 생물재료견본 기탁증명 및 생존증명

　－ 生物材料样品保藏及存活证明中文题录 　　－ 생물재료견본 기탁증명 및 생존증명 중문명
　　　　　　　　　　　　　　　　　　　　　　　칭

　－ 向外国申请专利保密审查请求书 　　　　　－ 외국에 출원하는 특허에 대한 비밀유지심사
　　　　　　　　　　　　　　　　　　　　　　　청구서

　－ 其他证明文件 　　　　　　　　　　　　　－ 기타 증명서류

㉖ 全体申请人或专利代理机构签字或者盖章 　　출원인 전부 또는 특허대리기구의 서명 또는
　　　　　　　　　　　　　　　　　　　　　　날인

㉗ 国家知识产权局审核意见   국가 지식산권국 심사 의견

유전자원출처개시 등기표

(遗传资源来源披露登记表)

请按照"注意事项"正确填写本表各栏		第②和第④栏未确定的由国家知识产权局填写	
①发明名称		②申请号	
③申请人		④申请日	
⑤遗传资源名称			
⑥遗传资源的获取途径 I 遗传资源取自:□动物 □植物 □微生物 □人 II 获取方式:□购买 □赠送或交换 □保藏机构 □种子库(种质库) 　　　　　　□基因文库 □自行采集 □委托采集 □其他			
⑦直接来源	⑧获取时间		____年____月
	非采集方式	⑨提供者名称(姓名)	
		⑩提供者所处国家或地区	
		⑪提供者联系方式	
	采集方式	⑫采集地(国家、省(市))	
		⑬采集者名称(姓名)	
		⑭采集者联系方式	

⑮原始来源	⑯采集者名称 (姓名)	
	⑰采集者联系 方式	
	⑱获取时间	____年____月
	⑲获取地点(国 家、省(市))	

⑳无法说明遗传资源原始来源的理由	
㉑申请人或专利代理机构签字或者盖章 　　　　　　年　　月　　日	㉒国家知识产权局处理意见 　　　　　　年　　月　　日

① 发明名称	발명의 명칭
② 申请号	출원번호
③ 申请人	출원인
④ 申请日	출원일
⑤ 遗传资源名称	유전자원의 명칭
⑥ 遗传资源的获取途径	유전자원의 입수경로
－遗传资源取自	－ 유전자원 출처
－动物	－ 동물
－植物	－ 식물
－微生物	－ 미생물
－人	－ 인간
－获取方式	－ 입수방식
－购买	－ 구매
－赠送或交换	－ 증정 또는 교환
－保藏机构	－ 기탁기관
－种子库(种质库)	－ 종자은행(종질은행)
－基因文库	－ 유전자 은행
－自行采集	－ 자력 채집
－委托采集	－ 위탁 채집
－其他	－ 기타
⑦ 直接来源	직접출처
⑧ 获取时间	입수시점
－非采集方式	－ 비직접출처

⑨ 提供者名称(姓名)　　　　제공자 명칭(성명)

⑩ 提供者所处国家或地区　　제공자 소재 국가 또는 지역

⑪ 提供者联系方式　　　　　제공자 연락 방식

－ 采集方式　　　　　　　－ 직접출처

⑫ 采集地(国家、省(市))　채집지(국가, 성(시))

⑬ 采集者名称(姓名)　　　채집자 명칭(성명)

⑭ 采集者联系方式　　　　채집자 연락 방식

⑮ 原始来源　　　　　　　　원시출처

⑯ 采集者名称(姓名)　　　채집자명칭(성명)

⑰ 采集者联系方式　　　　채집자 연락 방식

⑱ 获取时间　　　　　　　입수시점

⑲ 获取地点(国家、省(市))　입수지점(국가, 성(시))

⑳ 无法说明遗传资源原始来源的理由　　유전자원의 원시출처를 설명할 수 없는 이유

㉑ 申请人或专利代理机构签字或盖章　　출원인 또는 특허대리기관의 서명 또는 날인

㉒ 国家知识产权局处理意见　　국가 지식산권국 처리 의견

특허비용, 집적회로도 설계 비용 표준

(专利收费、集成电路布图设计收费标准)

국가 지식산권국 2018년 8월 1일[2]

(단위: 元)

특허비용 - 국내출원	
1. 출원 비용	
(1) 특허	900
(2) 실용신안	500
(3) 디자인	500
2. 출원 부가비용	
(1) 청구항 수가 11항을 넘는 경우, 매 1항마다의 가산료	150
(2) 명세서 수가 31면을 넘는 경우, 매 1면마다의 가산료	50
301면을 넘는 경우, 매 1면마다의 가산료	100
3. 공개, 공보 인쇄비용	
(1) 공개공보 인쇄비용	50
(2) 등록공보 인쇄비용	일시적으로 징수 중단
4. 우선권 주장비용(각 항)	80
5. 특허출원 실질심사 청구 비용	2500
6. 거절결정불복심판 청구 비용	

---

2 http://www.sipo.gov.cn/docs/20180810160805493844.pdf

(1) 특허	1000
(2) 실용신안	300
(3) 디자인	300
7. 설정등록 비용	
(1) 특허	일시적으로 징수 중단
(2) 실용신안	일시적으로 징수 중단
(3) 디자인	일시적으로 징수 중단
8. 연차료	
(1) 특허	
1-3년 (매년)	900
4-6년 (매년)	1200
7-9년 (매년)	2000
10-12년 (매년)	4000
13-15년 (매년)	6000
16-20년 (매년)	8000
(2) 실용신안, 디자인	
1-3년 (매년)	600
4-5년 (매년)	900
6-8년 (매년)	1200
9-10년 (매년)	2000
9. 연차료 연체비용	
규정된 기간을 초과하는 매 1개월마다 당해 연차료의 5%를 가산함	
10. 권리회복 청구 비용	1000
11. 기간연장 청구 비용	
(1) 제1차 기간연장 비용 (매월)	300
(2) 재차 기간연장 비용 (매월)	2000
12. 서지사항 변경 비용	
(1) 발명자, 출원인, 특허권자의 변경	200
(2) 특허대리기관, 내리인 위탁관계의 변경	일시적으로 징수 중단
13. 특허권 평가보고 청구 비용	

(1) 실용신안	2400
(2) 디자인	2400
14. 무효심판 청구 비용	
(1) 특허권	3000
(2) 실용신안권	1500
(3) 디자인권	1500
15. 특허문서 사본 증명비용 (매 1부)	30

주의: 경제적으로 곤란한 특허출원인이나 특허권자에 대한 비용은 〈특허비용 감액 방법〉의 관련 규정에 따라 집행함.

특허비용 - PCT 출원비용

1. PCT 출원 국제단계 부분

(1) 국가 지식산권국이 WIPO를 대신하여 접수하는 비용

국가 지식산권국이 WIPO를 대신하여 접수하는 경우, 그 비용(국제출원 비용, 수속 비용)에 대한 액수 기준 및 감액 규정은 〈특허협력조약 실시세칙〉을 참조하여 집행하고, 실제 비용은 국가 지식산권국이 확정한 국제출원일이 속한 달에 국가 환율관리국이 공포한 환율에 따라 계산한다.

(2) 국가지식산권국의 접수 비용

1) 전달 비용	일시적으로 징수 중단
2) 검색 비용	2100
부가검색 비용	2100
3) 우선권 서류 비용	150
4) 방식심사 비용	1500
방식심사 부가 비용	1500
5) 단일성 이의 비용	200
6) 사본 복사 비용 (각 항)	2
7) 후 제출 비용	200
8) 권리회복 청구 비용	1000
9) 연체비용: 납부해야 하는 비용의 50%로 계산하되, 전달 비용보다 적지 않아야 하고, 〈특허협력조약 실시세칙〉 중국국제출원 비용의 50%를 넘을 수 없다.	

2. PCT 출원의 중국 국내단계 진입

(1) 국내단계 진입 연장 비용	1000
(2) 번역문 보정 비용	

방식심사단계	300
실질심사단계	1200
(3) 단일성 회복 비용	900
(4) 우선권 회복 비용	1000

주의: 중국 국가 지식산권국을 접수관청으로 하여 수리한 PCT 출원은 국내단계 진입 시 출원 비용 및 출원 부가
비용이 면제되고, 실질심사 청구 시 실질심사 비용의 50%를 감액한다.
중국 국가지식산권국이 국제조사보고서 또는 특허성에 대한 국제 예비 보고서를 작성한 PCT 출원은, 국내
단계 진입 시 및 실질심사 청구 시 실질심사 비용을 면제한다.
유럽 특허청, 일본 특허청, 스웨덴 특허청 3개의 국제조사 단위가 국제조사보고서를 작성한 PCT 출원은
국내단계 진입 및 실질심사 청구 시, 실질심사 비용을 20% 감액한다.
PCT 출원의 중국 국내단계 진입에 필요한 기타 비용표준은 국내 비용에 따라 집행한다.

출원번호

중국의 출원번호는 아래와 같이 13자리의 숫자로 구성됩니다.

〈출원번호 분석표〉

CN **** * ******* . *
        ① ② ③

① 출원년도
② 출원종류
    1: 특허출원
    2: 실용신안출원
    3: 디자인출원
    8: 국내단계 진입한 특허출원
    9: 국내단계 진입한 실용신안출원
③ 출원 일련번호

예를 들어, 출원번호가 CN201210073003.9인 출원은, "2012년"에 "73003 번째"로 제출된 "특허출원"임을 알 수 있습니다. "." 뒤의 1자리 "*"는 "X", "0" 내지 "9" 중 어느 하나의 값을 가지는 것으로 특별한 의미를 가지지 않습니다. 참고로, 2003년 10월 1일 이전에는 CN ** * ***** . *와 같이 9자리의 숫자로 구성된 출원번호를 이용하였습니다.

● 찾아보기 ●

윤건준

• 변리사

• 연세대학교 컴퓨터과학과 졸업

• 중국 인민대학교 어학연수 수료(중국 국가한반 전액장학생)

• 중국 칭화대학교 법과대학 지식재산권법 석사(베이징시 장학생)

• 제49회 변리사시험 합격

• 특허법률사무소 인벤투스

• 특허법인 무한

• E-mail: ykj2127@naver.com

핵심 **중국특허출원실무**

초판 인쇄 2019년 6월 10일
초판 발행 2019년 6월 20일

—

저 자 윤건준
발행인 이방원
발행처 세창출판사

　　　신고번호 제300-1990-63호

　　　주 소 03735 서울시 서대문구 경기대로 88 냉천빌딩 4층

　　　전 화 723-8660 **팩 스** 720-4579

　　　이메일 edit@sechangpub.co.kr **홈페이지** http://www.sechangpub.co.kr/

—

ISBN 978-89-8411-827-0 93360

이 도서의 국립중앙도서관 출판시도서목록(CIP)은 서지정보유통지원시스템 홈페이지(http://seoji.nl.go.kr)와
국가자료공동목록시스템(http://www.nl.go.kr/kolisnet)에서 이용하실 수 있습니다. CIP제어번호: CIP2019021176